近世闻人掌故

掌故

JINSHIWENREN
ZHANGGU

肖伊绯

著

团结出版社

© 团结出版社，2024 年

图书在版编目（ＣＩＰ）数据

近世闻人掌故 / 肖伊绯著 . -- 北京：团结出版社，
2024. 11. -- ISBN 978-7-5234-1137-7

Ⅰ . K811

中国国家版本馆 CIP 数据核字第 20248F72G9 号

责任编辑：郭　强
封面设计：谭　浩

出　　版：团结出版社
　　　　　（北京市东城区东皇城根南街 84 号　邮编：100006）
电　　话：（010）65228880　65244790（出版社）
　　　　　（010）65238766　85113874　65133603（发行部）
　　　　　（010）65133603（邮购）
网　　址：http://www.tjpress.com
E-mail：zb65244790@vip.163.com
经　　销：全国新华书店
印　　装：三河市东方印刷有限公司

开　　本：170mm×240mm　　16 开
印　　张：21　　　　　　　　字　　数：239 千字
版　　次：2024 年 11 月第 1 版　　印　　次：2024 年 11 月第 1 次印刷

书　　号：978-7-5234-1137-7
定　　价：68.00 元

"破案"与"猜谜"
——近世人物四种汇刊总序

20世纪上半叶,跨越清朝、民国、共和国。短短五十年间,波诡云谲,气象万千。俱往矣,往事如烟,或亦并不如烟。

闻人、名师、文坛、艺林,这四个特殊场域之中,穿梭其间的各色人等,各行其道地粉墨登场,不能不说亦是那个时代的一道风景线。翻检这一时期各地的报刊,京、津、宁、沪、粤、港等各大城市的公共文化场域里,总不乏后世读者耳熟能详的名字。

为这样的历史人物有所抒写,一直是笔者的研学旨趣所在。在故纸堆中经年累月地翻检,在漫漶字迹里如琢如磨地辨识,总希望能对这些人物多一分了解与理解,更希望能对这些现象少一分误读与误解。为了多一分了解与理解,不免要对一些流传已久的奇闻疑案产生兴趣,特别希望自己能够破解那些云山雾罩的奥秘,解答那些悬而未决的谜题。

不过,文史考证有时就如同小说里的侦探,好不容易获得了一点难得的线索,或者一个确凿的证据,但终因一些关键史料的匮乏,导致已有线索与证据始终无法形成完整的证据链,最终无法"定案"与"结案"。劳而无功、得失无常,是文史考证中经常遇到的状况——"破案"率本来就不高,一些"大案"与"要案",想要"侦破"更是难上加难。甚至在一些"小案"与"附案"上,想要做一点小小的文章,也并不容易。

　　文史研学有时又如同"猜谜"，一个看似很清楚明白的"谜面"，也有诸如要么拆解、要么关联之类的解题方向，可是，当一份新近发现、确凿无误的史料搁在面前，方才发现多年来一直以为早已破解的"谜底"，突然间又被彻彻底底地推翻了。或许，历史事实常常以一种令常人意想不到的方向与结果，呈现给那些终日以"合情合理"或"顺理成章"为原则，去揣度历史与猜测史实的后世研学者。笔者对此深有感触，向来并不擅长"猜谜"，更何况有时即便"猜"对了，又发现"谜题"本身是无意义的，或者说与之对应的"谜底"也是无意义的。

　　既然"破案"常常劳而无功，"猜谜"更是往往事与愿违，于是乎，笔者要求自己在"破案"的同时，尽可能不去"猜谜"；在"猜谜"的同时，尽可能不去"破案"。也就是说，要尽可能做到：

　　不提供史观，只提供史料；不提供史学，只提供史实。

　　这样的一个基本诉求与原则，既是笔者从事文史考证、研学与写作的前提，更是目标。当然，这更大程度只能算是一种自我期许与鞭策，因为笔者所提供的史料与史实，是否经得起时间与读者的考验，是否能予以"确当"（确凿与适当）一词加冕，一切都还有待将来。

　　《近世闻人掌故》《近世名师讲谈》《近世文坛逸闻》《近世艺林遗珠》四部书稿，既不乏新近发现的原初史料，又有大量随之考证出来的相关史实，故而自然都有相当篇幅。这些曾经湮没已久、终于发掘出来的史料与史实究竟如何，一切都还有待读者诸君推敲琢磨，批评赐教。

肖伊绯
2024 年 6 月 3 日

目　录

严复：三改《天演论》及其他

◎ 《天演论》成书问世一百二十余年简史

在清末民初思想界有着至高地位的严复，他的译著《天演论》对中国社会影响至为深远，此书自1898年成书问世以来，至今已一百二十余年。

早在1897年12月，严复所译《天演论》即在天津出版的《国闻汇编》上陆续刊发。《国闻汇编》共出版六期，从第2期（1897年12月18日出版）开始，以《天演论悬疏》之名初次发表了严复所译《天演论》，就此开启了《天演论》一书在中国国内的公开传播。此后，此刊第4、5、6期一直予以连载，持续到1898年2月15日。之后，因《国闻汇编》停刊，《天演论悬疏》的连载就此中断。

当然，《天演论悬疏》的连载还只能算是严复译介《天演论》的"预告"，因其内容并不完整，并不能算作完整的成书，也不是正式的著述出版物。按照学术界通行说法，一般而言，认为《天演论》成书的最初版本乃是光绪二十四年四月，即1898年6月，由湖北沔阳卢氏慎始基斋根据严复改订的样本刊行，

严复肖像，民国初年印制的宣传图片

分上下两卷，刻本一册。

慎始基斋本内容较完备，刻板印制效果颇佳。这个版本是在充分听取了吴汝纶、梁启超等人的修改意见之后，由严复对初稿进行了三次修订而最终成书的。这一版本为木刻线装本，每半叶十五行三十二字。

半年之后，光绪二十四年十一月，即1898年12月，又出版了福建侯官嗜奇精舍石印本，此为严复自己出资印制，在慎始基斋本基础之上，再次修订而

严复译著《天演论》，慎始基斋刻本

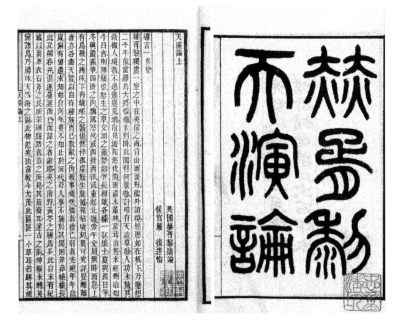

严复译著《天演论》，侯官嗜奇精舍石印本

成，校印质量更佳。这一版本为石印线装本，每半叶十五行三十二字，版式特征与慎始基斋本相仿，牌记中明确署有"光绪戊戌十有一月侯官嗜奇精舍第二次石印"字样。

1898年之后，光绪二十七年（1901）上海富文书局石印本问世，这是严复门人自行校印的版本。以这一版本为底本，大量翻印与翻刻本（据石印本"影刻"）涌现，活字排印本也陆续出现。富文书局本原为石印线装本，后有翻刻线装本，皆为每半叶十行二十一字，字体均为清朗俊秀的手写楷体字，开卷悦目，颇受欢迎。

值得一提的是，光绪二十八年（1902），远在西南一隅的成都书局，也以富文书局本为底本，进行过翻刻刊印；这一翻刻本仍为每半叶十行二十一字，只是一改富文书局本原有的手写楷体字为结体方正的宋体字，字大行疏，颇为醒目。

时至1905年，商务印书馆铅印本出现，《天演论》的流行趋势愈发迅猛；至1927年时，《天演论》由商务印书馆已印行了三十二个版次①。粗略推算起来，1905—1927年，这二十二年间，商务版《天演论》以平均每年至少再版一次的速度持续流传。

上述这些早期的《天演论》版本均为线装本，后来商务版《天演论》又推出洋装本（即胶装本，与现今图书相同），与前期各版线装本并行不悖，印行数量仍然十分可观。应当说，商务版《天演论》是20世纪上半段最为流行也最为普遍的版本，渐成通行本，至今存世尚丰，比较易得。

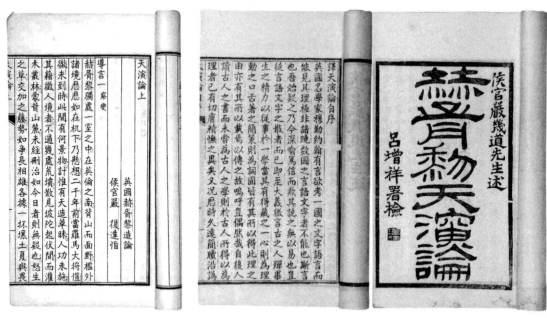

严复译著《天演论》，富文书局石印本　　严复译著《天演论》，此版本原为富文书局石印本，此为民间"影刻"翻印本

① 相关数据可详参刘学礼《达尔文学说在近代中国》一文，《科学月刊》，1992年第2期。

严复译著《天演论》，商务印书馆铅印本

◎严复三改《天演论》

1896年创刊于上海的《苏报》便率先于光绪二十四年十一月初八（1898年12月20日）头版刊载《天演论》"告白"。这应当就是《天演论》首次公开发售的广告，大力推广的正是嗜奇精舍本《天演论》，广告是这样写的：

是书上十八篇，下十七篇。英国名士赫胥黎所撰，格致之精义也。侯官严复所译，文章雄伯也。深言之，为西学之通径，时务之要书；浅言之，亦为场屋之秘本。侯官友人嗜奇精舍集资石印，以广流传。纸墨精良，款式雅驯，洵有目共赏。每部收回工料实洋四角，叠买八折。寄苏报馆账房及四马路中市古香阁书坊、老巡捕房对南广学会、惠福里游戏报馆、棋盘街南首天禄书局六先书局、三马路申报馆间壁格致书室分售。所印无多，先睹为快者请速移玉各处向购可也。此白。

慎始基斋本与嗜奇精舍本，这两个版本，是目前学界公认的《天演论》早期版本。这两个版本的《天演论》在国内士大夫阶层中流行一时，对鼓吹变法、推进改革起到过相当重要的思想启蒙作用。不过，戊戌变法失败之后，不过短短几年时间，两个早期版本的《天演论》迅即消散殆尽，仿佛为这惨痛的百日维新殉葬一般，刹那间灰飞烟灭了。

后世人通常读到的，最为通行的版本，乃是再度经过删改的两个后期版本。一是1901年富文书局石印本，即富文本；二是商务印书馆的铅印本，即商务版。这两个版本所依据的底本是一致的，都是严复第三次改订之后的产物。

◎富文本与商务版缺失的一段"译例言"

记得鲁迅在20世纪头三十年间，就曾多次忆及《天演论》。最早的一次是于1918年9月在《新青年》杂志上撰发的《随感录二十五》中：

佩服严又陵究竟是"做"过赫胥黎《天演论》的，的确与众不同：是一个十九世纪末年中国感觉锐敏的人。

八年之后的1926年11月，鲁迅又在《莽原》杂志上撰发了一篇《琐记》，此文后来收入自选集《朝花夕识》，流传更为广泛。关于其早年初读《天演论》

的经历，文中是这样写的：

> 看新书的风气便流行起来，我也知道了中国有一部书叫《天演论》。星期日跑到城南去买了来，白纸石印的一厚本，价五百文正。翻开一看，是写得很好的字，开首便道："赫胥黎独处一室之中，在英伦之南，背山而面野，槛外诸境，历历如在机下。乃悬想二千年前，当罗马大将恺彻未到时，此间有何景物？计惟有天造草昧……"哦！原来世界上竟还有一个赫胥黎坐在书房里那么想，而且想得那么新鲜？一口气读下去，"物竞""天择"也出来了，苏格拉第，柏拉图也出来了，斯多噶也出来了。

据考，这段忆述的内容乃是鲁迅回忆1901年考入南京矿路学堂时的读书经历。显然，少年鲁迅初次读到的《天演论》，正是那一年刚刚出版的白纸石印的富文本。

一般来说，仅就学术著述而言，越是到后期的版本，经过著者多次修订，会比早期版本更臻完善，校印质量也应当有所提升。所谓"后出转精"，即同此理。

不过，无论是少年鲁迅读到过的富文本，还是稍后印行、版次更多、存世数量更大的商务版《天演论》，与前边两个早期版本相比较却会发现，这两个后期版本的校印质量并不高，印刷过程中产生的错讹，甚至还多于前边两个早期版本。经过严复第三次修订的两个后期版本，并没有表现出"后出转精"。

尤其令人感到不解的是，这两个后期版本的"译例言"部分，竟然删除掉了一个段落，更将《天演论》初版历程中涉及的人事与时间等重要信息完全抹

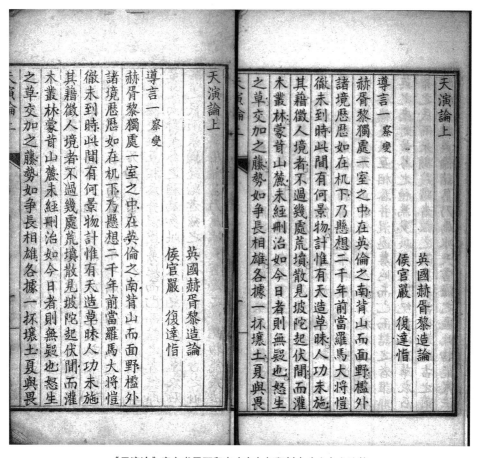

《天演论》富文书局石印本（右）与翻刻本（左）之比较

煞掉。此举对后世研究《天演论》成书过程，更是人为地设置了障碍。且看原文如下：

是编之译，本以理学西书，翻转不易，固取此书，日与同学诸子相课。迨书成，吴丈挚甫见而好之，斧落征引，匡益实多。顾惟探赜叩寂之学，非当务之所亟，不愿问世也。而稿经新会梁任公、沔阳卢木斋诸君借钞，皆劝早日付梓，木斋邮示介弟慎之于鄂，亦谓宜公海内，遂灾枣梨，犹非不佞意也。刻讫寄津覆斠，乃为发例言，并识缘起如是云。

　　　　光绪二十四年岁在戊戌四月二十二日　　严复识于天津尊疑学塾

　　仅就这么一段文字而言，如今看起来，似乎并没有什么特别的言论，缘何要全部删除呢？即便考虑到富文本与商务版刚开始推出时，确实还处在有着严苛文禁制度的大清帝国时代，可这段话里也着实并无攻击时政、针砭时弊的过激言论，为什么这样的言论却只能在"慎始基斋本"与"嗜奇精舍本"里看到呢？

◎一段"译例言"，严复缘何先改后删

　　值得注意的是，在"嗜奇精舍本"里，这段"译例言"虽然予以保留，但也悄然删去了"新会梁任公"之名；而到了1901年的富文本与1905年的商务版推出时，整段文字一字不留地全部删去，这又是为什么呢？是因为当年的"维新党魁"梁启超之名犯了忌讳，还是这一整段话里边隐藏着更大的忌讳呢？

　　实际上，这段文字的删节历程，从1898年到1905年，可以看作严复个人的一段坎坷履历的缩影，这一历程就是严复从慷慨激昂、鼓吹变法的志士，到黯然离场、埋头学术的学者的转变过程。

　　原来，1898年1月27日—2月4日，严复在《国闻报》上分九次发表了不署名的《拟上皇帝书》，洋洋万言，痛陈"古今谋国救时之道"，力倡变法。从2月5日开始，严复便迫不及待地将两年前译定，并已经在《国闻汇编》上连载过的《天演论》继续连载。4月间，清政府收到地方官员对《国闻报》的举

报，派出专员查办。6月间，直隶总督王文韶称"道员严复被参各节，查无此事"，得此保奏，严复侥幸躲过一劫，并未因在《国闻报》上鼓吹变法而被惩治。

紧接着，"慎始基斋本"《天演论》出版，此书迅即成为宣传变法维新、救亡图存的重要理论来源。6月11日，光绪帝下"明定国是诏"，宣布进行维新变法。9月12日，严复甚至还接到了光绪帝的"特急人才"的诏令，从天津赶赴北京，觐见了皇帝。但到了9月23日，百日维新转瞬间宣告失败，《国闻报》也因报道了此次变法的详情，终于在劫难逃，被清政府勒令停办。

1898年9月28日，谭嗣同、林旭、杨锐、刘光第、杨深秀、康广仁戊戌六君子被捕就义，而康有为、梁启超等早已接到密报，在此之前数日已离京逃亡。当时，身在北京的严复虽然暂时可保性命无虞，可在大学士王文韶的密示下，也意识到事态严重，不得不秘密离京，返回了天津。

在这种情况之下，便不难理解，为什么1898年12月，惊魂未定的严复返归家乡福州，自费刊印的"嗜奇精舍本"《天演论》的"译例言"中，会悄无声息地删去"新会梁任公"之名了吧。此举无非是为了避祸——在当时的危急情势之下，是没有人再胆敢谈论与变法相关的任何人物与事件了。

不过，得知戊戌六君子的死讯之后，忧愤满怀的严复写下一首题为《戊戌八月感事》的诗：

求治翻为罪，明时误爱才。

伏尸名士贱，称疾诏书哀。

燕市天如晦，宣南雨又来。

临河鸣犊叹，莫遣寸心灰。

应当说，这首诗很能说明严复
当时的矛盾心态与心理变化。对变
法失败的伤悼，乃至对时局人事的
灰心，使得严复虽然仍以译著西方
学说为己任，但在参政议政方面更
为小心谨慎，几乎不再发声。

戊戌变法之后，对政治生活心
灰意冷的严复转而投身现代学术领
域的一系列带有启蒙性质的译介工

严复，1905 年存照

作——系统译介西方经济学说及逻辑学理论，成为此时他最为热衷与倾心的志
业。不过，好景不长，随着义和团运动的爆发，天津的时局也混乱起来，严复
只得避居上海。庚子国变之际，严复由于参与了唐才常等组建的国会，受到当
局通缉，只得逃到上海的租界里，暂避一时。

至1905年时，年过半百的严复已经基本呈现出一位不问世事、只做学问
的宿儒姿态，逐渐从讲学、讲演、学会座谈等种种社会活动抽身而出，只在书
斋里埋首译介各类西洋学术名著。非但自己谨小慎微，绝不愿再公开评论时局
或抨击时政，还屡次告诫其家人要如何处理社会关系与应对时局。在一通给长
子严璩的信中，就明确提到：

吾儿方及壮年，家贫亲老，此后职宜与世为缘，岂宜更蹈汝父覆辙，邀其

谤毁？吾非望汝媚世阿俗，然亦甚不愿吾儿为无谓之忤俗。吾前者即缘率意径行，于世途之中不知种下多少荆棘，至今一举足辄形挂碍……

这是作为父亲的严复的谆谆劝诫，又何尝不是严复自己此刻的夫子自道呢？于此，也就不难理解，为什么在1905年商务版《天演论》正式出版之际，严复会干脆将"译例言"中的一整段完全删除。可以想象得到，此时此刻，他根本就不愿再提及戊戌变法那一年的任何事件，更不希望这次惨痛的记忆会再影响到已渐次安稳的家庭生活及众多家人。

◎小结：三改《天演论》的心史

回望《天演论》的三次修订，先是稿本初改，修订为"慎始基斋本"；此本再改，修订为"嗜奇精舍本"；此本复改，终为富文本与商务版，从1898年至1905年，迭经七年时光，终成定本。

无可否认，《天演论》的三次修订可能的确有提升翻译质量，力争达到严复本人所倡导的"信达雅"的因素在里边。但这三次修订的文本细节（尤其是那一段"译例言"从改动至删除的这一细节）却又令人能够明确地感受到，译著者在历经戊戌变法、义和团运动、庚子国变等一系列重大历史事件之后，所呈现出来的极为复杂微妙的心境变化，并非一如后世将之标签化的"天演学家"一般，一直持守初心，坚定无畏；并非一如后世所想象的其人必定笃守"物竞天择"的信条，始终不可动摇，壮志昂扬。

遥望20世纪初波诡云谲的时代浪潮，在这位被梁启超赞为"于中学西学皆为我国第一流人物"的身上，还是或多或少地留下了患得患失、权衡利弊的痕迹。或许，在这样一个治乱循环、无休无常的泱泱大国之中，在这样一个积重积弊、苦难深重的千年古国之中，任何一种学说，任何一次变革，都会让人举棋不定，进退两难，都会令人反复权衡，逡巡往复。"天演学家"严复也概莫能外。

新近发现的一通严复写于1909年的词稿或许就很能表达出这位"天演学家"步入晚年时期，心怀忧愤却又尽可能不再抒发忧愤的矛盾心态。这份词稿上写有《满庭芳》与《一萼红》词作两首，圈点密布，改动颇多。作者一生饱经沧桑，落笔处心绪微茫，字里行间却仍哲思悠扬，令观者颇感意味深长。那《天演论》里的"争优胜、长承天择"，《维摩诘经》里的"病维摩，花雨天魔"，在这一纸词稿之上，科学与佛学双双粉墨登场：

满庭芳·乙酉元日试笔

蘸影恒河，移舟夜壑，刹那霜鬓成翁。起观沧海，万派尚流东。安得摩天巨手，神州事、再辟鸿蒙。须真个、黄人捧日，焜耀讫无穷。　英雄休但道、人才消乏，民智倥侗。看洪钧一气，绝地天通。亿兆羲轩旧种，联众志、同奏肤公。争优胜、长承天择，国势倚崆峒。

一萼红

病维摩，向华鬘天界，偷桐质多罗。脂水凝澌，黛山拥絮，化城犹未春和。深花木、禅闺幽邃，护么凤、初得暖云窠。张八犹生，魏三未熟，几转秋波。　不负嘉名称雪，正搓酥滴粉，倩笑双涡，绀发垂云，葱纤削玉，梅额横约双蛾。恨幼舆、频伽舌蹇，含深意，欲语怕飞梭。梦想毗耶丈室，

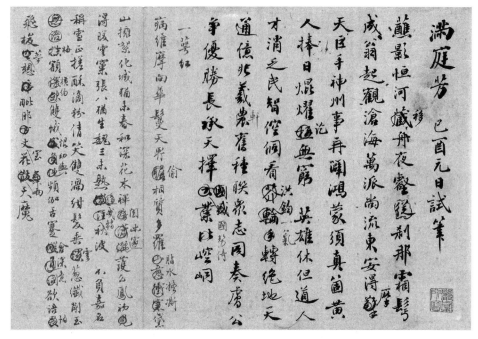

严复诗札词稿，1909 年

花雨天魔。

◎《天演论》最早版本乃"味经书屋本"？

《天演论》的版本流衍状况基本一如所述。严复三改《天演论》，形成的早期两种与后期两种，共计四个正式出版过的版本。那么，是否还会有早于"慎始基斋本"，甚或还早于《国闻汇编》所刊《天演论》（连载版）的更早版本存世吗？

数年来，仅就笔者经眼的《天演论》各类版本已达数十部之多，木刻本、石印本、铅印本、翻刻本、翻印本、石印影刻本等各种版本形态，可谓层出不穷，目不暇接。不过，总体而言，仍不出前述四大版本的范畴，不过是这四大版本体系的衍生品而已。

近年来，研究与辨析这些纷杂版本的学术论文，也异彩纷呈，别开生面，时有新的发现。譬如，有学者早已指出，约在1894至1895年间，即甲午战争前后，陕西味经书屋就出版过一种未经严复修订与授权的初稿印本，这一版本才是《天演论》的最早版本，通称"味经书屋本"。

因"味经书屋本"实属初稿初印本，可能属"试印"性质，只是在极小范围内传阅（可能仅在陕西及周边地区有过流传），其印量本就极为稀少，故存世极罕，难得一见。对于一般研究者与普通读者而言，即使《国闻汇编》（连载版）与"慎始基斋本"，乃至"嗜奇精舍本"也不易得见，更遑论"味经书屋本"这一只是存在于少数专家学者论文中的珍罕版本了。

据《严复全集》[①]出版说明，因全集编印力求尽善尽美而倾尽全力搜罗各种版本的《天演论》，以期充分体现严复思想变迁及版本流衍历程；为得"味经书屋本"一观，曾向陕西省图书馆借阅此书。

据此可知，国内公藏"味经书屋本"者，可能只有陕西省图书馆一家（近年来学界研讨"味经书屋本"，皆据此本）。当然，《严复全集》向读者展现的，已是经过校印之后的文本，并非原本影印图像；所以，想要从此中窥探"味经书屋本"真容，也无可能。

◎ **"味经书屋本"与通行本《天演论》的差异**

幸运的是，笔者新近终于获见一部私人珍藏的"味经书屋本"，多年夙愿

---

① 《严复全集》，福建教育出版社，2014年。

终可得偿，围绕这一版本曾经云山雾罩的种种疑问，随之渐次明晰。

此私人所藏"味经书屋本"为木刻线装，开本为25cm×16cm，每半叶十行二十二字，字体为结体略扁的宋体字，为典型的清末书局刻书字体。全书正文之前无通行本所附吴汝伦序、严复自序及例言诸文，目录亦无；正文页书名为"赫胥黎天演论"，正文首页第二行下端署"侯官严复学"一行，与之后各版皆署"英国赫胥黎造论，侯官严复达恉"两行不同。且卷上十八篇"导言"，皆作"卮言"，与之后各版皆署"导言"及主题名目不同，每篇"导言"末尾所附严复按语之"复案"亦无。所有这些版刻特征都体现着初稿本初印之际的匆促与不够完善。在文本内容上，与之后版本多有差异，充分体现着译著初稿特征。

谨以通行本《天演论》"导言一"为底本，比勘"味经书屋本"的"卮言一"，即可以明确地发现，两种版本上的文本细节差异颇大。在此，谨摘录一段原文（"味经书屋本"与之差异或增出者，以【】标出），酌加标点，转呈如下：

导言一　察变【卮言一】

赫胥黎独处一室之中，在英伦【英吉利】之南，背山而面野，槛【窗】外诸境，历历如在机下。乃悬想二千年前，当罗马大将恺彻未到时，此间【中】有何景物。计惟【唯】有天造草昧，人功【力】未施，其藉征人境者，不过几处荒坟，散见坡陀【陂陁】起伏间，而灌木丛林，蒙茸山麓，未经删治如今日者，则【盖】无疑也。怒生之草，交加之藤，势如争长相雄。各据一抔【坏】壤土，夏与畏日争，冬与严霜争，四时之内，飘风怒吹，或西发西洋，或东起

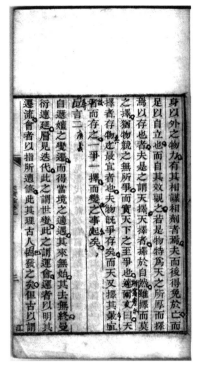

严复译著《天演论》，味经书屋刻本，
此为正文之一页，有原藏者批注，据通
行本将"达尔文"改为"斯宾塞尔"

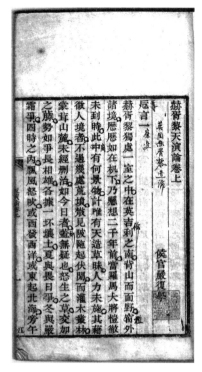

严复译著《天演论》，味经书屋刻本，
此为正文首页

北海，旁午交扇，无时而息。上有鸟兽之践啄【啄践】，下有蚁蝼之啮伤，憔悴孤虚，旋生旋灭【自补空缺】，菀【荣】枯顷刻，莫可究详。是离离者亦各尽天能，以自存种族而已。数亩之内，战事炽然。强者后亡，弱者先绝。年年岁岁，偏有留遗。未知始自何年，更不知止于何代。苟人事不施于其间，则莽莽榛榛，长此互相吞【兼】并，混逐蔓延【生】而已，而诘之者谁耶？【俚语曰：人生如过隙驹，言其促也。其祝人则曰，寿比终南山，喻其长也。然自道眼而观之，则驹隙何必为促，即终南山亦何足为长？特自驹隙以视终南，终南斯为寿耳，且由是而言，则寿者岂独终南？彼终南之草木，亦何尝不寿耶？】

通行本《天演论》"导言一"的文本内容共计一千八百余字，在此仅从中摘录了这一章节开篇计有三百余字的文字。可以看到，即使如此小的篇幅，文本细节上的差异竟也有十余处。特别是"里（俚）语曰"一段，通行本中是完全没有的内容，这应当是严复在译述过程中的感兴之语，后来在修订初稿付诸出版时，觉得于体例上不符，印出来也不妥，遂将其完全删除。

值得注意的是，现藏于中国历史博物馆的严复《天演论》手稿本，原本亦写有此句，但严复用蓝色墨笔将此句删除。据此可知，此句应为"味经书屋本"独有，也间接证明，"味经书屋本"文本内容的生成时间，或与《天演论》手稿本相当，甚或就是直接依照尚未经严复删改的手稿原本予以刊印的。

此外，特别值得一提的是，通行本"导言一"最后一句话：

斯宾塞尔曰："天择者，存其最宜者也。"夫物既争存矣，而天又从其争之后而择之，一争一择，而变化之事出矣。

这么一句话，在"味经书屋本"里有着明显差异：

达尔文曰："天择者，存物之最宜者也。"夫物既争存矣，而天又择其最宜者而定之。一争一择，而变化之事起矣。

这句话在两个版本中，最突出的差异乃是，引用话语是出自斯宾塞尔还是达尔文。

事实证明，严复在译著《天演论》过程中，也存在一个不断学习提高、不断辨析理论的过程。他后来修订初稿时，将原来误以为是达尔文所言的这句话改为斯宾塞尔所言。后来，严复还特意在文末"复案"中再次强调，达尔文学说与斯宾塞尔理论之间的关系：

物竞、天择二义，发于英人达尔文。斯宾塞尔者，与达同时，亦本天演著《天人会通论》，举天、地、人、形气、心性、动植之事而一贯之，其说尤为精辟宏富。

一如上述种种，或源自修辞文法，或源自感兴抒写，或源自理论认识上的诸多差异，造成了"味经书屋本"与通行本在文本细节上的较大差异。这些差异在随后的段落与章节中多有呈现。

◎ "味经书屋本"曾引发多年争议

早在20世纪80年代，有国内学者明确指出：

严复译文，我们所能看到的最早本子，是封面题为乙未年三月即一八九五年（光绪二十一年）陕西味经售书处重刊的《天演论》本。这不是定本，可能是当时人擅自将稿子拿去刊印的。书中没有自序和吴汝纶的序，也没有译例言。导言译作卮言，译文与后来的定本也不同。①

————————

① 原文征引自王栻主编《严复集》，中华书局，1986年版，第1317页。

严复《天演论》手稿本，今存中国国家博物馆

由于"味经书屋本"原书难得一见，遂使上述1895年成书之说几成"定论"，大凡引用此"定论"者，皆对此说不予深究，只是默认而已。

因《天演论》手稿本序言有款署"光绪丙申重九严复自序"；卷上部分有款署"以上于丁酉四月望日删节""丁酉四月十七日删节复识"；卷下部分有款署"丁酉六月初三日删节讫""以上丁酉六月初五删改讫""丁酉六月初六日删改"，可知手稿本迭经多次修改。以最后一次修改时间为光绪二十三年六月初六（1897年7月5日），以此推断，1897年7月至8月间是此手稿本最终生成时间。

如果"味经书屋本"成书时间确为1895年的话，现存《天演论》手稿本写作时间与之相比也晚了两年时间。也即是说，"味经书屋本"所依据的底本甚至可能是现存《天演论》手稿本的祖本，从物质形态上而言，它虽然不是严复手稿，但其文本内容却是源自比现存经过严复删改的手稿本还要早的原始手稿本。

这样的推论，从常理上让人难以理解，因为一般而言，任何著述皆是先有手稿，再有出版物；无论出版物的形态与性质如何，或私印或试印或内部传阅等，它出现的时间都不应当，也不可能早于手稿本。

那么，只能揣测还有一种可能性存在，即现存经过严复删改的手稿本并不是严复最初的原始手稿本；而"味经书屋本"因某种特别原因，恰恰在当时得以将最初的原始手稿本作为底本，刻印下来备存，所以即使后来那最初的原始手稿本散佚无存，其内容却因有这么一个极其特殊的刻本存世而保留至今。

早在1981年，已有学者邬国义质疑"味经书屋本"1895年成书之说，因为书中的严复按语里提到"去今光绪二十二年丙申"云云，这足以说明此书印行不会早于1896年①。至1990年，邬再次发表论文，得出"味经书屋本"应成书于1896年秋冬至1897年间的结论②。

邬国义的结论得出十五年后，学者王天根对这一结论表示质疑，通过缜密研究以及对新见史料的剖析，又得出了另一成书时间的推论称："味经售书处《天演论》时间初步可定为1897年8月至1898年年底间。"

也即是说，"味经书屋本"的印制时间可能要晚于现存手稿本的撰写时间，甚至还有可能晚于"慎始基斋本"的印制时间。王文再次指出，"味经书屋本"

---

　① 具体情况可详参邬国义《关于严复翻译天演论的时间》，《华东师范大学学报》，1981年第3期。

　② 具体情况可详参邬国义《〈天演论〉陕西味经本探研》，《档案与历史》，1990年第3期。

扉页牌记所记的印行时间不可信；且更抛出了牌记作伪的有力证据。

原来，据其考察，"光绪乙未春三月陕西味经售书处重刊"字样中的"绪""陕""经"三字均作简体字，认为"当时人绝不会用后来的简化字"，"因此，这个时间是靠不住的"[①]。

应当说，王文指出牌记作伪，牌记中使用了简体字是相当有力的证据。但牌记可以经后人重制后印刷装入，与正文刻印时间不必一致，也是刻本书籍印行历程中的常见现象。换句话说，即便确定牌记作伪，也只能说明"味经书屋本"未必是1895年刻印的，但仍无法否定这一版本确实早于现存《天演论》的各种版本。

简言之，牌记可以作伪，印制时间可能稍晚，但这一版本确实较《天演论》其他版本为早，这既是"味经书屋本"最为基本，也是最为关键的版本特征。

◎ "味经书屋本"或系盗印

为"慎始基斋本"撰序的吴汝伦，于1897年3月9日，即见到过《天演论》的原始手稿本。至1898年夏，吴氏为《天演论》撰成序言一篇。在此期间，其人将《天演论》最初的原始稿本录副，细加研读与品评，将其"读后感"写入了序言。

吴氏于1897年初看到的原始手稿本，卷上十八篇皆名为"卮言"，而当年末《国闻汇编》刊出《天演论悬疏》，卷上的各篇名目又改为"悬疏"；其人认

---

① 具体情况可详参王天根《天演论版本时间考析两题》，《安徽史学》，2005年第3期。

为原始稿本中的名目"厄言"不佳，后来的"悬疏"之名也不好，于1898年3月30日致信严复，建议改为"随篇标目"的形式[1]。

桐城吴（汝沦）先生遗像

事实上，吴氏本人在研读《天演论》的原始手稿本时，就已然采用摘录其主要内容，并于每节前加上标题的方法，为每节内容标上如"察变""广义""人为"等题目，如此一来，极便研习。由此也形成了后来的删节版《天演论》，在其人逝世之后，以《吴京卿节本天演论》之名，于1903年由上海文明书局初版印行。这个版本也曾在一定范围内流行，据胡适《四十自述》中回忆，其人少年时代入澄衷学堂就学时，就有老师向学生推荐这一版本的《天演论》。

严复本人非常重视吴汝纶对其译述体例及内容上的建议，"慎始基斋本"印行时，就采纳了吴氏建议，并在书前"译例言"中，明确述及这一译本修改历程：

即如此书上卷十余篇……仆始翻"厄言"。而钱塘夏穗卿曾佑病其滥恶，谓内典原有此种，可名"悬谈"。及桐城吴丈挚父汝纶见之，又谓"厄言"既

---

① 具体内容可详参吴汝纶《答严几道书》，原载《严复集》。

成滥词，"悬谈"亦沿释氏，均非能自树立者所为。不如用诸子旧例，随篇标目为佳。……于是依其原目，质译"导言"，而分注吴之篇目于下，取便阅者。

　　仅就上述《天演论》篇目体例从"卮言"至"导言"的译本修改历程来看，"味经书屋本"以最初的原始手稿本为底本（"卮言"之名贯彻始终），其文本内容形成时间必然要早于"慎始基斋本"。但1897年3月9日见到原始手稿本的吴汝纶，尚以录副形式存底，可见至少在这一时间前后，严复本人手头并没有"味经书屋本"，或许也根本不知道这个版本的存在，否则何不即刻向吴氏送呈两部，即便其随意批阅，也省去了手稿辗转与录副的劳烦？

　　之所以出现这样的情况，可能有两种解释，一是"味经书屋本"当时尚未刻印；二是当时严复根本没有亲自或授权他人将《天演论》最初的原始手稿本付印，"味经书屋本"纯属译著者并不知情的"盗印本"。

　　另据学者王天根的考察，根据现存手稿本对"味经书屋本"的删改细节，并据手稿本上的时间落款，可知严复于"丁酉四月十七日"至"丁酉六月初三日"之间（即1897年5月至7月）对原始手稿本有过删改，而这些删改之前的内容却均是原封不动地保留在了"味经书屋本"中，这就说明"味经书屋本"刻印时并未看到丁酉四月至六月间严复的一系列删改。王氏据此判定，"味经书屋本"当在这一时间段前后刻印[1]。当然，究竟有多"前"，又究竟可以多"后"，根本无从判定。

　　不妨再换个角度来予以考察，如果"味经书屋本"确属未经严复授权的盗

----

[1]　具体情况可详参王天根《天演论版本时间考析两题》，《安徽史学》，2005年第3期。

印本，盗印者不但可能在没有看到严复在原始手稿本上一系列删改的情况下，即开印"味经书屋本"；还有一种更极端的可能，即便《国闻汇编》上的"连载版"与"慎始基斋本"已经出版印行之际，盗印者因为没有第一时间看到这两种版本，有可能将其手头已有的《天演论》原始手稿本（有可能是转录副本）作为底本，付诸刻印。因为盗印者一旦看到这两种版本已经印行，必然会认为手头的这一原始本不够完善，不能充分体现译者水准，不再奇货可居。

当然，在这两种版本问世之前，盗印者开印"味经书屋本"的可能性自然是最大的。但当这两种版本问世之后，或因消息滞后等原因，也仍有可能开印，这一可能性也并不能完全排除。所以，笔者揣测，"味经书屋本"的刻印时间，从1897年5月至1898年底（"嗜奇精舍本"印行之前），皆有可能。

通过上述对《天演论》译述体例及文本内容上的细节考察，可知"牌记作伪"的问题，实属判定"味经书屋本"确切刻印时间的次要问题。因为如果盗印之说成立，盗印者的牌记应当相当隐晦，或者根本就不曾印制。试想，如果确属未经授权的盗印，或者是作者虽未追究但也未认可的"私印"，在牌记的印制上必得慎之又慎，绝不至于竟和正版书一样，大张旗鼓地标示出来。最可能也是最稳妥的办法，即是根本不印牌记，私自印行、传阅或发售即可。

◎严复生前从未提及"味经书屋本"

对严复生平略有了解的读者，大都知悉严复一向有着极强的版权意识，凡遇盗版盗印者，多有追究。当年，与门人熊季廉合作校点出版富文本《天演论》之际，多有书信往来，其中就谈到了对盗版者的切齿痛恨及坚决维权的主张。

严复，摄于光绪三十年（1904）前后

时为1904年5月26日，严复在致信中这样写道：

复在北，岁入殆近万金。一旦不居舍去，今所以自活与所以俯畜者，方仗毛锥。觊幸戈戈之译利，固已菲矣。乃遇公德劣窳之民，不认板（版）权为何等物事。每一书出，翻印者蚁聚蜂起必使无所得利而后已。何命之衰耶！则无怪仆之举动为黠者所窃笑而以为颠也。其《原富》《群学》两书，湘、粤、沪、浙之间，翻板石木几七八副，固无论矣；乃《权界》《社会通诠》两书，问世不逾数月，颇闻贵省有人，欲萃群力翻印二书。不知老棣有见闻否？如有之，不识能为我略施运动，力阻其成否？此其为赐乃不浅也。①

据上述信文可知，严复著述被盗版盗印的情况非常严重，各地翻印的石印本与木刻本品种繁多。针对这种情况，严复与友人经常商议应对之策，始终希望"略施运动，力阻其成"。类似的通信还有，在此不赘。

严复后来与商务印书馆合作出版的个人著述就均有明确版权标识，以示正版。严复个人也被中国出版界公认为最早使用版权印章者，其著《英文汉诂》的版权页钤有著者印章"严氏版权之印"。而《英文汉诂》正是由商务印书馆

① 信文征引自《严复集补编》，第251页，福建人民出版社，2004年。

于光绪三十年（1904）初版的，正是上述严复致熊季廉这通信札的同一年。由此可见，虽然防不胜防、禁亦难禁，可严复对其著述被盗版盗印，始终难以容忍，绝不会听之任之，而是要坚决采取维权行动的。

那么，在这样的情势之下，"味经书屋本"如确为盗印，就不太可能明目张胆地印制牌记。因为，这样做等于将自己的盗印行径主动暴露了出来，当严复知晓之后，势必追责。就目前已知的严复通信及其他相关记载来考察，尚未发现明确提及"味经书屋本"者，这或可间接说明"味经书屋本"可能根本没有印制牌记，印行数量及范围也都相当有限。

据查证，最早提到也是目前已知唯一提到"味经书屋本"者，乃是时任陕西学政的叶尔恺。时为光绪二十四年十一月二十一日（1899年1月2日），叶尔恺致信汪康年，信中确曾提及这一版本①。这是目前可以查获的，时人通信中关涉这一版本的唯一记录，但信中除了表示对"味经书屋本"校印质量不满之外，并未提到更多的出版细节。

据上述史事种种，或可推测，严复可能根本就不知道《天演论》曾有一个"味经书屋本"的版本存在。而这一版本或属盗印，或因其行事隐蔽，或因其印量不多，后世知之者无多。这就给后来的牌记作伪者提供了比较便利的客观条件。

联系到严复曾于1896年10月前后致信梁启超，称"拙译《天演论》，仅将原稿寄去"②这一情况；学者王天根认为，这里提到的原稿，当指既无吴汝纶序言，也无严复自序，更无"译例言"的，尚未经过严复本人删改的《天演

---

① 具体情况可详参《汪康年师友书札》（第三册），第2746页，上海古籍出版社，1987年。
② 信文征引自《严复集》，第515页。

近代中国教育人物像传之一：严复先生，原载《中华教育界》第 23 卷第 5 期，1935 年 11 月 1 日

论》最初的原始手稿本①。在这一原稿中，可能就署有"光绪乙未春三月"字样。"味经书屋本"牌记作伪者之所以将刻印时间定为1895年春，可能正是通过某种渠道，曾经看到过这部原稿之故。由此推论"味经书屋本"的刻印时间恐怕至少要晚于1896年10月，即晚于严复致信梁启超提到原稿的时间。

笔者以为，所谓牌记作伪，或许只是后世某一深谙《天演论》译介历程的好事者所为，此举可以视作乃是好事者有意对"味经书屋本"的价值"再造"而已。此举只是为了突显这一版本所据底本乃源自《天演论》原稿，欲抬高其学术身价与历史价值而已。

简言之，即便牌记作伪之说属实，这也与"味经书屋本"自身的版本特征与地位及其研究价值无涉。前述笔者曾有幸获见的那一部私人所藏"味经书屋本"，就根本没有印制牌记，或正可说明这一观点。

---

① 具体情况可详参王天根《天演论版本时间考析两题》，《安徽史学》，2005年第3期。

此外，值得一提的是，那一部私人所藏的"味经书屋本"首页右下侧钤有"养源书屋鉴藏"印一枚，且于书根处粘贴有"天演论，严复译，二册二卷，清末刻印，麻纸，子1537"字样的签条一张。这已然表明，此书曾为养源书屋旧藏，并列为其藏书"子部第1537号"。

据考，养源书屋乃江西省婺源县汪口村俞氏家族创办，乃赐封奉直大夫（从五品）、翰林院待诏俞光銮于清光绪五年（1880）始建，专为训导族内和家内子弟[①]。此书曾经养源书屋收藏，有大量圈点批注及校改笔迹。

经逐一查证，书中所有校改及眉批均是以通行本《天演论》为底本校勘而形成的。如将所有十八篇"厄言"统统批改为"导言"并附导言题目；遇有通行本中未载文句，则以粗黑括号勾括之；字词有差异者，则在栏侧以小字写入；甚至还将通行本有而此本无的段落，径直抄录于书眉。凡此种种，均可视作俞氏族人在研读此书时，也发现了这一版本与通行本的明显差异，无论是出于治学之兴致，还是探研之奇趣，遂为之做了大量对勘与点校。

◎小结："味经书屋本"之价值与地位

综上所述，已然明确，"味经书屋本"乃是以《天演论》最初的原始手稿本为底本刻印的，所据原始手稿本完稿时间可能为"光绪乙未春三月"，即1895年春，要早于现存的于1897年4、5月间完成的，经过严复本人删改过的《天演论》手稿本。

"味经书屋本"确切刻印时间目前尚无法断定，当在1897年至1898年间，

---

① 具体情况可详参陈琪《婺源县汪口村光绪十年知县吴鄂为养源书屋所颁告示牌》，《徽州社会科学》，2013年9月。

可能略早于《国闻汇编》连载《天演论悬疏》的时间，或又略早于"慎始基斋本"的印行时间；如在1898年下旬刻印，则有可能还要略晚于"慎始基斋本"，略早于"嗜奇精舍本"。

尤为重要的是，"味经书屋本"的文本内容与"慎始基斋本"及其之后的通行本所据底本非同一体系，其研究价值与历史地位也正在于此，而非其刻印时间的或早或晚。

王国维：密韵楼中老书童

◎藏书有限，读书无限

一代国学巨擘、著名学者王国维（1877—1927），曾有一句肺腑之言：

余毕生惟与书册为伴，故最爱而难舍去者，亦惟此耳！

和所有旧派传统文士一般模样，王国维的书生本色是无疑的——读书、治学；再读书、再治学。然而，再进一步观察，同样是以读书治学为毕生志趣的王氏，却又与同时代的读书人、学者，有着很大的不同。

从辛亥革命之前的曾倾心于西洋哲学，到辛亥革命之后三五年间全力进行古典文学研究，再到寓居上海期间，淹贯于经史小学众多领域——真正着力于国学研究。王国维一生中的这三个治学阶段，其转变之剧，反差之强姑且不论，单单是从购书、藏书、读书的角度而言，难度就相当大。

对于同时代一般学者而言，恐怕很难配置这一囊括中外古今的巨大书库。

王国维旅日存照，辑自《东方杂志》第24卷第13期

反过来讲，如果没有这样一所巨大书库，要想形成如同王氏那样丰厚的学术积淀，也就根本没有可能，要想达到王氏那样卓越的学术水准，也就无异于痴人说梦了。

如果说王国维早期的读书生涯所需书籍，还比较容易购置；在那个西风东渐、欧风美雨的世纪之交，大量铅印洋装的译介类读物，并不十分昂贵，也极易觅得。那么，后来从事古典文学研究时所需书籍，则相对而言，已经有一些购藏上的难度了。那些集部古籍，即主要内容为诗词文赋的线装古籍，有一些珍稀版本在清末民初已经身价不菲，绝非一般文士可得染指。况且，王国维要做的相关研究，是追根溯源式的，对古籍中的字词章句均需逐一比勘，以期从中返本求真，方可进一步精考细研。

譬如，王国维所撰，被誉为与鲁迅《中国小说史略》同为"中国文艺史研究上的双璧"的《宋元戏曲史》，乃是我国第一部戏曲史专著；为撰写这样一部中国学术史上开辟鸿蒙式的著作，所需查阅的相关史料与古籍版本可谓数不胜数，有许多版本不是孤本便是珍本，皆是一些知名藏书家束之高阁的秘笈，非极深交谊不可得见一纸半叶。

事实上，王国维本人不是什么顶级藏书家，无力购置与营造出如此庞大、品质超绝的古籍书库。好在有罗振玉等众多友朋襄助，调阅这些珍本秘笈，尚不在话下。当然，由于王氏学力精深，眼光独到，也有一些藏书家主动登门求见。他们有的是慕名而来，为的是请其鉴定版本价值和真伪；有的则是为求得一纸跋文，以期"一经品题，身价百倍"，这在无形中也给予其更多接触珍本秘笈的机会。

应当说，在王国维的读书生涯中，所读之书并不完全源于，甚至说大部分并不源于自购自藏之书。然而，当时国内私人收藏至为精善罕见的古籍版本，其人却多有接触，并可饱读其中珍秘。一位藏书有限、读书无限的顶级学者，就这样在民国世界的滚滚红尘中，不紧不慢，不温不火地束手踱步，逐渐步入公共知识领域里的精英殿堂。

◎国学转向集大成

辛亥革命之后，王氏东渡日本，罗振玉力劝王国维"专研国学"，其人的治学方向由先前的西方哲学迅即转向传统国学，转而淹贯于经、史、小学。

罗振玉认为，王氏"专研国学"当"先于小学训诂植其基"；又与其论学术得失，谓"尼山之学在信古，今人则信今而疑古"，并谓欧西哲学虽大行其道于中国，但"流弊滋多"；最终还慰勉王氏：

方今世论益歧，三千年之教泽不绝如线，非矫枉不能反经。士生今日，万事无可为，欲拯此横流，舍反经信古，末由也。[①]

———————————

① 具体内容可详参罗振玉《海宁王忠悫公传》。

王国维与罗振玉（右），1916年春合影于日本京都净土寺

　　客居日本期间，经罗振玉的安排，王国维得以与众多日本学者、藏书家建立广泛而友好的联系。此时，罗氏的社交资源及其个人的丰硕收藏，同时发力，给予王氏治学生涯的初次转向以强有力的支撑。

　　可以看到，这一期间，王国维经史研究方面的重要著作相继问世，如《简牍检署考》《明堂庙寝通考》《释币》（原名《布帛通考》）、《秦郡考》《汉郡考》《流沙坠简》《宋代金文著录表》《国朝金文著录表》《生霸死霸考》等。此外，又于1913年7月—1915年11月，在沈阳《盛京时报》刊载学术札记《东山杂记》《二牖轩随录》《阅古漫录》，内容虽然庞杂，但可供参考的学术见解颇多。

1916年2月，王国维自日本回国，其后寓居上海达八年之久（1916年2月—1923年4月）。在上海的这八年，乃是王氏治学生涯的又一高峰期。一方面，与海内外学者（如沈曾植、内藤湖南等）广泛交往，相与论学，切磋学术；另一方面，则一如既往地在学术上精研细考且屡有创获，许多学术名篇陆续问世，在海外学术界逐渐声誉鹊起。

王氏这一时期的治学范围已经淹贯纵横于经、史、小学的众多领域，如古礼制、古文字、古器物，以及音韵学、版本学、目录学、敦煌学等。在这一时期，学者、藏书家、古董商纷至沓来，为其直接或间接提供了更多的孤本秘笈以及重宝古器。

从一般意义上的文史学者的所谓学术资源而言，垄断性占有并独家使用相当数量的第一手史料文献，是基础性资源，也是奠定其学术成就与地位的首要资源。显然，王国维寓居上海的这一时期，拥有着这样得天独厚的学术资源，对同时代乃至后世众多学者而言，都是可遇不可求的天赐因缘。

在罗振玉及其朋友圈（众多学者、收藏家、藏书家）的丰硕资源与巨量文献中，王国维作为这些私人珍藏顶级古物、古籍的资深"看客"，基本上已经将当时国学研究的"超一流"资源尽收眼底。从殷墟甲骨到敦煌文书，从汉晋木简到齐鲁封泥，从国宝重器到大内秘档，从宋元孤本到明清珍本，王氏站在同时代学术资源的顶峰，无形中已然具备了"会当凌绝顶，一览众山小"的大师气象。

诚如王国维的学生、著名的目录学家姚名达的评述：

静安先生所以有如此成就，固由其才识过人，亦由其凭藉弥厚。辛亥以前无论矣，辛亥以后至丙辰，则上虞罗氏之书籍、碑板、金石、甲骨任其观摩也；丙辰以后至壬戌，则英伦哈同、吴兴蒋氏、刘氏之书籍听其研究也；癸亥、甲子，则清宫之古本、彝器由其检阅也；乙丑以后至丁卯，则清华学校之图书禀其选择也。计其目见而心习者，实至可惊，人咸以精到许先生，几不知其渊博尤为有数。返观身后所遗藏书，则寥寥万卷，无以异人，古物尤不数数觏，后之学者，可以省矣！①

在这样的时代机遇与个人境遇之下，王国维日益精深的国学研究成果层出不穷地涌现出来，譬如：《殷卜辞中所见先公先王考》及《续考》,《西胡考》及《续考》，以及《殷周制度论》《史籀篇疏证》《尔雅草木虫鱼鸟兽释例》《书郭注方言后》《书尔雅郭注后》《周书顾命考》《与友人论诗书中成语书》《联绵字谱》《唐写本切韵残卷三种》《魏石经考》《汉魏博士考》《古本竹书纪年辑校》《今本竹书纪年疏证》《五代两宋监本考》《两浙古刊本考》等。王氏国学研究成果的首次汇集，即"几乎篇篇都有新发明"的《观堂集林》，顺理成章地应运而生了。

◎四年精读密韵楼

这时，又一位极其重要的藏书家，步入了王国维的读书生涯。其人不仅为王氏提供了作为古籍参校底本的一系列重要藏书——这批藏书成为王氏晚期学

---

① 原文征引自姚名达《友座私语》，载《国学月报》第2卷第8期"王静安先生专号"，1927年10月。

术积淀的重要基础；还将王氏学术代表作《观堂集林》首度印制面市，让更多的学者与世人目睹了中国顶级学者的风采。

此人即浙江南浔藏书家蒋汝藻（1877—1954），他建有藏书楼，名曰密韵楼。可以说，王国维人生中最后的、最大规模的、最成系统的读书生涯，正是在此密韵楼中度过的。

蒋汝藻，字孟苹，号乐庵，吴兴（今湖州）南浔人。清光绪二十九年（1903）举人，曾任学部总务司郎中。参加过辛亥革命，曾任浙江军政府首任盐政局长及浙江省铁路公司董事长等职，后专习实业。

蒋家是吴兴藏书世家，建有传书堂、密韵楼等藏书楼，其中密韵楼与陆心源皕宋楼、刘承干嘉业堂、张钧衡适园，并称为吴兴四大藏书楼。祖父蒋维培、叔公蒋季卿、父亲蒋书箴均雅好藏书，蒋汝藻幼承家学，在藏书方面更上层楼，因其曾为官北京，久客上海，足迹遍及南北各大城市，访书购书之举，更是遍及南北各地。又与曹元忠、沈曾植、王国维、张元济、傅增湘、罗振玉

蒋汝藻书扇面

等名家相往还，得以遍览诸多名家藏书，如天一阁藏书、艺芸书舍藏书等，随着版本识见渐丰，藏书亦日见精善。

清末民初，著名藏书家宁波范氏、杭州汪氏、泰州刘氏、泾县洪氏、贵阳陈氏等故家遗藏散出，多为蒋汝藻所访求并购藏。对祖辈家藏散出之遗本搜购更力，凡有茹古精舍、求是斋旧籍，皆以高价收购。又因得到宋椠本《草窗韵语》，乃极为稀见之本，被沈曾植称为"妖书"，也因此将其藏书楼唤作密韵楼。

据统计，密韵楼藏书中有宋代旧刊八十余种，元本上百种，明本八百余种；藏书共计有五千余部，其中善本有两千余种，宋版书五百余册，元版书两千余册，明刻本六千余册，抄本三千余册，甚至还有《永乐大典》二十册。由此可见，密韵楼的藏书规模与质量，在当时已呈独步海内之势，国内学术与藏书两界中人，可谓无人不知，无人不晓。

蒋汝藻曾拟为其密韵楼藏书编制书目，但多年来没有进展。后来，想到了邀请原来在学部任职时的同事，当时已经盛名远播的王国维。时为1919年10月，王国维接受了蒋氏之邀，一是出于生计所迫，其人寓居海上又育有儿女，家累不堪重负，此时已经入不敷出；二是蒋氏藏书本身所具备的独特吸引力，令其亟欲得此近水楼台之便。

从1919年秋至1923年夏，王国维为蒋汝藻编书目、鉴真伪、撰写跋文，前后花费四年时间，编成了三十余册的《密韵楼藏书志》（后改订为《传书堂藏善本书志》）。实际上，编校蒋氏藏书，成为王氏在上海后期的主要工作，其人在此事上投入了大量精力，也在编校过程中得以接触到不少孤本珍本，这对其学术生涯也大有助益。

须知，王国维所编纂的《密韵楼藏书志》并不仅是一种普通的私家藏书目录，还是中国目录版本学史上一部经典著作，其重要性不仅在于著录了民国时期著名藏书家蒋汝藻所珍藏的一大批宋元古本、稿本和抄校本，以及一些重要的明人文集；更在于其考订、编纂方法对后世学者的深远影响，还在于此次编纂工作本身对王氏治学亦有所促进。

王国维编纂《密韵楼藏书志》的四年周期，也正是其学术研究活动最为旺盛的时期。这段时期，与其来往者多是著名的藏书家、版本目录学家，彼此借抄图书、校勘旧籍更兼相与切磋，这些活动不但为编纂《密韵楼藏书志》助力，从某种意义上讲，更为王氏学术成果提纯加精，令其更为精善完备。

《密韵楼藏书志》中大量的研究性内容，如各种版本异同的比较、不同版本之间关系的研究等，都是王氏在此期间学术交往与学术研究的结果。因此，《密韵楼藏书志》不仅像清代一些著名藏书目录那样，详细著录了宋元旧本的行款、藏印以及前人的序跋，还为后人提供了重要的文献学参考资料；与此同时，王氏更通过某一特定文献各种不同版本的综合研究，如根据古籍行款变

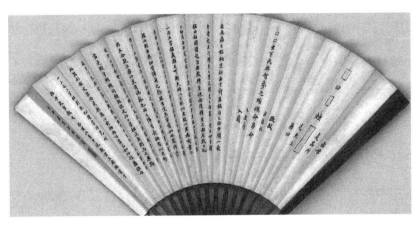

王国维书扇面

化、文字剜改删节等细节探究，对文献的版本流传，不同版本的优劣详加考察，从而得到了许多更为细致精确的研究成果。譬如，对宋刻诸经注、疏本的综合研究，弄清楚了五代、北宋监本以下各种版本递嬗源流，这对于古籍版本的研究与鉴定有着重要意义。又如，通过对《水经注》各种版本的综合研究，弄清楚了《水经注》自宋以来各种刻本、抄本之间的相互关系，与《永乐大典》本以及赵、戴、全校本《水经注》之间的关联。

《密韵楼藏书志》的编纂工作不仅是王氏寓居上海期间的一项重要学术活动，且这项工作本身还为王氏随后的其他学术研究提供了非常重要且相当深厚的学术资源。王氏身后留下的大量批校文字，其中参校之本许多就是蒋氏密韵楼的藏本。换句话说，王氏的学术巅峰正是在密韵楼的读书生涯中得以巩固与蓄势，为其后来出任北京大学国学门通讯导师、清华大学国学院导师等教职，奠定了更为坚实的来自学术资源与经验的两大基础。

◎《集林》初版密韵楼

从1919年10月王国维接受蒋汝藻之聘开始，至1923年4月王国维受命任逊帝溥仪"南书房行走"为止，王氏历时近四载，为蒋氏藏书编成经、史、子三部目录，集部目录也编至元末，明代则为草稿。时年不过四十几岁的王氏，正值学术盛年，在密韵楼中的读书、校书、编书生涯，乃是其一生中难得的静好岁月。

在这段岁月里，王国维与同样以遗老自居的蒋汝藻志趣相投，相处融洽。嗜书好学的王氏，可谓如鱼得水，暂得桃源。当时，早已盛名在外的王氏，面对学术界、文教界、文士圈子里的各类聘任与邀约，大多婉言辞谢，自顾自埋首书斋，自得其乐。其人总是把读书看得比聘书更重要，总是认定自己读书比教书更适宜。

早在1917年底，北京大学校长蔡元培曾托马衡与其联系，欲聘往北大任教。王氏经与罗振玉商量，拒绝了聘任。其时，王氏正醉心于敦煌遗书的研读，根本无心任教。至1921年年初，马衡仍受北京大学委托，再次来书力邀王氏出任北大文科教授，仍为其所拒。此时，王氏正倾力为蒋氏藏书编纂目录，正在密韵楼中坐拥书城，终日乐此不疲，何来闲时闲情赴任教职？也正是再次拒绝赴北大任教的这一年5月，王氏将数年间所写经史论文，撷其精要，汇辑为《观堂集林》二十卷。蒋氏对此著颇为激赏，当即表示愿意资助校印。

密韵楼校印的《观堂集林》乃是这部学术名著的第一次印行，也可以说是唯一经过著者本人生前亲

《海宁王静安先生遗书》，赵万里编印，商务印书馆，1940年2月初版

赵万里编印《海宁王静安先生集》，弁于篇首之王国维遗像

王国维著《观堂集林》二十四卷本，正文首页

自审定的版本。因为，无论是其友人罗振玉于1927年编选的《海宁王忠悫公遗书》，还是其弟子赵万里于1940年编选的《海宁王静安先生遗书》，这两种"遗书本"里虽然均收录有《观堂集林》，但均为二十四卷的增订本，均为王氏逝世后的选本，并没有经过王氏本人审定。也正因如此，密韵楼校印的《观堂集林》，也可以说是王氏生前出版的所有学术著述的集大成者，也可以说是最能真实反映王氏学术成果的一部总结性著作。

　　蒋氏本人也非常看重这部著作，在校刊与印制中不惜工本，倾尽全力；可以说极尽一位藏书家精雅风范，以鉴赏一部传世经典的眼光来精心校印。其人特聘"聚珍仿宋版"发明者、西泠印社创始人之一丁辅之来监印，正文采用方形仿宋大号字，引文采用长形仿宋中号字，夹注采用长形仿宋小号字，版式疏朗有致，字体清秀俊美，实在是为《观堂集林》这部学术经典增色添彩。在每卷卷末，蒋氏还别出心裁地增添了各色版权牌记，这些牌记的字体或篆或隶，均是模仿宋明古籍的牌记格式，古典雅致，别具一格。这些牌记或刻写着"密韵楼""乌程蒋氏校刊书籍之印"；或直接以方框形式印于卷末，诸如"壬戌春日乌程蒋氏密韵楼仿宋聚珍版校刊"的字样；所有这些细节，都彰显着这部著

《观堂集林》书名页　　　　　　王国维著《观堂集林》二十四卷本，辑入罗振
玉 1927 年编印的《海宁王忠悫公遗书》

作的非同凡响，也印证着校印者的郑重其事。

　　也正因为蒋氏的郑重其事，《观堂集林》的印制并不是一蹴而就的。此书随印随校、随校随印的严谨流程，务必经王国维多次审定后方才拼版印制，所以印制流程上不可能全书二十卷同时全部印出。实际的情形是，从1921年5月至1923年12月三年间，二十卷《观堂集林》陆续印出，分订为六册；每一册的成书时间都不相同。这从卷末牌记中屡屡变更的辛酉、壬戌、癸亥，春日、夏日、冬日字样，就可见一斑。

　　就这样，一位顶级藏书家与一位顶级学者的因缘，年复一年、春来秋去地周而复始着。虽然二人在密韵楼中的这一场"顶级沙龙"，这一段亲密往还的切磋厮磨，仅有短暂的三五年时光，但这亦是足以载入中国现代学术史的一桩

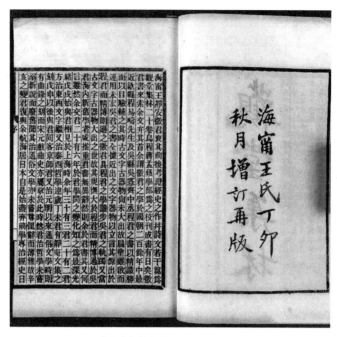

《观堂集林》牌记页及罗振玉序

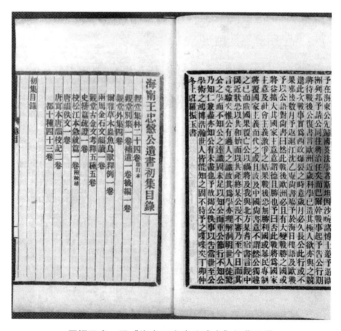

罗振玉序，及《海宁王忠悫公遗书》初集目录

学林佳话。

◎胡适心心念念的"蒋本"《观堂集林》

诚如梁启超所赞"几乎篇篇都有新发明"，一部《观堂集林》乃是王国维国学研究成果的集大成者。这一学术名著是王国维在学术盛年自行编选的最能代表其学术水准的论文集成。这些学术论文，纵越商周至唐宋，横跨甲骨与敦煌，至今都还是国学研究领域中"界碑"式作品。

那么，何以这一学术名著的初版本，即密韵楼校印的二十卷本《观堂集林》，似乎学界内外的知悉者并没有多少，以至于王氏逝世后所编印的《海宁

蒋汝藻序

王国维著《观堂集林》二十卷本，密韵楼初版

王忠悫公遗书》《海宁王静安先生遗书》反倒大行其道，众人皆知；这两种"遗书本"里所辑入的二十四卷本《观堂集林》，反倒堂而皇之，为人乐道，甚或其中一种竟被后世径称"定本"？这究竟是怎么一回事，又从何说起呢？

为简便区分罗振玉、赵万里两人所编印的"遗书本"，一般而言，学界又将这两个版本分别简称为"罗本"与"赵本"。按照这一思路，由蒋汝藻主持，王国维协助的，密韵楼校印的二十卷本《观堂集林》，这个版本自然也就简称为"蒋本"。在此姑且不论，两种"遗书本"与"蒋本"在编纂体例以及文本细节上有何区别，在学术价值上又有何差异；权且举一个颇具代表性的案例，即可以从中管窥著者自定本的重要性与后人增订本的随意性。

当年力荐王国维为清华国学院导师的胡适，可能就是最早关注过二十卷本《观堂集林》印制周期，及其与后印二十四卷本内容差异的近世学者。王国维在世时，胡适就曾经研读过"蒋本"。至1949年流寓美国时，虽然未能将其巨量藏书携走（胡适所藏"蒋本"现藏于北大图书馆，该书书根处尚有胡适亲笔题字，至今保存完好），但对"蒋本"这个版本仍然记忆深刻。

1956年11月27日，当胡适在台湾翻阅二十四卷本《观堂集林》时，曾在日记中写道：

王静安此集，蒋孟频（汝藻）排印本是辛酉（民十，1921）编的，癸亥（民十二，1923）印成。原为二十卷。

写下自己早年研读"蒋本"的相关版本信息，胡适随后又在日记中，对"遗书本"中增订的部分内容，提出了一个疑问：

卷末牌记"乌程蒋氏校刊书籍之记"

王国维著《观堂集林》二十卷本，
卷一正文首页

《水经注》诸文（在卷十二），不知是他自己收入的，还是罗振玉加入的？

　　据查证，"蒋本"卷十二根本没有任何关于《水经注》研究的内容，所辑入的十二篇文章均是考证自殷商以来的，古文字学与地理学的论文。二十卷本与二十四卷本的内容差异之大，也就可想而知了。

　　实际上，早在1956年1月，台湾艺文印书馆就已经影印了"蒋本"，只不过印量稀少，只有五百部，并不为普通读者所知晓；当时胡适还没有看到这个影印本，故而有了上述疑问。

　　待到1960年前后，胡适终于寻获这个影印本，郑重其事地钤上"胡适的书"与"胡适手校"两枚私人印章，并迅即着手二十卷本与二十四卷本的对勘工作。全书遍布胡适的红、蓝笔注记，校改与圈点多处，书中还附有六张手稿，总题为《遗书本观堂集林的增入篇目》一文，署为1960年1月9日所作。如今，这部经胡适研读并批校过的"蒋本"影印本收藏在台湾胡适纪念馆①。

题外可附带一说的是，胡适还曾向王国维的后人推荐过上述这个"蒋本"的影印本。原来，王国维的女儿王松明定居台湾之后，曾于1960年12月16日致信胡适，为其七十岁生辰祝寿。胡适于12月18日复信，信中关切王国维遗稿的整理工作，代表"中研院"慰问称：

王国维著《观堂集林》二十卷本（影印精装本），台湾艺文印书馆，1956年初版

静安先生身后的遗稿，想大都留在北平。如令堂和你带得有他的遗存文件在台湾，如需人相助整理，或需人照相保存，敝院很愿意效劳。

随后，在信中还明确提到：

台北艺文印书馆有《观堂集林》影印本，你若未见，请赐知，当寄赠。

---

① 具体情况可详参《胡适藏书目录》，广西师范大学出版社，2013年。

这里胡适向王松明推荐的《观堂集林》影印本，正是1956年首次影印的"蒋本"①。

由此可见，在胡适这一辈学者心目中，更为认同二十卷本"蒋本"，而对于二十四卷本"遗书本"增辑的内容及其编校质量，是持怀疑态度的。仅此一点，王国维生前定本，也即"蒋本"《观堂集林》的优越性是显而易见的。

不过，由此也衍生出另外一个问题，即"蒋本"《观堂集林》的学术研究价值既然已为胡适所重

王国维著《观堂集林》二十卷本（影印平装本），台湾艺文出版社，1958年再版

视，缘何流寓台湾的晚年胡适却难以再次购置这一版本呢？此版的难得，以至于后来胡适得此影印本后，竟然还要向王国维后人推荐。

这一切，归根结底，恐怕因为这一版本存世数量极其有限，至20世纪五六十年代时，已难以寻获。

◎王国维未刊书信透露初版艰辛

清华大学出版社于2010年出版《王国维未刊来往书信集》，终于透露了

---

① 具体情况可详参《胡适之先生年谱长编初稿》，台湾联经出版公司，1984年。

《观堂集林》初版时的种种艰辛。该书所收近五百通未刊书信中，在包括梁启超、胡适、沈兼士、顾颉刚、梁漱溟、内藤湖南等国内外六十余位知名学者致王国维的信件中，蒋汝藻致信数量竟然达到了三十六封之多。

正是在这些频繁磋商读书、购书、编书、印书的信件中，《观堂集林》初版细节呈现出来。譬如：

大著屡催，深为谦疚。项晤欣木，云将完工矣！然此说似未可深信。能于阳历年内出书已为万幸。深悔当时不木刻也。[①]

——蒋汝藻致王国维通信第十二通，作于1923年九月二十一日（农历），实为1923年10月30日。

前函所云成本之金，凭欣木约计之说而言，现已结帐，实不足千五百圆也，所费并不过重。所悔者，与刻本之值相等，时间亦相等。悔未刻板也。十年后当重为兄刻之。[②]

——蒋汝藻致王国维通信第十八通，作于1923年十二月二十一日（农历），实为1924年1月26日。

这两通信件说明，"蒋本"并不是传统的木刻本，一开始就选择了看似成本较低、便捷高效的铅印本，可后来还是由于种种原因，印制成本不断攀升，印制周期不断延长，以致蒋氏"悔未刻板也"。此外，在印制过程中，始终有

---

① 信件原文征引自《王国维未刊来往书信集》，第107页，清华大学出版社，2010年。
② 信件原文征引自《王国维未刊来往书信集》，第111页，清华大学出版社，2010年。

一位"欣木"，起着至关重要的作用。那么，这位欣木又是谁呢？

欣木，即高时显（1878—1952），号欣木、野侯、可庵，浙江杭县人，时任中华书局董事、美术部主任。显然，此刻居于上海的蒋汝藻没有选择木刻制版，而是就近委托中华书局来排版铅印此书，这位欣木董事自然也就成了联络印制工作的重要人物。

笔者曾有幸得观一部"蒋本"，从其印制版式及字体特征来看，确实应当是委托中华书局来印制的。确切说来，《观堂集林》初版本正是用中华书局的"聚珍仿宋版"铅字印刷而成的。

所谓"聚珍仿宋版"，是由西泠印社创始人之一丁辅之（1879—1949）精心研制出来的一种铅字字体与排版技术。这种字体精雅端庄，是从宋版书的欧体字演变而来，经由名师仿写、刻模并最终用于大规模排版印刷。丁氏早在1919年就于上海成立了聚珍仿宋印书局，并于1920年获得这一字体及排版技术的专利权。之后不久，中华书局有意盘并这所拥有专利、颇具特色的印书局，终于在1921年达成盘并协议。1921年6月6日的《申报》刊登了聚珍仿宋印

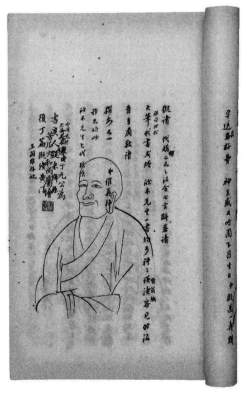

《王忠悫公遗墨》中所录王国维致蒋汝藻信札，信末提及代向高野侯问好

书局的启事，正式公开申明：

本局已并入中华书局总厂，以后关于法律上权利义务完全由中华书局代表。

不久，中华书局自行印制及外接承印的多种书籍，均开始使用"聚珍仿宋版"。其中，闻名遐迩的《四部备要》大型丛书就是用这种铅字字体与排版技术印制而成的。事实上，在上海聚珍仿宋印书局被中华书局盘并之前，"聚珍仿宋版"所印制的书籍就已颇受同时代文人雅士青睐，罗振玉编纂的《居易堂集》《明季三孝廉集》《临川集拾遗》等，即用此版印制而成。因此，作为罗氏密友的王国维对于"聚珍仿宋版"应当并不陌生；同样作为罗氏友人，且也非常热衷于刻印书籍的蒋汝藻，对这一品牌也应当早有耳闻。

大稿已催赶成书，惜聚珍发达，虽催无用也。[①]
——此语出自蒋汝藻致王国维通信第二通，作于1923年六月初三（农历），实为1923年7月16日。

这是蒋信中唯一一次提到，直接向聚珍仿宋印书局催印的情景。"惜聚珍发达"，是在感叹其业务之多、门庭若市，根本不可能因蒋的催促而赶工期，"虽催无用也"。随后蒋在内部找到"熟人"，即欣木董事，催印之事可能才略

---

① 信件原文征引自《王国维未刊来往书信集》，第97页，清华大学出版社，2010年。

有进展。

不过，可以想见，《观堂集林》在采用"聚珍仿宋版"印制时，仅就印制流程而言，的确存在诸多主客观方面的因素，会导致印制周期较长，不太可能一蹴而就。首先，在聚珍仿宋印书局被盘并至中华书局之初，其专利技术的运用并非十分纯熟，其中的人事衔接与业务对接还有待时日；高欣木与丁辅之两人，都还需要进一步的沟通与磨合。恰在此时，《观堂集林》交付中华书局印制，有所耽搁，实属必然。

其次，王国维的著述中，大量涉及上古文字，其中一些异体字、变体字并非常用字，在业已铸成的"聚珍仿宋版"字模中没有；对于这部分字模，只能重新仿写与刻铸。涉及的甲骨文、金文、篆书等非印刷标准字体，则需要通过手写上版，以锌版石印法插入图像，这自然又增加了印制的难度与时间周期。此外，此书还有随印随校、随校随印的特殊流程，是务必经王国维多次审定后方可拼版印制的。

所以仅就印制流程来看，也不可能全书二十卷一次性全部印出；整部书都是单卷单印，最后二十卷全部校印完毕时，再分拣分装的。且每卷末端印制完毕之后，根据版面所余空白面积，但凡尚有余地，均要加印密韵楼牌记；每三卷或四卷印制完毕，合装为一册时，还需在每册末页加印有校刊具体时间的密韵楼牌记。所有这些精益求精、力臻完美的举措，无形中都为这部书的印制增加了经济、人力、时间上的成本。

大集昨始送来一部，兹先邮寄，以慰快睹。装订尚雅观。初拟售品订十册，嗣觉六册之雅，故一律装六册。①

——此语出自蒋汝藻致王国维通信第十四通，作于1923年十一月十九日（农历），实为1923年12月26日。

《观堂集林》初版本的印制完工，大约就在1923年末，1924年的阳历新年之前。从印厂拿到成品书的次日，蒋汝藻致信王国维，并附寄了一部样书。信中还提到，普通用于销售的成品书，用竹纸（信中又称黄纸）印制的样本，已经拿到；但尚有赠售皆可的连史纸（信中又称白纸）印本，还没有开印。此外，用于赠送亲友的二十部特制大开印本，也还没有装订完毕。

王国维著《观堂集林》二十卷本，密韵楼初版；封面及扉页吴昌硕题签

① 信件原文征引自《王国维未刊来往书信集》，第108页，清华大学出版社，2010年。

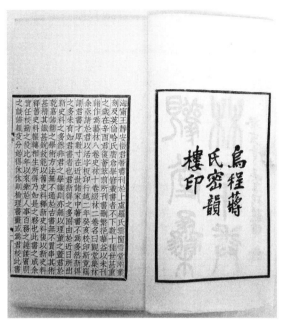

牌记页，及蒋汝藻序

　　无论如何，1923年12月26日，印厂给蒋汝藻送来一部六册竹纸印《观堂集林》样书的这一天，是可以算作"蒋本"诞生日的。而王国维本人看到这一部完整样书的时间，还要等到蒋信寄出之后五天，即1923年12月31日①。至此，在1923年的最后一天，王国维数年来研究的成果终于初露真容。

　　仔细观察竹纸线装的乌程蒋氏密韵楼排印本《观堂集林》，可以清晰地看到，这么一部学术经典初版本的精雅细节。它半叶长25.1厘米，宽14.7厘米，这一宽窄适宜，略显修长的开本尺寸，与清代初年集部刻本尺寸相当，呈现出端庄清朗的风范。是书每叶版心记书名、卷数及页数，双鱼尾，四周单边；半叶十三行，行二十一字，小字双行夹注，又相当规范严谨，颇合清代官书局的

──────────

①　具体情况可详参《王国维全集·书信》，中华书局，1984年。

经部刻本惯例。书名题签乃吴昌硕于1923年5月所写的篆书，苍劲古朴，与这部学术经典颇相宜，自有一番辉映古今的风采。

综上所述，可见"蒋本"虽是铅印本，但基本沿袭刻本装帧旧制，更兼"聚珍仿宋版"清朗俊秀的字体，整部书的古雅精致之感，已跃然纸上。即便书中的学问高深莫测，普通读者可能无从领教，可仅就书的外部特征及气质而言，也无不令观者怦然心动、衷心叹服。加之此书开印之时，正值"聚珍仿宋版"初试不久，所有字模尚未过多磨损，故印制出来的字迹笔画遒劲挺括，字口峭利锋锐，颇为醒目悦目。是书铅印所用油墨也相当精良，时隔整整一百年，尚无民国时期印书常见的"返铅"现象，没有出现字迹模糊、泛黄漫漶的状况。看来，这部历时近三年方才印成的学术经典，真可谓慢工出细活，确实

卷末牌记"壬戌春日乌程蒋氏密韵楼仿宋聚珍校刊"

卷末牌记"辛酉嘉平乌程蒋氏密韵楼仿宋聚珍校刊"

功夫不负有心人。

全分清样已送来……拟印料半一千部，其余均用竹纸。①

——此语出自蒋汝藻致王国维通信第一通，作于1923年五月初六（农历），实为1923年6月19日。

这乃是目前能探寻到的"蒋本"拟印的最早史料。据此可知，蒋氏最初计划用料半纸②印制《观堂集林》一千部，其余再用竹纸印制一批，也即是说，初拟印量至少有千余部。当然，后来随着印制成本的节节攀升，印制周期的不断延长，是书实际印量已大为减少，较之起初较为乐观的计划，已然大幅收缩了。

遗憾的是，在此之前，蒋、王二人的商议与筹划细节信息，即1923年之前的"蒋本"史料，未能保存下来，后人也就无法追溯到更多的历史细节了。不过，历经近三年的校印艰辛历程，从"蒋本"每一册末页的纪年牌记中，还可窥一斑。

事实上，"蒋本"自1921年起意编纂以来，至1923年仍有新作增入。这三年间，二十卷《观堂集林》陆续印出，分订为六册；每一册的印毕时间都各有不同，每一卷印毕的时间，也基本都有牌记加以记录。如第二、三、四、六卷末均有"辛酉嘉平乌程蒋氏密韵楼仿宋聚珍校刊"牌记，这就说明这四卷均校印于1921年。而第七、十一、十四、十六、十八、十九卷末均有"壬戌春日乌程蒋氏密韵楼仿宋聚珍校刊"牌记，则说明这六卷均校印于1923年。

① 信件原文征引自《王国维未刊来往书信集》，第96页，清华大学出版社，2010年。
② 料半纸为宣纸的一种，比玉版宣薄，洁白绵软，为晚清至民国时期较为常见的印书用纸。

特别有意思的是，第九卷末的牌记为"辛酉嘉平乌程蒋氏密韵楼仿宋聚珍校刊"，这就表明第九卷的校印完毕时间要早于第七卷，这恐怕会令人觉得难以理解。进一步的解释只能是，各卷并非依次校印，有的卷子可能经过王国维多次校改，导致序号排前的卷子却比序号靠后的还要更晚印毕。当然，这还只是二十卷内有明确纪年牌记可循的例证，有的卷子因为末页空白处不多，只加印了篆书密韵楼牌记，并没有加印纪年，也就无从判定其校印完毕的具体时间了。

上述种种细节表明，"蒋本"的印制，因为有了学术研究上的特殊性，以及著者治学方式上的严谨性，遂在校印过程中采取了分卷分印、随校随印的特例。这就使得"蒋本"在最终装订成书的过程中，耗时费力，颇为不易。

◎初版《观堂集林》五百部今何在

与不易得见的二十卷"蒋本"相比，二十四卷本"遗书本"《观堂集林》，因极便购读，近一个世纪以来流传甚广。自1950年代以来，"遗书本"屡屡被影印出版。半个多世纪过去，普通读者所接触到的《观堂集林》，皆是这些影印出版物，二十四卷本《观堂集林》的"定本"之说，似乎早已顺理成章。

反过来看，"蒋本"因当年印制不易，存世数量之少，至今已极难寻觅，以至于后来各大出版社始终未能将其纳入影印出版计划，恐怕这也是整整一个世纪以来，始终未受到应有重视的主要原因。那么，当年这一版本的印量究竟少到什么程度，确切数量又是多少？这一问题至今也没有人加以精确考证，或云数十部，或云百余部，莫衷一是。

其实，《王国维未刊来往书信集》中蒋、王二人的通信已基本披露出初版《观堂集林》的印制总量、用纸种类、销售情况等细节。可知其最初拟用料半纸与竹纸，计划至少印制一千余部；后来实际印出总计五百部，用于销售。其中，连史纸[①]印本一百部；毛边纸（官堆纸）[②]印本共计约四百部。另拟特印连史纸六开大本[③]二十部，用于馈赠亲友；还特制有一部黄绫裱装的"进呈本"，是专呈逊帝溥仪的。

所有这些相关数据俱可从蒋、王二人通信中得到基本了解。譬如，1924年1月2日（落款时间为旧历十月廿六），蒋致王第十六通信中提到：

尊集已来二百余部，与欣木核计成本，须定连史十圆，竹纸八圆，一律八折实收。

售品外另订白纸放大者二十部。此二十部尚在装订，未竣之工，后当与黄绫装者同寄尊处。[④]

又如，1924年1月13日夜（落款时间为旧历腊八日夜二时），蒋致王第十七通信中提到：

大集已交到三百部，尚有黄绫及特别放大者尚未装出。日来欣木抱病，又无从催赶，本拟俟进呈本装成，一并奉寄。兹适王君仰先回京，愿意代作邮差，先寄奉六大包，每包六部，共三十六部（连史十二部，毛边二十四部），

---

① 蒋、王二人通信中又称白纸。
② 蒋、王二人通信中又称黄纸或竹纸，实则其中亦有色泽近于白纸者，但质地与价格均逊于连史纸（亦为竹纸之一种）。
③ 蒋、王二人通信中又称"放大连史"或"特别放大者"。
④ 信件原文征引自《王国维未刊来往书信集》，第109页，清华大学出版社，2010年。

至乞点收。除送人外请酌分若干交富晋代售，定价白纸十圆，毛边八圆，八折交帐。此价与欣木核计而定之，必有销路。

据欣木核算，有三百部销出即可出本。此次仅印三百部，而送人已去一成。尊处欲送者尚不在内。果有三百部可销，必须重印矣！

进呈本俟交到即寄奉，特别放大者亦当奉寄数部，以备自留。①

蒋信写毕九天之后，时为 1 月 22 日（落款时间为旧历十二月十七日），王国维早已收到蒋信，并于 1 月 20 日即收到由蒋氏托付王仰先带回京城的六大包新书，遂在回信中提到：

王国维致蒋汝藻信札，言及《观堂集林》白纸、官堆纸、黄纸本印赠数量等，辑自《观堂遗墨》

> 前日由仰先处送来《观堂集林》白纸十二部，官堆纸二十四部，已如数收到。内弟欲赠人者，约黄纸二十部，其余当再问富晋，如能以八折归账，当即付伊出售也。②

王国维的这一回信透露出了关于《观堂集林》印书用纸的重要信息。且看王在信中表示，其著赠送友人者

---

① 信件原文征引自《王国维未刊来往书信集》，第110页，清华大学出版社，2010年。
② 信件原文征引自《王国维全集·书信》，第381页，中华书局，1984年。

为"黄纸二十部"，应当即是从蒋托人捎来的"官堆纸二十四部"中提取。简言之，即王认定的黄纸印本，乃官堆纸印本，与蒋信中提到的"毛边二十四部"，似乎不太一致。

实际上，官堆纸与毛边纸皆为竹纸，色泽上黄、白及偏于黄、白者皆有，仅从纸张色泽上加以区分，是不太容易的。唯官堆纸较毛边纸稍厚，可从纸张的质感上感受二者质地的差异。清中晚期官书局印书，一般皆采用官堆纸，清末及民国时期，毛边纸印书更趋流行。因《观堂集林》印制的主事者为蒋汝藻，其人在通信中时称此书"黄纸"印本为"毛边纸"印本，故此书纸张色泽呈黄色者，可能确系毛边纸印制。但联系到王国维回信中又将此"黄纸"印本认定为"官堆纸"印本，或可据此揣度，此书"黄纸"印本用纸，可能比较混杂，可能有毛边纸与官堆纸两种。

再者，王信中还表示，同期捎来的"白纸十二部"，即蒋信中提到的"连史十二部"，王不会用于赠送友人，拟委托富晋书社代为销售了。至于这定价高于黄纸印本两圆的白纸印本，即连史纸印本的实际印量究竟有多少，在蒋的下一通回信中就会揭晓。

1924年1月26日（落款时间为旧历十二月廿一日），蒋致王第十八通信中提到：

大集现已装齐，有五百部，将来销路终以都中为多数。轮船停驶，车运殊费，只好陆续觅便带出。兹又打一包，内毛边纸十二部，放大连史四部，黄绫装者一部，托兴业便人带去，不知何时可到。年内有便，自当再寄。放大者仅有二十部，不能出售，择至好分送，作美术观可也。此四部中雪堂宜赠一部

（沅叔已寄赠一部），其余均请自留，或师傅中酌送一二部，或国外酌送一二部，必不敷分派，当再奉寄。此间已送出四十部，普通品居多。买者亦必以毛边为合用，价值虽差两元，成本则不相上下。五百部中连史仅占五分之一，预料销路不广也。

弟意能销出二百五十部，即可收回成本。区区之数当不甚难，特不知时间如何耳。①

王国维致蒋汝藻信札，言及《观堂集林》印成后收到寄送数量等事，辑自《观堂遗墨》

蒋信中明言，"五百部中连史仅占五分之一"，可见白纸印本仅印制了一百部。此后，蒋陆续分批多次寄运或托人代运百余部《观堂集林》至王处，其中白纸印本的数量始终稀少，不过十余部而已。时至1924年3月23日（落款时间为旧历二月十九日），王致蒋信中提到：

《集林》共收到五批，计仰先带来白纸十二部、官堆廿四部，兴业带来官堆十二部，与绫裱者一包，又十八部，诵清十八部，新之三十六部，共计一百

---

① 信件原文征引自《王国维未刊来往书信集》，第111页，清华大学出版社，2010年。

廿部。①

就这样，从最初拟印一千部，缩减至五百二十一部的"蒋本"，开始了从上海至北京之间的寄运、赠送与销售。从王、蒋二人通信来考察，二十部特印馈赠本与进呈本确已印出，并已即刻送出；毛边纸（官堆纸）印本与连史纸印本共印五百部之数，经过近一年的销售之后，情况又怎样呢？确切的销售数据，虽无法统计出来，但有一点是可以确定的，即当年的销售状况不佳，并没有蒋氏想象中的那么理想。

此间销路寥寥，一年以来不过三四十部，亦以无人鼓吹，不登广告，弟又未多方托人，致成绩如此。②

——此语出自蒋汝藻致王国维通信第二十六通，约作于1924年末，1925年阳历新年之际。

"蒋本"销售的惨淡由此可见一斑。可以说，这样的售书数量不要说收回印书成本，恐怕就连赠书的数量都还不及。这与近一年前，蒋氏在信中所称"能销出二百五十部，即可收回成本，区区之数当不甚难"云云，两相比照，落差实在太大。由于王、蒋二人处事低调，纯是传统文士做派，并未做任何推广营销的举措，导致"蒋本"流传不广，几乎不为人知——这样的销售状况在新书印出当年就已成定局。

---

① 信件原文征引自《王国维全集·书信》，第392页，中华书局，1984年。
② 信件原文征引自《王国维未刊来往书信集》，第118页，清华大学出版社，2010年。

虽然二人也在通信中屡屡商议预售、寄售、代售等种种售书方式，也曾议及向某些名人赠书以达到宣传推广的效果，但这些私下议及的想法都相当随意，恍若闲聊一般，恐怕并未真正逐一付诸实施。由此可以想见，在前期交付百余册之后，考察了近一年的销售状况之后，恐怕除了各自慨叹，相互劝慰几句之外，也就此拂袖而去，不了了之。

与此同时，与"蒋本"的销售惨淡相呼应，蒋氏产业与家业也逐渐走向衰败。就在"蒋本"问世之后不久，不过两三年间，由于经商不利，自1925年起，蒋氏不得不将大批的宋元精椠典押给浙江兴业银行。1926年，最终以十六万两白银的价格，将密韵楼所余藏书，整体售予了商务印书馆。在此期间，那批未能售出的，大量积压在蒋氏本人手中的"蒋本"，恐怕再也无暇过问，就此流散四方，不知所踪。

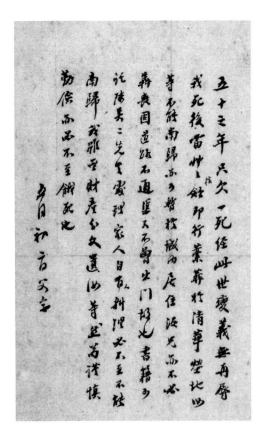

王国维遗嘱，影印件最早见载《王忠悫公遗墨》《海宁王忠悫公哀挽录》

◎密韵楼外题外话

1927年6月2日上午，王氏在颐和园内的鱼藻轩前，自沉于昆明湖。在其内衣口袋内发现遗书一纸：

五十之年，只欠一死；经此世变，义无再辱！我死后，当草草棺敛，即行藁葬于清华园茔地。汝等不能南归，亦可暂于城内居住。汝兄亦不必奔丧，因道路不通，渠又不曾出门故也。书籍可托陈（寅恪）、吴（宓）二先生处理。家人自有人料理，必不至不能南归。我虽无财产分文遗汝等，然苟谨慎勤俭，亦必不至饿死。

　　王国维遗书，在那家喻户晓的十六个字"真言"之后的内容，往往被忽略。好像那是无关大义的俗人琐屑，殊不知，这些内容亦是王氏精神世界的最后寄托——关于身后事的嘱托，人事与书籍并重。王氏的藏书皆欲托付给陈寅

王国维《颐和园词》，辑自《观堂集林》
二十四卷本，收入《海宁王忠悫公遗书》

王国维《颐和园词》，辑自《观堂集林》
二十卷本，密韵楼初版

清华国学研究院导师及教员合影，前排右起：赵元任、梁启超、王国维、李济

恪、吴宓，这当然是所托得人——陈、吴二人后来纵横文史学界，颇多建树便是明证。

试想，如果王国维能继续留在密韵楼中读书、校书、编书，如果其人没有北上赴任清华教职，是否还会为后世留下更多卓越著作，而绝不至于自沉于昆明湖中，杀身成仁？如果王国维只是安于在浩瀚古籍中徜徉，只是孜孜不倦地做一个密韵楼中老书童，而不是选择在北京——这个政治文化中心，遭受种种意识形态上的冲击与刺激，是否还是可以与同时代大多数遗老遗少一样，优雅到老、岁月静好呢？当然，这又是题外话了。

章太炎：蜀中讲学，沪上抗战

◎ 1964 年：汤炳正题跋忆往

1964年3月10日，汤炳正教授在成都东郊狮子山的居所中，十分郑重也异常激动地，在一册刚从旧书摊上购得的线装书上，题写下一段跋文：

所刊盖丁巳、戊午间（一九一七—一九一八）先师蜀中讲学之纪录也。时先师任护法军政府秘书长之职，奔走滇蜀为护法军争外援，蜀中学林竞邀先师讲学，此即其中之一。刊印时间为"庚申仲春"，上距先师讲学甫一年。书末署"双流李天根校刊"。李氏乃蜀中治小学者。观其所作语意简洁，颇得先师意旨，盖亦好学深思之士也。一九六四年春，余赴书肆，偶得之。视作珍宝，因志其颠末于此。此外蜀中又刊有《太炎学说》《国学书目》二种，亦讲学纪录之一部分，当继续蒐行也。

一九六四年三月十日，汤炳正于渊研楼

《太炎教育谈》，汤炳正藏本，封面为汤氏重新装订

原来，汤氏淘得的旧书乃是其先师章太炎（1869—1936）在蜀中讲学内容的出版物之一种——《太炎教育谈》。题跋中提到的"好学深思之士"李天根，正是这本书的校印者、出版人。这本书是李氏在"庚申仲春"，即1920年春刊行的。

汤炳正（1910—1998），字景麟，室名渊研楼，山东荣成人。1935年大学毕业后，考入苏州"章氏国学讲习会"研究班，受业于章

《太炎教育谈》，1920年成都双流李天根校刊，汤炳正1964年购藏并题跋

《太炎教育谈》，1920年成都双流李天根校刊

太炎，章氏曾称其"为承继绝学唯一有望之人"，对其期望之高、赞赏之甚，由此可见一斑。曾为四川师范大学教授、中国屈原学会会长、《楚辞研究》主编、中国诗经学会和章太炎研究学会顾问等。其学术建树主要集中于古代语言学研究与楚辞研究，著有《语言之起源》《屈赋新探》《楚辞类稿》《渊研楼屈学存稿》《楚辞今注》等。

◎ 1920 年：李天根印书传学

李天根（1872—1961），原名澄波，字天根，原籍成都双流县，后迁新津县。二十八岁中秀才，旋补廪生。入民国后，曾任成都《大汉国民公报》主笔，后在国立四川大学、农业学校、大同中学、志诚法政学校、四川女子师范学校等校任教。博通典籍，雅好考据，学术建树主要集中于古文字、训诂学，著有《俗语考字》《六书释义》《周易贯解》《中国文字学贯解》《作文方法浅说》等。李氏还颇擅刻印书籍，曾精心校印各类学术图书，刊有"念劬堂丛书""观鉴庐丛书"等数种。

半个多世纪之前，汤炳正在旧书摊上淘得的这本《太炎教育谈》，题跋中提到的"章氏蜀中讲学之纪录"的另外两种，《太炎学说》《国学书目》都收入李氏"观鉴庐丛书"。汤氏认为李氏"颇得先师意旨"，当然也不是随意点评的。实际上，从李氏

章太炎先生像，民国六年（1917）在苏州所摄，原载《人间世》第 36 期

自著与校印的三种章太炎蜀中讲学录来看，其学术观念与方法受到章氏影响是比较显著的。

在李氏自著《六书释义》中，就有一章为"诸家论六书"，其中就专列"章炳麟"一条，阐论甚详，推崇之意溢于言表。此外，仅就李氏校刊的三种章太炎蜀中讲学录而言，是目前已知的、仅存的章氏蜀中讲学内容的正式出版物。这三种出版物不但不惜工本，皆以费工费时的木板刻印，而且用四川特有的竹纸刷印后再线装成书，颇具古雅之风；且讲学内容大部分以白话文表述，又特别以空格方式来加以断句，颇便于学者研读。

如此用心良苦的出版人，非与章氏学术颇有默契的同道不可为。也正因为如此，李氏印制的这三种以白话文形式呈现的章氏蜀中讲学录，乃现存章氏著述中并不多见的、颇具代表性的、弥足珍贵的学术普及类著述。

◎ 1918 年：章太炎入蜀讲学

那么，章氏那次短暂的入蜀讲学，其历程究竟如何？对包括李天根等人在内的四川学术界，又有何深远影响呢？

原来，章太炎于1918年离开广州转赴上海之际，确曾路过重庆，当时借住在著名教育家、被孙中山誉为"一代儒宗"的向楚（1877—1961）家中，约有四五个月之久。在此期间，其人确曾入蜀讲学，对《资治通鉴》《文献通考》《读史方舆纪要》等一些古籍研究类主题，以及个人读书心得，都与当地学者有过一些切磋与研讨。

1920年与1921年，"观鉴庐丛书"中推出的《太炎教育谈》《太炎学说》两种，除收录了章氏1920年先后发表于《教育今语杂志》《国粹学报》上的文章之外，还收录了1919年前后的章氏文章和讲演记录，其中一部分可能正是1918年章氏在四川的讲学记录。

就以汤炳正从旧书摊上购得的这一本《太炎教育谈》为例，蜀中读者想要从章氏讲学内容中获得教益，翻检此书，通读一遍，并无太大障碍——这"入门"的门槛并不高。是书两卷，卷一为"说文字历史哲理的大概""说文字的通借""说常识"；卷二为"论群经的大意""论诸子的大概""论教育的根本当从自国自心发出来"。可以说，这些内容都是从常识、概论层面来探讨中国文字、经典、诸子百家、教育等"通识"理论。

驰誉大江南北的国学大师章太炎以这样平易通透的姿态来与蜀中学者及读者进行学术交流，一方面令时人对其学说不再仰之弥高、望而却步，增进了其学说的普及性、普适性与普遍性；另一方面也增进了"浙学"与"蜀学"阵营的通融联合，让更多的蜀中学者领略章氏风采，并自觉不自觉地将自己的学识纳入章氏理论体系中加以重新审视与整合。

章氏此次入蜀讲学，从某种意义上讲，使当时传统学术阵营中的佼佼者——浙学学派与颇具地域特色、自有独特建树的蜀学学派，达成了一定的默契与共识。这在当时新文化运动渐成时尚的中国公共知识与文化领域之中，在当时西学汹涌、国学式微的中国学术界整体境况之中，实属一道难得的风景线。

不难发现，《太炎教育谈》与《太炎学说》除了在内容上阐发章氏一贯的学术立场、学术内容外，对新文化运动也有新的创见与尝试性整合。一方面，主张调和新文化与旧文化，强调中国经、史、小学、诸子哲学的学习，认为哲学方面"于造就人才上，中胜于西"，而佛学、老子、庄子又"究竟不如孔子的有法度可寻"。这是从中国文化特色与中国学术主旨上去阐扬，这是以重塑

章太炎与孙中山等在粤护法革命时合影，原载《良友》杂志"孙中山先生纪念特刊"，1926 年

国人文化自信为基本诉求的，一种以民族自觉为诉求核心的研究视野。

另一方面，章氏又以护法军政府秘书长的特殊身份，从国家政治角度重新解说以孙中山为代表的三民主义建国方针。针对当时社会上非议孙中山先生的所谓"好持高论，不剀切近事"的观点，在予以细致剖析理论，详加列举事实的基础上加以辩白与驳斥；也正是基于此，章氏还坚决主张对"凶横蛮悍之督军，卖国殃民之官吏"，败坏三民主义形象的军政人员决不能采取人道主义。随后，又进一步总结辛亥革命以来的经验教训，对李大钊领导的少年中国学会不依靠旧势力，表示"很赞成"。不但不要依靠旧势力，还要致力于铲除旧势力。在讲学中，章氏甚至还明确指出，当时"应用之学"的"急务"，即"芟锄军阀是也"。这大概就是后来李大钊曾提到过的，称为章氏"激烈一点"的言论之一罢。

应当说，这样的"政治实学论"，对于地处相对偏僻，但民风并不保守的蜀地一般民众与普通读者而言，无疑也是具有相当吸引力的，对蜀中学者在追求治学求识与务实求真的精神层面上，也不无激励与慰勉之力。

章氏此次入蜀讲学，原本是一次学术开道的政治活动。可无形之中，章氏学术在蜀中各界的影响力，也正因此次讲学行动，更具持久性与深远度。这种持久性与深远度，除了深受其影响的弟子，如汤炳正这样驻足蜀中执教者之外，还有颇得其治学意旨、心存默契的李天根等同辈学友；自然还有早年就与章氏有过切磋往还的向楚、廖平及其弟子群体——故友叙旧、新朋初晤的种种交谊，借此次讲学活动，交错拓展，绵长悠扬。

值得注意的是，章氏入蜀讲学的着力点，还并不仅是学术交流或政治鼓吹，还特别强调了现代教育的宏观视野与具体教学相结合的重要性，认为昌明的学风促生优秀的学者，优秀的学者产生极好的著作，这些著作势必又将增进社会常识的普及与普适，最终将催生更好的教科书。如此一来，在整个教育体系各个链条的良性运转之下，不但教育体系自然上了正轨，就是整个国家，也从中孕育了巨大的、可持续发展的良性动能。

从章氏所构想的这一蓝图之中，可以看到，这是一个循环互动、与时俱进的全民教育体系，只有在这样恒久进步的双向循环体系中，教育才能促进民族进步，教育才能推动国家建设。诚如《太炎教育谈》中"说常识"一章中所呼吁的那样：

章太炎书《独居记》

现在讲教育的话，须要把那种短见陋想打开，我说两句话，诸位朋友要记在心里，说没有独到精微的学者，就没有增进的常识，没有极好的著作，就没有像样的教科书。

纵观后来蜀中各地的公私办学状况，其中确实不乏秉承与阐扬章氏意旨的有识之士。

◎ 1936 年：蜀中各界悼太炎

章太炎入蜀讲学十八年之后，其人病逝于苏州的噩耗传来，蜀中各界无不痛惜哀悼，举办了规模空前的悼念活动，为章氏学术在西南地区的影响力又做了一次最为形象的注解。

当年在四川成都举办的悼念活动中，四川的老同盟会员熊克武、杨庶堪、但懋辛、黄复生和邓家彦等，皆送来悼念章氏的挽联、挽诗或题词。曾任四川督军（1919）的熊克武，慨叹其与章氏自1906年以来"卅载情深风雨"，盛赞章氏"于朴学淹贯百家"。辛亥革命时重庆独立的重要领导人，曾由孙中山亲自任命为四川省长（1918）

章太炎逝世，原载《东方杂志》第 33 卷第 13 号

和广东省长（1924）的杨庶堪，对章氏其人其思想都非常尊崇，称其在政治上为民国开国元老，学术上更是"绝代章夫子"。后来，章氏国学讲习会印行章氏自定年谱，"太炎先生自定年谱"八字也是由杨庶堪题签的。

此外，邓家彦的题词、但懋辛与杨庶堪的挽诗、李植的《余杭章先生事略》和庞俊的《章先生学术述略》等，随后又皆刊载于由苏州章氏国学讲习会创办的《制言》杂志"太炎先生纪念专号"之上。

李植的文章详细叙述了章氏一生的政治与学术活动，对于其人早年投身民主革命和晚年爱国抗日的主张，对于其"好学不厌、诲人不倦"的精神，以及"平生制行，要不越十五儒之域"的宗旨多有称道。庞俊则在文章中，高度

评价章氏在小学、经学、文学、哲学、政治上的成就，对其"实事求是"的严谨学风深表感佩，认为章氏"继往开来之学"，博大精深，"实为三百年来所未有"。

1936年10月，在四川成都还举行了各界追悼章氏的大会，照片就刊登在《制言》杂志第34期篇首。可以看到，在精心布置的章氏灵堂侧柱上，一副巨型的挽联上写着：

《制言》第25期，"太炎先生纪念专号"

成都各界追悼章太炎先生大会，会场照片

章太炎灵堂内景

富贵不能淫，贫贱不能移，威武不能屈；

泰山其颓乎，梁木其坏乎，哲人其萎乎。

此次追悼大会之隆重，对章氏一生评价之崇高，不仅在蜀中学界可称空前，即或比之当时在北平由章门弟子主办的追悼会，也旗鼓相当，不相上下。仅就会议规模与参与人数来比较，甚至可能还超过了在上海、北平两地举行的追悼大会。

◎ 1943 年：薛天沛覆刻续编

斯人虽逝，其学未亡。章氏逝世七年之后，从 1943 年秋开始，在成都学者薛天沛的主持之下，《章氏丛书续编》得以在蜀中覆刻印行。1944 年 3 月，丛书印行工作基本告竣，薛氏撰成一篇后记，向蜀中各界通告此事始末：

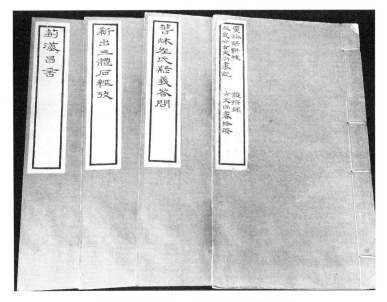

《章氏丛书续编》，1933 年北平初刻初印本

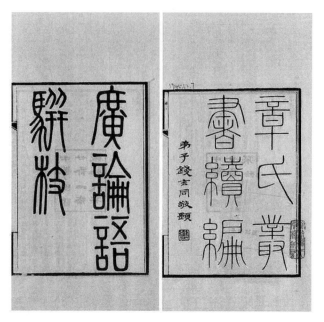

《章氏丛书续编》，扉页，1933 年北平初刻初印本

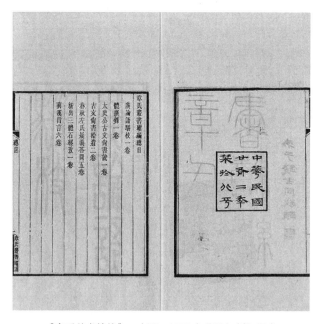

《章氏丛书续编》，内页，1933 年北平初刻初印本

覆刻章氏丛书续编后记

余杭章先生丛书续编，原刻于北平。钱玄同、吴承仕、许寿裳诸君躬任校雠，久为士林所重。自"七七"事变以还，交通梗阻，运输匪易，而各地大学奉令西迁，吾蜀为文化中心，章氏之书索者颇众。蜀都人士谋刊者屡矣。爰商金陵大学李小缘先生，函询国立北平图书馆袁守和君，可否重梓。袁君复函，以嘉惠士林期企甚殷，嘱其覆版，以期普及。余以袁君爱护士林，诚可敬佩，故不惜巨资，经年刊成。又蒙李澄波、陈践室、高景青、温雅横诸君精确校勘，庶无鲁鱼亥豕之误，爰记覆刻始末，且以志袁君之美意云。

成都薛天沛志泽识

中华民国三十三年三月三日

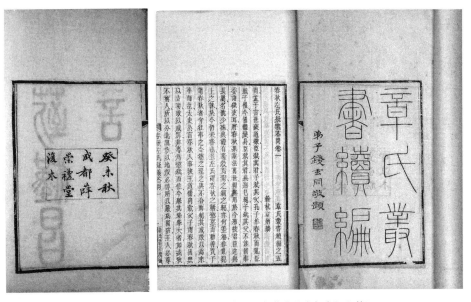

覆刻《章氏丛书续编》，有"癸未秋成都薛崇礼堂复木"之牌记

《章氏丛书续编》原于1933年在北平刻印，收录有《广论语骈枝》《体撰录》《太史公古文尚书说》《古文尚书拾遗》《春秋左氏疑义答问》《新出三体石经考》《菿汉昌言》等章氏著述七种。此编乃北平的章门弟子钱玄同、吴承仕等人主持印制，校勘水平与刻印水准均可称精湛。当然，这样的精刻本印制成本也颇为不菲，学界流通与社会流传的数量并不多。

直至1935年6月，苏州章氏国学讲习会将《章氏丛书续编》拆分为单行本，且均以铅印方式印制，颇便流通。但在将精刻本转为铅印本的过程中，在传抄与制版的工作流程中，又难免会出现一些文字校印上的讹误。所以，此编的铅印单行本难称善本，且流通范围也局限于江浙学界，仍然未能广泛流通。

章太炎逝世一年后，1937年"七七"事变爆发，不久北平沦陷于日军铁蹄之下；旋即在更为惨烈的"八一三"事变及淞沪会战中，日军又对苏州发起多次空袭，继上海沦陷之后，苏州亦告沦陷。曾经印制《章氏丛书续编》的两处城市，一北一南，因日军侵占与战火肆虐，均无法再行印制。恰在此时，因平津沪宁等地各大教育、学术、文化机构奉命南迁，尤其是各大院校众多师生亦悉数迁往西南后方，这些因战事暂避蜀中，又亟需各类学术著述及出版物以供需求的社会群体，对章氏著述的需求量，也呈现一波激增的态势。

此时，守望章门学术一脉，传承国学研读经典的重心，确已悄然转徙至中国的西南大后方了。蜀中学界如薛天沛者，遂萌生了重新覆板刻印《章氏丛书续编》的想法。

薛天沛（1891—1966），字志泽，自号中隐楼主，四川成都人。1911年前后，曾任《蜀报》记者，发表《英俄又提西藏问题》等文，倡举爱国主义。1912年，入辛亥革命时大汉军政府尹昌衡所设立的国学院就读。当时任教国学院者不乏各地名师，如井研廖平、江苏仪征刘师培、浙江诸暨楼黎然、乐至谢无量等；薛氏在国学院就读期间，得以向名师时贤求教，为其日后国学研究及校印国学著述奠定了良好基础。

时至1943年，其人以薛氏崇礼堂名义着手校印《章氏丛书续编》，不但以覆刻方式完整复现了北平原刻本的风貌，而且在校勘方面精益求精，更进一步修订了原刻本的一些文字讹误，允称善本，堪称章氏著述此编的定本。1958年7月，台湾世界书局影印出版《章氏丛书续编》，选择的影印底本正是"薛氏崇礼堂本"，可见此本公认之佳与流通之广。

◎龚向农坦诚批评

值得一提的是，"薛氏崇礼堂本"不仅是北平原刻本的覆刻精善之作，也留下了蜀中学界的独特印记。除却上述薛天沛所撰"后记"之外，除了在《章氏丛书续编》页末将为此书校勘的"蓬溪温锐""双流李天根"等蜀中学者姓名添列于章门诸弟子题名之后，《广论语骈枝》卷前还印有"成都龚向农先生识语"一篇，可称"薛氏崇礼堂本"的独特"贡献"。此文对章氏著述部分观点提出商榷与批评，是按照章著页码逐页加以"识语"点评的，颇见为学求识的精诚之力，与为学求真的坦诚之心。

院长章太炎先生近影，原载《上海国医院辛未级毕业纪念刊》，1931年

龚向农（1876—1941），即龚道耕，字向农，一字君迪，别署蛛隐；先世浙江会稽人，宦游入蜀，著籍成都。1901年曾中举，授内阁中书，赴职不久即辞谢返乡，复又投身于蜀中文教事业。一生著述极丰，在经学、史学、文献学等领域，都有极高造诣。曾任教于成都高等师范学校、四川大学等处，为便于授课，有《经学通论》《中国文学史略论》等著述印行。

应当说，龚氏一生以经学研究为己任，无论研究著述还是开课授徒，在蜀中都颇有影响。龚氏经学植根于乾嘉朴学，但并不过分推崇汉学而轻视宋学，且没有经学所谓今古文两派的门户之见，主张以考据求实之学为本，宗汉学而不废宋学。这样的学术立场与治学旨趣，与章氏学说自然是有差异的——章氏独宗汉学、力斥今文的基本观点，在龚氏看来，颇可商榷，有的甚至应当直接予以批评。

事实上，对《广论语骈枝》的批评，早在《章氏丛书续编》北平初版之际，即已有黄侃、林损的弟子徐澄宇提出过，这还是章门弟子内部发出的批评之声。应当说，龚氏读《广论语骈枝》所批"识语"若干条，被附印于"薛氏崇礼堂本"中，也代表着蜀中学界对章氏著述的另一种考察眼光与学术意见。

章氏逝世七年之后，龚氏逝世两年之后，他们的著述与"识语"，他们的学术与思想，又以木板刻印的方式，汇聚于蜀中，呈现于天下。此情此景，并非仅仅一句"学术乃天下公器"，即可以完全概括；此情此景，还不由得令世人慨叹：这真是书缘曼妙，亦是世缘奇逢，更是一桩可圈可点的学林佳话。

总而言之，仅就上述所列这些章氏学术在蜀中的传播事迹种种来考察，无论是相当程度上的推崇与认可，还是有所保留的批评与探究，都足见其人其学在蜀中学林的声誉与名望。毋庸多议，章氏那次短暂的入蜀讲学及其后续影响，在西南地区近现代学术史乃至整个中国近现代学术史上，都是值得后来者深入探研与充分考索的重大学术事件。

◎晚年章太炎痛斥投降派，力主奋起抵抗

1931年"九一八"事变之后不久，业已年过花甲的章太炎在给弟子孙思昉的信中说：

东事之起，仆无一言，以为有此总司令、此副司令，欲奉、吉之不失，不能也。东人睥睨辽东三十余年，经无数曲折，始下毒手。

章氏强调，虽然抵抗未必能胜，但"败而失之，较之双手奉送，犹为有人格也。辽东虽失，而辽西、热河不可不守"。其忧愤之意，其悲恸之情，可谓力透纸背，感人至深。

北伐之后，一直不承认南京政府，始终反对一党专政并遭到国民党通缉的章太炎，本来就此闭门研学，久已不问国事。此刻面对日军悍然入侵，当局军队却不抵抗的怪现状，章氏终于忍无可忍，禁不住拍案而起，痛斥以蒋介石为首的"投降派"，坚决主张奋起抗战。

这一年10月，章太炎收到弟子马宗霍的赠书《音韵学通论》（该书由章氏题签）。其人将该书通读一遍后，于当年12月7日复信马宗霍。依常理而言，这一通信的内容本应是关涉古文字学方面的学术研讨，可章氏却在信中大谈国事，再一次痛斥了抗战投降派，对国家现状深感沉痛：

宗霍足下，前得《音韵学通论》三册，略已阅遍，大致不误。东事起后，当局已不能禁人言论，而老子终无一言者，盖拥蒋非本心所愿，倒蒋非事势所宜，促蒋出兵必不见听，是以默尔而息也。逮今拟划锦州为中立区域，则放弃东三省之志已决。学生群呼打倒卖国政府，亦奚足怪！但闻北来诸生复垂意于粤人夫己氏者，斯可谓暗甚也。陈友仁之东行所谈何事，见诸东国报纸，无可揜饰。然则校论宁粤两方，宁方则秦桧之，粤方则石敬瑭也。秦固屈伏于敌，石则创意卖国者。去秦求石，其愚缪亦太甚矣。此事起时，误在求联盟会。既不敢战，又不敢直接交涉。迁延时日，致敌之侵略愈广，而袁金铠辈汉奸政府亦愈巩固。此后敌虽撤兵，汉奸政府可撤乎？彼以不侵中国领土为名，而假其权于汉奸。乃施肇基辈绝未言及，亦可怪也。今日之势，使我辈处之，唯有一战。明知必败，然败亦不过失东三省耳。战败而失之与拱手而授之，有人格与无人格既异，则国家根本之兴废亦异也。为当局自身计，亦唯有一战。战而败，败而死，亦足赎往日罪状矣。然逆计其人爱国不如爱自身，爱自身之

章太炎致马宗霍信札，1931 年 12 月 7 日

人格尤不如爱自身之性命。复何言哉！乃知"四维不张，国乃灭亡"非虚言也。若夫委过前代，卸罪人民，一人之手，固不可尽掩天下之目矣。此复。即问起居清胜。

章炳麟白　十二月七日

在这一通复信中，章太炎十分明确地将蒋介石视为秦桧，又将汪精卫视为石敬瑭，认为这些投降派均难以拯救国家于危难之际。其人更进一步指出，所有外交努力，所有国际交涉，都应建立在"敢战"的基础之上，否则都毫无意义。在当前情势之下，汉奸与卖国贼大行其道，正是投降派"不敢战"的结果。信中激奋地宣告，"今日之势，使我辈处之，唯有一战"，并且再一次发出了与致孙思昉的信中相似的感慨，称即使"明知必败"，也应当奋勇应战，因为这关系到人格和国格。

另外，由于时局动荡，国运弥艰，章太炎在"拥蒋"与"倒蒋"之间，心态也是极其矛盾的。虽然自谓"盖拥蒋非本心所愿，倒蒋非事势所宜"，但相比汪精卫等"创意卖国者"，还是希望能"促蒋出兵"抗战。在大敌当前的紧要关头，章氏还是以国家利益为重，衷心期望南京政府能为抗战发出统一号召。

接下来，章氏更以一系列实际行动，痛斥当局投降派，声援各地抗战，全力"逼蒋"抗日。

1932 年 1 月 13 日，章太炎与熊希龄、马相伯、张一麐、李根源、沈钧儒、章士钊、黄炎培等各界知名人士，联名通电，痛斥当局，电文说，"守土大军，不战先撤，全国将领，猜忌自私，所谓中央政府，更若有若无"，要求国民党各派首领"立集首都，负起国防责任，联合全民总动员，收复失地"，否则

"应即日归政全民，召集国民会议，产生救国政府，俾全民共同奋斗"。

六天之后，章氏又率张一麐、赵恒惕、沈钧儒、李根源等人联名通电全国。这一题为《请国民援救辽西》的联名通电对东北义勇军的奋勇抗敌予以了高度评价：

义勇军以散兵民团合编，妇女老弱，皆充负担之役，胜则如墙而进，败则尽室偕亡，所谓将军有死之心，士率无生之气者，于此见之。

电文中，章氏还严斥当局"素无斗志，未闻以一矢往援"，明确指出：

国家兴亡之事，政府可恃则恃之，不可恃则人民自任之。

可见，自"九一八"事变以来，久已不谈政治，对国事三缄其口的章太炎，终于在愤怒与焦虑中，决然走出书斋，要打破晚年长期闭门著书的缄默，要老当益壮，拿起笔杆子来论政参政了。

◎南北驱驰：为十九路军抗日鼓与呼

1932年1月28日，日军又悍然对上海闸北发动了突然袭击。驻守上海的第十九路军将士在人力、物力均处于劣势的情况，奋起自卫，顽强抵抗，史称"一·二八"事变，也就此拉开了淞沪抗战的序幕。章太炎此刻正居于上海，目睹日军残暴与我军英勇，大为感动与激奋，为之撰写《书十九路军御日本事》。

这篇文章是章氏晚年不多见的，一反书斋论学性质的，有着铮铮铁骨、血气方刚的政论文章。字里行间所能感受到的，仿佛是一位在书斋中拍案而起，怒不可遏，时刻可以投笔从军的老将廉颇一般的壮烈气息。当年鲁迅所判定的已不问世事的那个晚年章太炎，那个"用自己的手和别人手帮造的墙，和时代隔绝了"的学界宿儒，在这篇文章中脱胎换骨，已然铁血丹心，将要共赴国难，而不再是闭门修炼了：

民国二十年九月，日本军陷沈阳，旋攻吉林，下之，未几又破龙江，关东三省皆陷。明年一月，复以海军陆战队窥上海，枢府犹豫，未有以应也。二十八日夕，敌突犯闸北，我第十九军总指挥蒋光鼐、军长蔡廷锴，令旅长翁照垣直前要之，敌大溃，杀伤过当。其后敌复以军舰环攻吴淞要塞，既击毁其三矣，徐又以陆军来。是时敌船械精利，数倍于我，发礮（炮）射击十余里，我军无与相当者。要塞司令邓振铨，惧不敌，遽脱走，乃令副师长谭启秀代之。照垣时往来闸北、吴淞间，令军士皆堑而处，出即散布，礮不能中。俟其近，乃以机关枪扫射之，弹无虚发。军人又多善跳荡，时超出敌军后，或在左右；敌不意我军四面至，不尽歼即缴械，脱走者才什一，卒不能逾我军尺寸。始日本海军陆战队近万，便衣队亦三千人，后增陆军万余，人数几三万，我军亦略三万。自一月二十八日至二月十六日，大战三回，小战不可纪，敌死伤八千余人，而我死伤不逾千。自清光绪以来，与日本三遇，未有大捷如今者也。

原其制胜之道，诚由将帅果断，东向死敌，发于至诚；亦以士卒奋厉，进退无不如节度。上下辑睦，能均劳逸，战剧时至五昼夜不卧，未尝有怨言；故能以弱胜强，若从灶上扫除焉。初，敌军至上海，居民二百余万，惴恐无与为计，闻捷，馈饷持橐，累累而至；军不病民，而粮秣自足。诸伤病赴医院者，路人皆乐为扶舆，至则医师裹创施药，自朝至夜半未尝倦，其得人心如此。

章炳麟曰：自民国初元至今，将帅勇于内争，怯于御外，民间兵至，如避寇仇。今十九路军赫然与强敌争命，民之爱之，固其所也。余闻冯玉祥所部，长技与十九路军多相似；使其应敌，亦足以制胜。惜乎以内争散亡矣。统军者慎之哉！

民国二十一年二月十七日，章炳麟书。

◎租界华界：章氏言论始终掷地有声

《国际现象画报》第1卷第2号

这篇"雄文"在完稿之后不久，其稿本手迹迅即于当年4月又发表了一次。

笔者偶然发现，早在1932年4月1日，《国际现象画报》第1卷第2号，即在封底处，影印有此文的章氏手迹。这一号刊物封面还赫然印着顾维钧等中国代表与国联调查团的合影，而国联调查团是于1932年3月14日抵达上海的，他们所要调查取证的是日军侵占东三省的真相。

《国际现象画报》之所以能在国联来华调查之际迅即刊发此文，

之所以在战时上海还能如此迅捷地传播这样的反日言论，可能还缘于该画报的特殊身份。因为该报社地处上海法租界内，当时日军尚未公然撕毁国际公约，还未能对租界领地大肆侵扰，故尚可暂时做一些战时报道。

该画报于1932年3月创刊，每半月印发一次，刊物性质属时事画报类型，刊物内文中也有大量关于中日关系与战事时局方面的报道。该画报在上海法租界开办的第2期，迅即于刊物封底刊发章氏此文，足见报社方面对章氏声名的倚重，以及对章氏言论的推重。也由此可见，当时章氏虽已闭门治学、不问世事多年，但其社会影响力依旧不可低估。

更令人意想不到的是，比《国际现象画报》刊发时间还要早三天，早在1933年3月27日，章氏此文竟已然在《上海画报》第797期发表过了。

《上海画报》于1925年6月6日创刊，为每三日一刊的半周刊。画报每期四开四版，道林纸精印，图文并茂；从时事新闻到时尚文艺，从大众娱乐到名

章太炎《书十九路军御日本事》

人动态，内容五花八门，报道及时确切，深为上海公众所喜爱与信赖。可以说，《上海画报》乃是现代中国都市画报的先行者之一，创造性地营造了新闻图文与大众阅读之间的互动平台，极大地拓展了媒体与公民之间的公共文化空间。

正是在这样一份发行量大、覆盖面广、传播迅捷的画报之上，用了近一个整版的篇幅，既影印了章氏此文手迹，又附以报社记者整理标点，排印原文，真可谓用心良苦。记者在转录章氏原文之前，所附简要介绍文字如下：

太炎先生文字，近颇罕见。本报前刊《杜祠记》墨迹，见者视为瑰宝。今见此墨迹，更为制版，并录原文加以句读。虽事过境迁，有传闻异辞处，然读之令人神往也。

介绍中称"有传闻异辞处"，说明章氏此文及其言论应当早就在上海各界流传了。《上海画报》方面有感于这些私下流传的坊间"异辞"，遂决意要公开章氏手迹及原文，以正视听。当然，此举更是再一次扩大了章氏言论的公共传播力度，也再一次扩大了章氏言论的公共影响力。

值得注意的是，在标点转录章氏原文的版面之上，还插入了一幅"黎故总统女公子绍芬女士代表天津民众向国联调查团献花"的图片，以及一首海上名家张丹斧所作题为《维持》的"打油诗"，极尽讽刺当局"不抵抗"政策之意：

愈维持觉愈凄凉，咫尺天涯讶沈阳。

削颖南来成一叹，又从局部阅沧桑。

维持不敢敢维持，各有千秋却在兹。

伊尹圣之任者也，然而治亦进何时。

可以说，一张照片一首诗，黎绍芬的献花与张丹斧的献诗，都极其形象生动地映衬着章太炎的这一

"黎故总统女公子绍芬女士代表天津民众向国联调查团献花"

篇"雄文"。一张版面，亦庄亦谐，有图有文，不啻给上海民众散发了一份令人过目难忘、印象极其深刻的抗战宣传单。

《上海画报》创办人为"鸳鸯蝴蝶派"代表人物毕倚虹，出至第112期时逝世，转托钱芥尘主持。据《全国中文期刊联合目录》称，该报办至1932年12月终刊，共印行八百四十七期。可在1996年嘉德拍卖公司的一次"古籍善本拍卖会"上出现了"全套"《上海画报》，共计有八百五十八期，终刊时间为1933年2月26日。至今，关于该报何时终刊，共计多少期，尚无定论，无从确考。

不过，该报印行至1932年底至1933年初，已为时局所不容，不得不终刊的大致状况，应当是可以想见的历史实情。这样的状况与该报继任主持者钱芥尘有很大关系。钱氏曾出任袁世凯顾问，后又追随张作霖，并受到重用，接办《上海画报》的经费，即由张作霖提供。后因南京政府发动北伐，蒋介石就曾以"张作霖在沪坐探"的罪名，公开通缉钱芥尘。

后虽事态平息，可钱氏与南京政府之间的嫌隙并未完全平复。加之"一·二八"事变之后的国内政局突变，南京政府内部在中日关系上，主和与主战两派的僵持不下，各派系之间的互相倾轧与摇摆不定，无论是出于维系政治局面，还是从社会舆论管控考虑，强力扼制或直接铲除这样一个敢于刊发章氏主战反蒋言论的公共媒体，都应当是当局有所谋划之事。

所以，从某种意义上讲，《上海画报》第797期上所刊发的近一个整版的章氏手迹与言论可能更坚定了当局彻底封杀该报的决心，也因之加速了该报终刊的历程。

国学丛编第 1 期第 5 册，1935 年 3 月印行

◎盖棺新论：身先士卒的"抗战先驱"

毋庸多言，《书十九路军御日本事》这篇文章在中国现代思想史、文化史乃至抗战史上，都占据重要地位，有着厚重深远的历史价值。

章氏得意弟子，曾被学界誉为章门"北王"，后来也积极从事抗战宣传，并因之病逝于北平的著名学者吴承仕（1884—1939），还将其师的这篇"雄文"悄然带入了北平学术与文教界之中。

1935 年 3 月，尚在北平中国大学任教，并主持《国学丛编》工作的吴承仕，竟然将其师《书十九路军御日本事》一文列入《国学丛编》第1期第5册之中，正式出版印行了。尤为特别的是，《国学丛编》自创刊以来，一直保持着铅印线装本的印制方式，章氏此文遂有了一个极为独特的版本——铅印线装本。

至于这样一篇评论时局的文章，缘何能被选入以国学研讨为主题的学术集刊之中，吴氏并没有撰发任何说明。不过，可以揣想得到，作为章氏得意弟子，吴氏自然明晓其师苦心用意，也衷心感佩其师深明大义、暮年奋起的壮烈情怀。否则，恐怕也不会冒着完全不符合学术体例，根本不属国学研究范畴之大不韪，悄然将此文列印于《国学丛编》。

的确，其师这篇"雄文"站在民族情感与国家道义的至高点，对"一·二八"事变中中国军队的奋起抵抗侵略并取得胜利，予以了大力表彰与由衷赞叹；即便枯坐书斋、穷经皓首数载的老派学者，值此国难当头之际，得睹此文，也莫不热血沸腾，为之精神一振，更何况深明其师意旨的章门"北王"。

除了对日军的侵略行径口诛笔伐，对中国军队奋起抗战激赞不已之外，章太炎不仅在精神层面上支持十九路军抗日，还支持夫人汤国梨创办第十九伤兵医院，用实际行动支持淞沪抗战。这所医院办至战事平息才结束，前后历时近一年，先后接纳治疗伤员一百四十余人，仅有一人因伤势过重而死亡。

《淞沪停战协定》签订后，十九路军被迫撤离上海，为使阵亡将士遗骨免遭不测与凌辱，章氏又会同沪上爱国人士，发起了十九路军阵亡将士迁葬运动。他提议将烈士遗骨迁至广州黄花岗七十二烈士墓区，与黄花岗起义的七十二烈士并葬，以表彰其抗日功绩，垂表万世而不朽。迁墓完工之后，更亲

章太炎之家庭，前排右起：章太炎幼女，章夫人汤国梨；后排长女章㻋，长子章导，媳彭女士，幼子章奇，原载《国闻周报》第 13 卷第 25 期，1936 年

撰《十九路军死难将士公墓表》，刻石于墓前，盛赞十九路军抗战"功虽未成，自中国与海外诸国战斗以来，未有杀敌致果如是役者也"，今"度地广州黄花岗之南，以为公墓，迁而堋之"，他深信"继十九路军而成大业者，其必如武昌倡义故事"。

值得一提的是，1932 年 3 月 11 日，燕京大学中国教职员及学生抗日会，举行公祭抗日烈士大会，章太炎不顾老迈之躯，毅然北上赴会。出席此次大会的，还有张学良代表郭尔珍，于学忠代表韩玉璞，张焕相、熊希龄等军政要人，还包括上海各团体代表王造时，东北民众救国会代表阎宝航等数十人，到会者达一千三百余人。

当天上午九时，大会启幕，哀乐齐奏。主席台上，染作红色的中国地图映入现场千余来宾眼帘，会场上下痛哭流涕之声，久久萦绕。章太炎致辞称：

政府对国防边防素来即无设备与措施，故上海战事发生后，当国者仍不能

章太炎与马相伯等人合影，原载《磐石杂志》第 1 卷第 4 期，1933 年

洞悉国事，只听德国顾问之言，而不抵抗。

　　显然，章氏无比的愤慨之意，仍是指向当局投降派的；沉重的忧愤之情，仍是指向抗战何去何从的疑问的。次年 2 月，时年六十五岁的章太炎又与九十三岁的马相伯联合宣言，再次公开反对日军悍然侵占我国东北领土，痛斥日军侵略暴行，时人称之为"二老宣言"。

　　1936 年 6 月 14 日，章太炎在苏州病逝，享年六十八岁。时人誉其为革命元勋、国学泰斗，国民政府令以国葬，葬于杭州西湖畔张苍水墓侧。八十余年之后，回顾章氏一生风骨与言行，除却革命元勋与国学泰斗之外，笔者以为，还理应为其加冕"抗战先驱"。

梁启超：1916年的孤勇者

◎年谱中护国大业梗概

一百零八年前，1916年，时年四十四岁的梁启超（1873—1929），这位在世人眼中原本只是擅长观念宣导与学术探究的启蒙先驱，这位原本只是游走于讲坛、书斋、报馆与刊物之中，手无寸铁的一介书生，在这一年却毅然身先士卒、一骑绝尘，在枪林弹雨里戎马生涯了一回。在这一年，他周旋往复于一帮赫赫军阀、赳赳武夫之中，涉身于国家军政"深水区"的诡谲波澜之中，演绎了一位甘为革命抛头颅、洒热血的孤勇者。

且看《梁启超年谱长编》[①]在1916年的记载，对此有一段总体概括性文字：

一九一六年（民国五年丙辰）　四十四岁

一月二十七日，贵州宣布独立，是时先生有渡日之议，但未果行。三月

---

① 《梁启超年谱长编》，丁文江、赵丰田编，上海人民出版社，1983年。

四日期，先生由沪赴港转桂，说陆干卿荣廷举义，十五日广西宣布独立。四月四日，先生抵南宁，六日，广东宣布独立，十二日，浙江宣布独立，同日，广州有海珠之变，汤觉顿遇祸。五月一日，两广都司令部成立，举岑西林春煊为都司令，先生为都参谋。六日，军务院成立，举唐蓂赓继尧与岑西林为正副抚军长，先生为政务委员长兼抚军。十五日，十七省代表开会于南京。十八日，先生出香港，二十日抵沪，二十二日，四川宣布独立，二十九日，湖南宣

前司法总长造币厂总裁梁启超君肖像，原载上海《大同报》第20卷第15期，1914年

布独立。是月杪先生始闻其父莲涧先生逝世消息，得讣后悲痛万分，立即辞去本兼各职。六月六日，袁世凯羞愤成疾卒，七日，黎黄陂元洪宣布就大总统职。二十九日，政府申令恢复民国元年约法与旧国会。七月十五日，军务院撤销，皆先生主张斡旋之力。八月一日，国会开会。十月，先生往香港省亲灵殡。十一月八日，蔡松坡病故于日本福冈医院。十二月，先生发起创办松坡图书馆以纪念之。

概观梁启超1916年的个人生涯，年谱里的这段总括之语虽记载简略，但却让人直观地感受到他那马不停蹄地四处奔忙，奋不顾身的亲历艰险之大致历程。

这一年里，梁启超南北操持，四方游说，为的只是讨伐称帝的袁世凯。由其参与策动的护国战争，是继戊戌变法之后，其人全程参与、付诸军事，并且终获成功的一次重大历史事件。

与当年策动光绪皇帝积极顺应时代潮流，推行政治体制上的维新变法不同，这一次，梁启超是策动各地军力要革除胆敢逆历史潮流而动，妄图复辟称帝的袁世凯。上一次他因维新变法失败而不得不流亡日本，以笔为剑，继续开启民智，努力造就新民；这一次则因反对袁世凯的倒行逆施，要投笔从戎，只身深入军营，从此金戈铁马，虽然艰险重重，竟获成功。年谱中有总结陈辞曰：

此次护国之役，先生既为最初发动者，又为各方面之中心，其居沪期间的种种筹画布置和运动，实为此役成功的最大关键。

那么，梁启超究竟如何"筹画布置和运动"，使这场十分艰难更兼凶险无比的，看似不可能由一介书生完成的大事件成为可能的呢？

仅以后世研究者的宏观考察与细致考证的相关结论为据，概而言之，梁启超之所以能在这样的重大历史关头孤身历险，竟获成功，从很大程度上是有赖于中华民国军务院的成立及其运作。正是这一特殊机构方才使梁氏得以笔剑合一，终于艰难促成了护国战争的胜局初现。

◎仅仅存在了两个多月的军务院

翻检相关史料，不难发现，正是军务院的出现，才使西南各军成为统一的政治联盟，军政一统之下的护国军形成了强有力的威慑力与执行力。这就使得袁世凯企图以粤桂军系钳制滇黔的博弈策略落空，原本互相牵制的西南军力瞬间转换为对立于中央军力的强大势力。刚刚登上所谓"中华帝国"皇帝宝座的袁氏，也正是在军务院存在的短短约两个月时日里，惊悸忧虑而死去的。在剑戟林立的军务院中，在清一色的军人行列里，一袭长衫的梁启超出入其间，扮演着无可替代的角色。

事实上，中华民国军务院只是在护国战争中，西南护国军在广东组织的临时政府性质的机构。它之所以建立，就是源于反对袁世凯称帝。1915 年 12 月，袁世凯宣布改国号为中华帝国，以 1916 年为洪宪元年，复辟帝制。孙中山领导的中华革命党和梁启超领导的进步党，以及反对袁世凯复辟的西南地方实力派，随之掀起了反对袁世凯的护国运动。

1915 年 12 月 25 日，蔡锷、唐继尧、李烈钧等人宣布云南独立，组织护国军，武力讨袁，并仿民国元年制度，设立都督府，管理全省一切军务、政务。1916 年初，贵州宣告独立，其组织形式仿照云南，军务、政务均受云南节制。随后，3 月 15 日广西通电加入护国阵营，4 月 6 日广东被迫宣布独立。

1916 年，军务院在肇庆之主干合影，自右至左：高尔登、李耀汉、李烈钧、梁启超、岑春煊、谭浩明、莫荣新、蒋方震、李根源、林虎隐

1916年5月1日，护国军在广东肇庆成立两广都司令部，鉴于两广护国军都司令部的设立只能解决两广统一领导的问题，而其他独立的各省还没有统一领导的机构，为此，两广护国军都参议梁启超提出设立军务院，并草拟《军务院组织条例》。5月8日，各省护国军在肇庆正式成立中华民国军务院。

军务院具有临时军政府性质，并"遥尊"黎元洪为大总统，代行国务院及陆海军大元帅职权。军务院内设政务委员会、秘书厅、参议厅、编撰处、两广都司令部等，关键者为政务委员会，设委员长一人，由抚军互选产生，负责委员会事务。军务院抚军长为唐继尧，抚军副长为岑春煊，抚军有刘显世、陆荣廷、龙济光、梁启超、蔡锷、李烈钧、陈炳焜、戴戡、罗佩金、吕公望、刘存厚、李鼎新。而政务委员会委员长为梁启超，这辆庞大的反袁战车的政治方向、政令执行、权力体系的构想皆出其手。

军务院存在时间极为短暂（1916年5月8日成立，1916年7月14日自行撤销），在中国近代历史上仅仅"存活"了两个多月而已。可这一临时政治机构却是梁启超在各路军阀中倾力周旋、舍生忘死方才造就的。

◎龙年降伏"恶龙"，军务院涉险成立

1916年，为农历丙辰年，也即民间俗称的龙年。这一年，这个凶险异常的龙年，梁氏为了护国大业不至于中途夭折，赤手空拳去赴了一趟"鸿门宴"，闯了一次"鬼门关"，竟靠个人魄力降伏了一条时人见之胆寒色变的"恶龙"——广东都督龙济光。

龙济光（1868—1925），字子诚（紫宸），云南蒙自人。袁世凯称帝前夕，为袁氏麾下镇压广东革命党人最为得力者，一度出任广东都督兼民政长，并授

为陆军上将，督理广东军务。

1915 年 12 月 12 日，袁世凯申令接受帝位，次日在居仁堂接受百官朝贺，封位晋爵，龙济光被特封为一等公。25 日，蔡锷、唐继尧在云

振武上将军龙济光君、广惠镇守使龙觐光君，原载《兵事杂志》第 13 期，1915 年

南通电讨袁，发动护国战争。护国战争爆发之后，龙氏仍表示坚决效忠北京政府，曾致电当局表示愿出师荡平"滇乱"，请袁"诞登大位以慰人心"。旋即调兵遣将，于 1916 年 1 月至 3 月，先后镇压朱执信、陈炯明等在惠州、广州等地的反袁武装起义。同年年初，还按袁氏旨意，派其兄龙觐光率四千余人经桂攻滇，被滇桂护国军击败。虽然袁氏于 3 月 22 日宣布撤销帝制案，但声言继续做大总统。龙氏则在滇桂护国军和广东民军的军事压力下，不得不于 4 月 6 日宣布广东独立，但仍暗中筹谋、蠢蠢欲动，时人皆知其效忠袁氏、伺机反攻之心。在这样的情势之下，护国军内部却派系林立，时有纷争，护国大业隐患重重，岌岌可危。

果不其然，军务院成立前夕，就发生了海珠惨案。1916 年 4 月 12 日，受护国军委派，梁启超的挚友——广西督军陆荣廷部下汤觉顿等人，与广东都督龙济光等人会晤，在广州海珠岛水上警署邀请各界代表，召开广东独立善后问题会议。会议中，当谈及军队改编问题时，发生严重争执，龙济光的警卫军统领颜启汉突然开枪，将护国军代表汤觉顿、王广龄、谭学夔等人当场击毙，史

汤觉顿   谭学夔

称海珠惨案。

虽然龙济光将事件起因称为双方"言语冲突，开枪互击"，但其与护国军方面的不合作与对抗态势是显而易见的。梁启超等人对于这一事件极其愤慨，也曾极欲以牙还牙，以暴制暴。然而，在切实权衡利弊之后，梁氏决定放眼大局，抛个人恩怨、性命荣辱于脑后，决意孤身赴会，以个人之力感召龙济光投归护国军。梁启超后来忆述道：

论理，汤、王、谭三公中我几十年骨肉一般的朋友，替他们报仇的心，我比什么人都痛切。但我当时毅然决然主张要忍着仇恨与龙济光联合。但是联合吗？他要来打我们又怎么呢？我说非彻底叫龙济光明白利害，死心塌地地跟我们走不可。有什么方法能叫他如此呢？我左思右想，想了一日一夜，除非我亲自出马，靠血诚去感动他。当时我把这个意见提出来，我的朋友和学生跟着我在肇庆的个个大惊失色，说这件事万万来不得，有几位跪下来拦我。（《饮冰室

合集·文集》之三十九）

最终，梁启超不顾友人劝阻，毅然决然于 1916 年 5 月 5 日，亲自会晤龙济光。面对这位人人喊杀，皆欲置之死地而后快，但此时又非得纳入联合抗袁统一战线的龙济光，梁氏以其非凡的政治胆魄、卓越的演说才能，力劝其加入联合战线。

当天，梁氏入席即申明此行是"拼着一条命，来争全国四万万人的人格"，继而晓之以利害，动之以情义，终于拉拢了军务院成立之前的最后一股重要势力，为军务院成立扫清了最后一处障碍。护国军于 5 月 6 日通电全国，宣告军务院成立；龙济光也入选为抚军，正式接受护国军统领。5 月 8 日，就在军务院在广东肇庆正式成立之际，一直追随梁启超南下的吴贯因，仍对三天前的梁、龙会晤之凶险心有余悸，在其所撰《丙辰从军日记》中忆述道：

> （龙济光）以恶声恐吓梁任公，继又伏兵于门外，将效海珠之智故，任公笑曰："我诚畏死者，岂有来此。"

正是在这番笑对艰险、以身许国，"争全国四万万人的人格"的书生襟怀之下，梁启超以一己之力暂时平定了护国大业中种种未知风险。随后，梁氏又与军务院一道，见证了护国军的胜利与袁世凯的败亡。袁世凯死后，黎元洪继任大总统，宣布遵守《中华民国临时约法》，召集国会。唐继尧遂于 1916 年 7 月 14 日宣布撤销军务院。

◎楔子一：从《帝制运动始末记》里的配图说起

护国运动终获胜利，一篇题为《帝制运动始末记》的"宏文"即刻面世了。

《帝制运动始末记》一文分为四部分，四次连载于《东方杂志》第13卷第7、8、9、10号，时为1916年7月10日到10月10日。这篇由《东方杂志》编辑章锡琛（1889—1969）执笔，署以笔名"高劳"的长篇大论首次发表，竟然还在军务院撤销之前的四天，可谓以迅雷不及掩耳之势，向四万万同胞昭告了袁氏垮台、护国成功的捷报。限于本文主题与篇幅，对《帝制运动始末记》一文的考察在此不可能全面、充分展开，仅止步于与梁启超有所关涉的一些细节探究。

《帝制运动始末记》续篇，原载《东方杂志》第13卷第8号

《帝制运动始末记》首篇，原载《东方杂志》第13卷第7号

譬如，在第二次连载的版面中，有一帧梁启超个人肖像照片，这是后世极为流行的一张梁氏照片，曾多次出现在其逝世之后的各类纪念活动与文章之中。仅据笔者所见，这张照片最早就是出现在《东方杂志》上。时为1913年9月，该刊第10卷第3号刊发了一组"熊内阁之人物"的肖像照片，其中就有这张署为"司法总长梁启超"的照片。由此揣测，这张照片可能是梁氏出任北洋政府司法总长时的"标准照"。

原来，早在辛亥革命之后不久，1912年8月，梁启超成为民主党领袖，企图在袁世凯政权下推行政党政治，化解统治者独裁风险。次年，也即1913年，梁氏复又加入了共和党。不久，统一、共和、民主三党合并为进步党，梁氏出任理事。这一年9月，进步党熊希龄组织"第一流人才内阁"，梁启超出任司法总长。而几乎与这一政治事件同步，甚至比官方公告的正式消息还稍早，《东方杂志》第10卷第3号之上即已刊发了一组"熊内阁之人物"的肖像照片，在列其中的梁氏照片也成为见证这段历史的重要史料。

同年，由德国人在上海办的中文期刊《协和报》第3卷第50期之上，也赫然印有"司法总长梁启超"的肖像照片。次年，在上海《大同报》第20卷第15期之上，又刊发了这张照片，只不过称谓略有变化，称之为"前司法总长造币厂总裁梁启超君肖像"。据此可知，梁氏在出任司法总长期间，还曾兼任过一个造币厂总裁的职务。

时隔不过一两年间，时为1915年5月20日，由梁启超主笔的《大中华》杂志第1卷第5期刊发了一张"本杂志撰述主任：梁任公先生最近摄影"之照片，神情面貌与先前"熊内阁之人物"时，迥然不同，判若两人。但见照片之上的梁氏肖像，发际线更为退后，面容委顿，略呈憔悴病容。

杂志撰述主任梁任公先生最近摄影，原载
《大中华》杂志第1卷第5期

版出日十二月五年四国民

梁任公先生主任撰述

大中华

上海中华书局印行

第一卷　第五期

The Great Chung Hwa Magazine

《大中华》杂志第1卷第5期

異哉所謂國體問題者

（梁启超《异哉所谓国体问题者》竖排原文）

梁启超《异哉所谓国体问题者》，原载《大中华》
第1卷第8期

三个月之后，即1915年8月20日，在《大中华》杂志第1卷第8期之上，梁启超接连撰发《异哉所谓国体问题者》《国体问题与外交》两篇文章，从内政与外交两个方面，对袁世凯图谋复辟称帝予以了公开批评。但在这样一本时常插印袁氏及其家人照片，且辟有公布当局法令专栏的杂志之上，撰发这样的文章，显然是不太适宜的，也因之更为引人瞩目。

本是上海"鸳鸯蝴蝶派"大本营

的《礼拜六》杂志也敏锐地意识到了梁启超反对袁氏复辟的最新动向，迅即于1915年该刊第76期之上，刊发了由著名漫画家丁悚绘制的一幅题为"反对变更国体者梁任公先生"的肖像画。此画所依据的肖像底本正是《大中华》杂志第1卷第5期刊发的那张"本杂志撰述主任：梁任公先生最近摄影"。

除此之外，在《东方杂志》第二次连载的版面中，还有两张总题为"两广护国军都司令部"的配图，也颇值得关注。这两张配图，一为司令部所在地外观，一为司令部核心人员合影。合影上方，印有"两广都司令部欢迎滇军李总司令烈钧、桂军谭师长浩明纪念"字样的标题，并于标题下方以小字印有拍摄时间与地点"民国五年五月十三日于肇庆"。合影中央，十位人物并列而坐，梁启超居于右起第四位。

仅就笔者所见，这两张配图极可能是护国军司令部核心人员的首次公开亮相，首次通过国内都市主流媒体公开传播。其历史意义与史料价值，自不待言。

再者，在《东方杂志》第二次连载的版面中，还插配有汤觉顿、谭学夔两人的肖像图片，作为发生于1916年4月间海珠惨案的牺牲者，并未标注为遗像，这一现象也颇令人费解。这不由得令人揣度，在海珠惨案发生四个月之后，上海各大报刊要么对此案尚不知情，要么尚不明了。

反对变更国体者梁任公先生，丁悚绘，原载《礼拜六》第76期

两广"国军都司令部

两广护国军都司令部之图片，原载《帝制运动始末记》续篇

◎楔子二："西南起义纪念日增刊"之历史价值

"护国运动"这一称谓，乃是总体概念，并不仅仅能以护国战役、护国战争、护国之役、洪宪之役等，只是指称反对袁世凯称帝的军事概念来加以完全概括。护国运动是以国内各地反袁军事活动为核心的，并辅之以国内各大都市公共宣传与舆论鼓吹而予整体推动的这么一个全国性的政治运动。

被梁启超称为护国军兴时期"唯一之言论机关"的上海《时事新报》，在护国运动中崭露头角，充分发挥其公共宣传与舆论鼓吹的传媒经验，为揭露袁氏当局的腐败丑恶行径，促成民众对反袁军事活动的充分支持与积极响应，起到了很好的"主流媒体"示范效应。可以说，该报的相关传媒活动，尤其是在与梁启超曾同为进步党员的黄群主持笔政前后的宣传活动，已然成为护国运动的重要组成部分。

《时事新报》是 1911 年由著名出版家张元济、高梦旦等人筹组创办，由《时事报》和《舆论日报》两个小报合并而成。《时事报》于 1907 年创刊；《舆论日报》于 1908 年创刊，为早年维新派的宣传机关。民国初年的《时事新报》以编译中外报章、介绍西方思潮及文化为主要内容。1915 年由黄群主持笔政时，与北京的《国民公报》相呼应，公布了当时袁世凯企图复辟帝制的一些密电及相关文件，在当时的公共舆论界里反响强烈，该报也由此声名鹊起，颇受读者大众瞩目与信赖。

1916 年 1 月 11 日，该报公布了蔡锷称"护国军总司令"的电报一通，标志着该报正式进入护国军兴的宣传阶段；从某种意义上讲，这一报道也宣示着国内形势从舆论反袁到军事讨袁的转变。也正是在这样的情势之下，袁氏政府当局更加强了对国内舆论的压制与封锁，已然明令严禁《时事新报》邮寄至北京订户，妄图阻断该报的"北上"传播路径。

当然，北庭此举无异于掩耳盗铃，如此这般抱薪救火、欲盖弥彰之举，反倒令《时事新报》的相关报道迅即洛阳纸贵，万人争睹。一时间，各类电报、时评、社论纷至沓来，这一出公共舆论场域里的对台戏一直唱到了袁氏垮台暴毙。

其间，1916年2月15日，该报有一则关于北庭"取缔军人无故请假"的报道，更是暴露出了北庭军心颓废、军纪涣散的状况，可以据此一窥在护国军兴的强大军事与舆论压力之下，北庭无力应战、溃不成军的实况。尤其值得注意的是，这则报道中首次出现了"西南起义"这一称谓，在之后的报道中，更是频频使用这一称谓。

关于"西南起义"这一说法，起初并不是什么特定称谓，也不是什么可资纪念的历史专名，只不过是作为护国运动从舆论反袁转向军事讨袁的阶段性称谓。可这一军事行动的阶段性称谓，一旦经由《时事新报》向公共舆论领域持续传播，其社会价值与历史意义顿时得到拓展与放大。

1915年12月25日，蔡锷、唐继尧、李烈钧等人宣布云南独立，组织护国军，武力讨袁，由此打响护国运动军事行动的第一枪，《时事新报》将这一事件概括为"西南起义"。1915年12月25日这一天，遂成为护国运动的历史纪念日。

时为1916年12月22日，《时事新报》向广大读者预告了将印发"西南起义纪念日增刊"的消息。这一印于当天广告版面头条的通告，这样写道：

本月二十五日为西南起义纪念日。本报因反对帝制被袁政府停止邮寄外埠，对于此次纪念日具有特别感想，爰特增刊两大张，内容如下：（一）祝词；（二）

一年回顾与今后（张君劢）；（三）西南起义与民国建立之关系（吴贯因）；（四）归国以来之感想（马君武）；（五）袁政府与本报停邮（陈寿凡）；（六）蔡公致梁任公先生论西南军事计画墨迹八幅；（七）各种图画。特此布告。[①]

《时事新报·西南起义增刊》第一版　　　　　　　　张君劢

　　显然，袁氏政府当局曾经严禁《时事新报》邮寄外埠之举，反倒成了该报自我营销与标榜的重大历史机遇，"西南起义"增刊印行的创意，正是基于此举的"特别感想"而产生的。

　　果然，1916 年 12 月 25 日这一天，由梁启超题签的"时事新报西南起义增刊"两大张隆重推出。不过，增刊上的图文内容比之先前的预告内容略有差异。

---

①　报载原文无标点，今施以通行标点。

梁启超肖像，原载《时事新报·西南起义增刊》第二版

在第一张第一版，印有吴贯因《民国再造日祝词》一文，将"护国运动"与"西南起义"的历史意义提升到了"再造民国"的高度。接下来，另有张嘉森《一年回顾》，大致回顾"西南起义"一年来的动态与时局转变。这一版依次插印有"黎大总统伟照""内阁总理段祺瑞""蔡松坡先生遗像"，共计三张个人肖像图片。

在第一张第二版，则印有马君武《归国以来之感想》一文，并依次插印有"冯副总统伟照""岑春煊先生""梁启超先生""云南督军唐继尧""浙江督军吕公望""李烈钧李根源合影"，共计六张个人肖像图片。

值得注意的是，这一版面里所印制的梁启超个人肖像图片，乃是以那张其人三十一岁时所摄的著名照片为底版，制版影印而成的。这张摄于1903年的照片为游历美国新大陆时期的青年梁启超之肖像，其横眉冷对、目光凌厉之面貌，此时用在这一"西南起义"增刊之上，似乎非常适宜。无论是起初的舆论反袁，还是随之而来的军事讨袁，其人皆曾倾力参与其中，这横眉冷对袁世凯，舍得一身剐，敢把复辟皇帝拉下马的英气逼人之面貌，实在是颇符合世人想象中的那般风骨仪容的罢。

在第一张第三版，印有署名为"实生"的《庆祝声中之危言》一文，提出了"西南起义"成功之后几个需要反思的问题，诸如"吾民所最苦者"，乃当局的横征暴敛，"今后果能减轻负担否"；"吾民所最惧者"，乃军队骄横，冤苦难诉，"今后武人果受裁抑否"；"吾民所最忧者"，乃党争剧烈，政潮激荡，"今后党见愈深，恐政局无安定之一日矣"。

除此之外，还有陈寿凡《袁政府与本报停邮》一文，再度以被北庭禁邮之事，做起了自我营销与标榜的"夹带"文章。这个版面又插配了五张图片，分别为"两广护国军司令部""两广都司令部成立撮影""军务院在

《时事新报·西南起义增刊》第三版

肇庆之主干""飞机之侧面""宝璧兵舰"。这些配图可谓将西南起义以来护国军阵容与武器装备的最核心部分予以公开披露与展示。

值得一提的是，较之四个月之前《东方杂志》，"西南起义增刊"上的这个版面的配图"两广都司令部成立撮影"为前者所无，似为首次见载于国内报刊者。而"军务院在肇庆之主干"，即是前者配图中的那一张于 1916 年 5 月 13 日拍摄于肇庆的标有"两广都司令部欢迎滇军李总司令烈钧、桂军谭师长浩明纪念"字样的合影。不过，为便于报纸版面刊印与读者辨识起见，该报将合影上半部分全部裁去，又于合影中并列而坐的十位人物下方，逐一对应注明姓名职务，令观者对这些发动西南起义的核心人物可谓一目了然。

两广都司令部成立撮影，原载《时事新报·西南起义增刊》第三版

再来看增刊第一张第四版，《袁政府与本报停邮》一文续印整版，配图则有"江大兵舰""汤觉顿先生""汤化龙先生""伍廷芳先生""陆荣廷先生""陈国祥先生"，共计六张照片。

在第二张第一版，几乎完全被"蔡松坡先生论西南军事墨迹"的八张影印图片所占据，这实际是一通致梁启超的信札。配图一侧，印有信札释文。第二张第一版则为以"各省起义纪实"为总标题的一篇以电文、电稿为基础史料，来列举当年护国军兴的一些历史细节信息的记录。

在上述两张六个版面的增刊中，其中关涉梁启超的图文信息都有一些，但欲从中搜求更多相关史料，不免都会有些遗憾与疑惑，缘何为增刊题签的梁氏没有大笔一挥，随之抒写一篇才情丰沛、史料丰珍的亲历者感言呢？欲知梁氏为何未能兴之所至为增刊供稿，恐怕还得从其这一年痛失亲友，决意退出政坛去再做一番探究了。

◎龙年痛失亲友，退出政坛，复又病逝于另一个龙年

早在1916年5月底，军务院成立仅仅二十天之后，梁启超即宣告辞职。先前赤手空拳，独闯龙潭虎穴的豪杰，缘何突然黯然离场呢？

原来，就在护国战争局势日益明朗之际，返归上海进行相关联络活动的梁启超，却意外得知其父已于3月14日去世。想到这些年书剑飘零的生涯，竟连为老父送终之事也无暇操办，不禁让梁启超悲从中来，无法自已，当即给军务院和各都督总司令发了电报，请求辞去所有职务。

遥忆十余年前，2012年"南长街54号藏梁氏档案"中发现的数件梁氏未

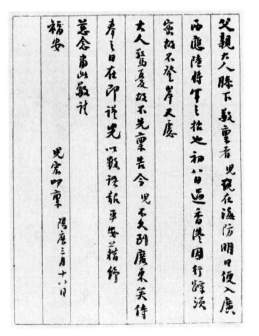

梁启超致父亲书（1916年3月18日），其时父亲已逝世，梁尚不知　　　梁启超致梁启勋书（1916年5月8日），信中谈及秘密返京，未能与家人见面，请其代向父亲问安事

刊书信中，尚有1916年3月18日、4月15日、4月18日、5月23日梁启超写给父亲的信件，所有这些信件都是简略告知近况兼报平安的内容。甚至于就在军务院成立当天的5月8日，梁氏还曾秘密潜归北京工作，但可能出于行动保密或时间匆促之故，仍未能与家人相见。当时，只是写信留言给其弟梁启勋，算是简单报个平安，信中提到"恐（父亲）大人不免忧虑，特此驰告"云云，对家人牵挂之意，也是可以感知的。

为了护国大业的周密筹划，梁氏过家门而不入，此时仍不知其父已病逝。可想而知，二十天之后，梁氏惊悉其父死讯，那份懊悔、哀痛、惊悸，五味杂陈，实在是令人难以承受的。

虽然卸任后的梁启超并未完全脱离政治活动，但毕竟也只是以"在野政治家"身份来笔净文谏罢了。时至1916年10月30日，梁启超获中华民国副总统

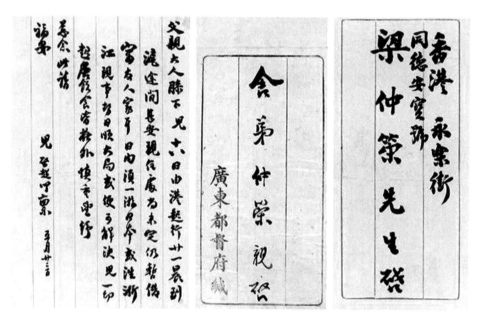

梁启超致父亲书（1916年5月23日），寄其弟梁启勋转交，月底梁启超方才得悉其父死讯

候选人资格，但仅得4票，竞选第一轮即遭淘汰，这一年政坛上的最后身影就此淡出。11月8日，其得意门生蔡锷因久治不愈的喉疾病逝于日本，也再一次令其哀痛万分，自责不已。

因耽于讨袁兴兵军务，蔡氏所患喉疾迟迟未得治疗，曾致电梁氏，恳请辞去军职就医，并提请帮助解决军队善后饷款诸事。对此，梁氏虽忧心如焚，屡屡电报黎元洪、段祺瑞、唐继尧等人，却始终不能解决饷款诸事，蔡氏也不得不抱病留任，无法安心静养疗治，喉疾日益严重。后来到日本治疗时，病情已恶化，无法治愈以致英年早逝。如果说父亲病逝，梁氏是因国事而舍家事，有成大义而未行孝之憾；那么蔡锷的病逝，梁氏则是眼睁睁、活生生的无法救护，其痛苦愧疚之沉重，可谓极致。

单刀会、委员长、都参谋、不孝子、候选人，睁眼待死、惊心动魄、痛失亲友，种种人生历练之后，在艰难度过了1916年这个凶险的龙年之后，梁启超随即又在学术、文化、史学等各个方面著书立说，倾力倡导新风，阐扬新知，又是一番别开生面，柳暗花明。

然而，就这样又一个十二年轮回过去，1929年1月

THE PEI-YANG PICTORIAL NEWS, TIENTSIN.

梁任公先生遗像，原载《北洋画报》第6卷第274期

19日，梁启超病逝于北京协和医院。颇为巧合的是，这一年至公历2月10日起算作蛇年（己巳），梁启超病逝之时又恰在龙年（戊辰）之尾。

◎补记：黄溯初忆述梁启超当年秘密行程

西南起义整整二十年后，这一称谓，又被时人改作"云南起义"。无论西南还是云南，护国运动硝烟散尽二十年后，世人总算还能记得这么一桩值得纪念的历史事件，亦是值得欣幸之事。

时为1935年12月25日，上海《立报》刊发了一篇运动亲历者黄溯初（即黄群）的专访报道。报道中，黄氏忆述其参与护国运动时，与梁启超秘密出行的事迹点滴，又为梁氏1916年的事迹平添了一个更为生动细致的注脚。

这篇专访报道不但对专业研究者而言颇具历史研究价值，即便对后世普通

1914年，进步党要人在北京合影。前排左起：蔡锷、王家襄、汤化龙、梁启超、林长民、陈敬第；后排左起：蹇念益、汤觉顿、籍忠寅、周大烈、陈国祥、黄远庸、黄群

读者而言，也有着近似于谍战电影般的观感，其现场感与氛围感十足，不妨细读：

云南起义纪念二十年前的今日黄溯初追述往事

和梁任公等秘密出发终于举起革命的旗帜

"此去应须各努力故乡何日得归期"

【本报特写】今天是云南起义的日子，也是中国革命史迹上一个可以纪念的日子。

昨天记者特地去访问参加云南起义革命前辈黄溯初先生，作了一次简单的谈话，承黄先生告诉记者，当时由上海秘密冒险水陆兼程赶上云南，而革命的旗帜，终于也在云南高高的举起来了。

黄先生在离开上海的时候，曾有一封信留给他的朋友，信上曾经引证杜甫的诗："此去应须各努力，故乡何日得归期。"由这首诗，也可以想见当时黄先生的心境了。

黄先生对记者说，近来的民气，实在太消沉，所以这廿年前（民国五年）的"旧事"重说起来，往往多容易使人回想起当时的情景。因此，黄先生一面讲，一面也现出无限的感慨。

黄先生原籍是浙江永嘉，今年已经是五十三岁的人了。他是一个圆圆的脸，戴着一付（副）黑边眼镜，嘴唇上留着一点黑灰的胡须，谈话的时候，精神非常饱满。

据黄先生说：

"我和任公（梁任公）在上海动身那天，因为上海那时候，抓人抓得很利（厉）害，所以我们（另外还有二三个人一同走的）在半夜里，偷偷地溜上日本轮船横滨丸，预备乘横滨丸先到香港。那时候，天还下着小雨，景象是凄厉得很。

"在轮船里为避免到香港受外国人的检查，所以都换了破旧的西装，改扮成工人的样子，住伙夫们的卧舱里。一到香港，任公换船到广州，我则在江面当中换了船到法属安南的鸿基；到了鸿基以后，又转道赴海防。

"到了海防以后，便可以直接搭车直到云南。可是那时全国骚动，老袁抓人抓得凶极了。……

"好在我那时还会说几句日本话，所以便领了一张日人的护照，改扮了一个日本人，由海防换火车直达云南……"

于是那热烈兴奋革命的旗帜，就在云南高高地举起来了。

虽然报道字数不多，只有七百余字，可黄溯初的忆述所描述的与梁启超等秘密出行事件，作为护国运动筹划期间的重大史实，可与相关文献资料作比较研究，自有当事人口述史意义上的独特价值。

张君劢《北游杂记》，提及黄溯初秘走安南事迹，原载上海《时事新报》，1917 年 1 月 5 日

比梁启超小十岁的黄溯初（1883—1945），原名冲，字旭初，后改名群，字溯初，祖籍平阳郑楼，祖父迁居永嘉朔门。早年留学日本早稻田大学学法

政，结识康有为、梁启超，赞成戊戌变法。变法行动失败之后，复又积极参加辛亥革命，先后任各省都督府代表联合会的浙江代表、南京临时参议院的议员、苏浙皖矿务署署长。反对袁世凯复辟，参与了蔡锷云南起义与护国运动。在其原籍温州，又振兴实业与教育，创办了瓯海银行、医院、温州师范学校等。抗战期间，避居香港，以诗记史，抒写忧思，著有《敬乡楼诗》。

据《梁启超年谱长编》，1916 年 3 月 4 日这一天，"先生与同人等由沪乘日轮横滨丸赴港转桂，说陆干卿起义……"临行前，梁氏留有家书，描述了秘密出行之前的险象环生与周密安排：

吾明日行矣。此行似冒险，而实万全，勿以为念。本欲令此间眷属即返津，因吾寓左右有侦者四布，忽然尽室而行，彼必踪迹吾所往，恐缘此路上生波，故同人之意谓宜勿动，并所雇之印捕亦仍其旧，待吾到目的地后，有电来乃可他往，故暂仍之。……铺盖亦不带，惟子身挟两革囊行耳。（民国五年 3 月 3 日《与娴儿书》）

关于出行路线，梁启超《从军日记》称，"初四日由上海展轮之横滨丸，至香港更乘妙义山丸入越南之海防……"而吴贯因在《丙辰从军日记》则记述稍详，称"任公遂偕唐绍慧、汤觉顿、黄孟曦、蓝志先、黄溯初及余，于三月四日乘舟南下"；"七人南下之目的，黄孟曦则将候道于云南以入四川，黄溯初则将先至云南后入广西……余与蓝志先则拟偕梁任公经海防以入南宁"，但这一分头行动的原计划，因为香港军警的严格盘查，临时做了调整，未能按原计划实施。

实际上，此行七人3月4日乘船南下，袁世凯次日即通电两广各要隘，要求严查梁启超等数人。3月7日抵达香港后，他们都遭到了当地军警的严格盘查，虽侥幸躲过盘查，但也只能滞留船上，择机行事。为防万一，吴贯因接受了船长的劝告，决定即刻分散行动，"夜十时余遂与志先、孟曦上岸，投宿松原旅馆，惟溯初尚伴梁任公在舟中"。

由于要等待转乘船只，又要尽可能在梁启超不露面的情况下，将其安全送出，一行人仍冒险滞留香港。但情况愈发紧急了，"八日，香港警吏得各方面报告，仍思搜索余等……"次日，他们得知欲赴海防"皆须领护照，每一护照，并缴相片两张，且如梁任公又安能上岸拍小照？"3月11日，"旋觅得一现成之护照，给黄溯初伴任公前往"。而梁启超在家书中，确曾提到：

> 吾入安南极不易，（因护照须照相，故他人皆可取得，惟我无法取得，故行独难。）因尽摒去从者，独黄溯初一人偕耳。（民国五年三月八日香港横滨丸舟中《与娴儿书》）

黄溯初

据此看来，在梁、吴二人的记述中，他们一行七人在赴海防之前，黄一直是伴随梁左右的。而此次专访中，黄自述的则是，中途在江面上就转船去了越南（即安南），再转道赴海防；到了海防之后，他直接乘火车去了云南。这一切行动看起来都是黄独自一人完成的，并没有与梁偕行。那么，这两种行进路线，一是黄、梁二人偕行，二是黄一人独行，究竟哪一种才是史实呢？

另据黄溯初 1929 年所作《记任公先生民国五年由沪入桂事》，对其与梁启超偕行之事有明确记载，且细节更为详尽：

任公自沪赴港，同行者七人，即任公与汤觉顿、蓝志先、黄孟曦、吴柳隅、唐绍慧及溯初是也。唐为陆干卿派来密迎任公入桂之人，到港为五年三月初七日，因警吏侦察太严，无法越广州而入梧州，乃不得已分为两组。即任公与溯初于十一日夜秘密换乘日本三井洋行赴安南洪崎运煤之妙义山丸，为偷渡海防而入桂之计，因在港不能得护照故也。其余五人则先后直接前往梧州，惟洪崎距海防尚有半日之行程，白日偷渡尤为不便，乃由日本驻海防之名誉领事横山君挈眷多人，独赁小轮，托词往游白大龙，朝发海防，经洪崎密载任公、溯初同游，至夜而归。其夜适大雨，故任公等于三月十六日入海防，而警吏竟不之知。

由此看来，1916 年 3 月 7 日，黄、梁二人在同抵香港之后，一直是待在"横滨丸"船上的；直到 3 月 11 日夜，二人才换乘"妙义山丸"号，抵达越南洪崎（即鸿基）。但"洪崎距海防尚有半日之行程"，遂又乘坐"日本驻海防之名誉领事横山君"的小轮偷渡，于 3 月 16 日入海防。这样的行进路线，与梁、吴二人的相关记述是吻合的，才是符合史实的。

此次秘密出行，黄、梁二人偕行始终，直到 3 月 18 日方才分手，各自行动。1929 年黄溯初《与在君兄书》中也曾提到：

弟与任公于五年三月十六日夜到海防……任公因其在妙义山丸中所著之宣言

书等件及他要事有须与唐蓂赓接洽者，乃托弟代表之。先赴云南晤唐，并有要电托唐转致松坡，事了即返防，与其共同入桂。故弟即于十七日下午与横山乘原车返防，翌晨仍由横山亲送弟共乘火车至东京，转托一日友送弟入滇境……迨至弟自滇返海防往晤，始知任公已先数日与桂使同乘汽车由间道而秘密入桂矣。

据此可知，黄、梁二人同抵海防之后，由于梁启超有要事托付，安排黄先到云南办理。原拟黄溯初完事后即由云南返回海防，与梁启超一道再同去广西。当然，这一计划后来又临时改变了，梁启超早于黄溯初返回海防数日，已先行赴广西去了。不过，据此就可将黄、梁二人分手时间定为3月18日。

此外，1916年4月间从欧洲归国，接替黄溯初出任《时事新报》主编的张君劢（1887—1969，原名张嘉森），于次年1月5日在该报首发的《北游杂记》首章之中，曾提及黄氏告知其秘走安南的事迹：

> 黄君溯初述西南起义时入安南情况：黄君持一日本护照，安南法官严诘之曰，汝形容不类日人，必系冒充者。强黄君背诵护照上履历，黄君以日语应之，其人无以难。既入云南境，则车中仆役尽为安南人，但通法语，欲求馒包而不可得。继自云南返安南，赖有一广东友人作通译，其人中途下车，乃复为哑旅行矣。

据此文开篇交代，可知此次"北游"为1916年12月23日至28日间，张君劢与梁启超、黄溯初偕行，由上海乘坐火车，开往天津的一段车厢里的旅程。上述这段秘走安南的忆述乃是车厢里黄氏亲口所述，表达可谓细致生动，也不乏轻松诙谐之意。虽为车厢里的随兴谈资，可当年梁、黄二人秘走安南的艰辛险阻种种，也可见一斑。

返归正题。且说《世界日报》专访报道中所谓"一到香港，任公换船到广州，我则在江面当中换了船到法属安南的鸿基"，这样的记述就与史实相差太大，应当是记者的误记。误记的原因，或因版面有限，记者为报道篇幅从简计，将梁启超等预先计划抵达香达后，即换船去广州，再分赴广西梧州、云南等地的未能实施的原计划，径直当作了史实，不加辨析地予以概括，以此简省其中的多番周折。在专访时，黄溯初应当是向记者说明过上述种种周折与临时变故的，只不过记者仅仅录其片语，摘其点滴，未能将当年的秘密出行事件及其真实行程完整重现。

殊不知，这一出于报道从简所导致的误记误载，不但将史实真相扭曲，而且掩盖了历史细节的多变与复杂。仅就新闻传播的角度而言，把原本情节曲折、颇具传奇色彩的一个历史事件，如此简写误记，极为草率。当然，作为民国时期对护国运动亲历者不多见的一次专访，上海《立报》的这一专访报道也弥足珍贵，至少可令后世读者对这一历史事件的细节，又多了一点感性认识。

附：纳妾合理合法？

◎关于国人蓄妾问题的清华师生通信

1925年10月26日，清华留美预备部学生王政给梁启超写了一封信，对纳妾蓄妾的社会现象发表了自己的意见，对梁氏授课中的默认国人蓄妾态度表示质疑与不解：

任公先生惠鉴：

今年选习中国通史，得聆先生宏论精言，无任仰佩！惟于"社会组织篇"婚姻章讨论蓄妾问题一段，窃有疑义。上礼拜五于萧一山先生班上提出供众同学讨论，惜结果不甚满意，兹将浅意谨陈于后，若先生以为可教而教之，则幸甚矣。

先生曰："从人权上观察，蓄妾制之不合理，自无待言；但以家族主义最发达之国，特重继嗣，此制在历史上已有极深之根柢：故清季修订新民律时，颇有提议禁革者，卒以积重难返，且如法律以无妾之故，而仆于私生子之认知，亦未见其良。故妾之地位，至今犹为法律所承认也。"鄙意先生既承认蓄妾制在人权上为不合理，则当设法以革除之。若以其在历史上已有极深之根柢，遂任其自生自灭，则一九一一年之革命特多事耳。何则？盖君主专制在吾国历史上根柢之深，至少亦不减于蓄妾制也。

至于私生子乃道德上的问题，绝非行一夫一妻后始有之现象。中国法律许置妾矣，孰能言中国社会无私生子耶？矧在欧美文明国家，男女因爱情而结婚；既婚以后，夫妇异体而同心，有外遇者甚少。偶因一时审慎未过，或中途情迁，亦干脆以离婚了之。所谓私生子等，大半为未婚男女一时不能克制兽欲之结果耳。法律应否追认私生子，系另一问题，现不必讨论。但学生以为蓄妾制诚非防止私生子之方法也。

欲论蓄妾制有无存在之理由，必先知一般人纳妾之原因。《中国妇女问题讨论集》所载单毓元先生《中国禁止纳妾之方法》中列为二十条，鄙意以为最普通者不外下列三种：

（一）对于正妻不满意，而又无法出之者。

（二）结婚多年膝下犹虚者。

（三）有钱有势，遂欲充分发展其兽性者。

第一种乃旧式婚姻之恶果，实行自由结婚、自由离婚以后自可免除。"不孝有三，无后为大"一语，久成为蓄妾者之护身符，故上列第二条，在讲求宗法之中国社会里，已公认为牢不可破之理由。其实严格说来，亦不能成为理由。夫四十而不生子，不能专责女性方面。世有后庭娇艳二三十人，而求子如登天者，论者能谓此二三十女子均无生子能力，或由于两方面俱无生子能力。是故最公平之办法，已结婚者应于相当时期用医药方法查验。若果系女性方面无生子能力，而男子方面又不肯为爱情而牺牲子嗣，万不得已，或可再娶一妻

《清华周刊》第24卷第9号，刊载《为蓄妾问题质梁任公先生》

（无论如何不得有第三妻，蓄妾更无论矣），但此妻之地位须与第一妻完全相等，且须得第一妻之同意。如此则与旧道德吻合，同时又不至与新道德抵触矣。至于第三种蓄妾者乃道德破产之人，唯法律足以禁止之。

总之，由各方面观察，蓄妾制均无存在之理由。吾国法律许置妾，是吾国法律的缺点，吾辈负有改造社会之责任，当思所以补救之方。即事实一时不能做到，言论间亦不妨尽量发表。

政自幼读先生伟著，以其思想新颖，立论精确也。今于上蓄妾制一段虽不敢苟同，犹疑先生有未尽之论，故不揣冒昧，敢以上闻。先生若抽空为文再详细说明之，则不惟政一人之幸福，亦关心社会问题者的幸福也。敬颂

著安

学生王政　鞠躬上

十四，十，二十六。

梁启超阅罢此信，交给《清华周刊》公开发表，并在信后附上跋语，略作申论。1925年11月6日，《清华周刊》第24卷第9号印行，这封信以《为蓄妾

问题质梁任公先生》为题，以封面文章的形式发表了出来。可以看到，信末梁启超的跋语相当简短：

所论自是正义。吾所著者，乃历史讲义，非作论文，故征引当时不主张废妾者所持之理由云尔。其理由充足与否，则未暇论及。以现状论，凡已有妾者须承认其地位，毫无可疑；否则，将现在国内之妾悉判离异，牵涉到妾子问题，其扰乱社会实甚。若立法禁止，亦只能定自某年之后不准置妾耳，亦须俟实行婚姻登记后，此种法律，乃能有效。至弟所主无子再娶一妻之说，与旧伦理观念相去甚远，殊不可行。余功课太忙，无暇作文论此事，草草答复如右。

启超 一四，一〇，二八

梁启超约二百字的跋语算是给了学生王政一个答复。除了认可学生"所论自是正义"之外，梁仍坚持自己合乎国情的主张，即必须承认现状，必须承认现有妾的地位。即使将来立法禁止纳妾蓄妾，从可操作性上言，"亦只能定自某年之后不准置妾耳"。言下之意，从中国社会多年传统来看，纳妾蓄妾有一定合理性，且当时也属合法行为。当前已纳妾蓄妾者只能维持现状，既往不咎，留待将来立法解决。

至于王政在信中曾提到的，"已结婚者应于相当时期用医药方法查验。若果系女性方面无生子能力，而男子方面又不肯为爱情而牺牲子嗣，万不得已，或可再娶一妻（无论如何不得有第三妻，蓄妾更无论矣），但此妻之地位须与第一妻完全相等，且须得第一妻之同意"。对于这"一夫二妻制"观点，梁启超坚决反对，称其"与旧伦理观念相去甚远，殊不可行"。王政的"一夫二妻观"看似迎合了梁启超的"特重继嗣"论，但为什么还是遭到坚决反对呢？

◎梁启超早已纳妾

其实，梁启超之所以反对"一夫二妻"却默认纳妾蓄妾之现状，主要还是从妻妾地位差异悬殊的传统观念来加以判定的。这种对现状的默认，对现实的妥协，自然是过来人的经验之谈——梁启超本人自1903年即纳妾，他看到学生反对纳妾蓄妾的这封信时，已经过了二十多年的"一妻一妾"的生活。

1890年，十七岁的梁启超参加广东乡试，榜列第八名举人，受到主考官李端棻的器重。李端棻主动牵线搭桥，将妹妹李蕙仙许配给了梁启超。梁、李

梁启超和长女梁思顺、长子梁思成和次子梁思永

二人夫唱妇随，恩爱有加。事实上，梁本人就是中国最早提倡一夫一妻制的学者，他还创立了"一夫一妻世界会"；梁、李二人的夫妻生活也十分美满，堪称一时典范。追随康有为百日维新失败后，梁启超只身逃亡日本；不久李蕙仙也赴日本，夫妻二人团聚。1901年，李蕙仙为梁启超诞下长子梁思成，但因梁思成从小身体羸弱，为

了香火有传，1903年，李蕙仙让梁启超将其侍女王桂荃（原名王来喜，1886—1968，四川广元人）纳为侧室。从此，梁启超的一夫一妻的理想主张化作了一妻一妾的现实生活。

对于这桩发生在日本的纳妾事件，梁启超一生从不张扬，尽量避讳。他在家信中提到王夫人时，多称王姑娘、三姨，或称来喜。只是在1924年，李蕙仙病重，王桂荃又怀上小儿子思礼，适值临产时，梁启超在写给好友蹇季常的信中，首用小妾之称。从延续子嗣的角度而言，王桂荃为梁启超生了六个子女，即梁思永（子）、梁思忠（子）、梁思懿（女）、梁思达（子）、梁思宁（女）、梁思礼（子），可谓有功；从料理家务、分担家事的角度而言，王桂荃二十余年的尽职尽责，可谓有劳，这些功劳，梁家上下有目共睹，梁启超本人对她也颇为看重。梁启超曾对长女梁思顺说：

> 她也是我们家庭极重要的人物。她很能伺候我，分你们许多责任，你不妨常常写些信给她，令她欢喜。

不过，自始至终，妾的名分不可更改，梁从不称王为妻；他的元配夫人只有一个，即妻子李蕙仙。由此不难理解，梁为什么坚决反对"一夫二妻"的说法，却能够默认一妻一妾与国人纳妾蓄妾的现状了。

◎梁启超早想纳妾

事实上，早在纳王桂荃为妾之前，梁启超就已然有过纳妾的想法了。只不过当时想纳的那位妾，比王桂荃更为新潮与热烈，更富青春活力与魅力。

原来，1900年，梁启超在美国檀香山宣传保皇会时，曾与一位名叫何蕙珍的女子产生恋情，但最终未能成事。她是当地侨商子女，当时年龄约二十岁，从小接受西方教育，十六岁便任学校教师，英文极好，因侨商宴会中有外国人参与，暂时就由她做梁启超的翻译。当时，因清廷大肆攻击以康有为、梁启超为首的新党，在国外也大量发布英文文章攻击他们，梁苦于英文水平欠佳，无法撰文回应，一直颇感苦恼。孰料，不久他就在某英文报纸上看到了连载为梁辩护的文章，文字清丽，论说精辟。后来梁启超得知，这些连载的辩护文章皆出自何蕙珍之手。为此，梁大为感动，对何也颇有追慕之心。

据说，当年这位女子曾握着梁的手说：

我万分敬爱梁先生，虽然，可惜仅爱而已，今生或不能相遇，愿期诸来生，但得先生赐以小像，即遂心愿。

面对这大胆的爱情表白，梁一时无措，只有"唯唯而已，不知所对"。

梁启超在理智上尽可能克制自己，但内心深处仍被何蕙珍的炽烈情爱所感染。这期间，他陆续写了二十四首情诗，记述着对何蕙珍的赞美、思念和无奈之情，其情其意，在字里行间表露无遗。其中有一首诗，甚至称何为"第一知己"：

颇愧年来负盛名，天涯到处有逢迎。

识荆说项寻常事，第一知己总让卿。

当年5月，梁启超给妻子李蕙仙写了一封家信，详细汇报了他与何蕙珍相识、交往，直至分手的过程。他告诉妻子，何蕙珍是当地一个华侨商人的女儿，她的父亲是保皇会的会员。这个只有二十岁的女孩儿，英文水平很高，整个檀香山的男子没有能赶上她的，而且她有很好的学问和见识，喜欢谈论国家大事，很有大丈夫的气概。她十六岁就被当地学校聘为教师，至今已经四年了，可见是个才女，而且不是旧时才子佳人式的才女，而是有新思想、新精神的才女。他在信中说：

吾因蕙珍得谙习官话，遂以驰骋于全国；若更因蕙珍的谙习英语，将来驰骋于地球；岂非绝好之事？

显然，梁启超对拥有此女子的向往，在这一个反问句中已然流露无遗。然而，其人转念一想，又得出这样的结论：

无如揆之天理，酌之人情，按之地位，皆万万有所不可也。……吾因无违背公理、侵犯女权之理。若如蕙珍者岂可屈以妾媵。但度其来意，无论如何席位皆愿就也。惟任公何人，肯辱没此不可多得之人才耶？

李蕙仙读了梁启超的信，左右思量，给梁启超写了一封回信，大意是说：你不是女子，大可不必从一而终，如果真的喜欢何蕙珍，我准备禀告父亲大人为你做主，成全你们；如真的像你来信中所说的，就把它放在一边，不要挂在心上，保重身体要紧。

《佳人奇遇》［日本］柴四郎著，梁启超流亡日本时所译

看似轻描淡写，不动声色，妻子要把问题交给梁启超的父亲梁宝瑛去处理的态度，却令梁启超自知理亏，心慌意乱起来，遂急忙复信，求妻子手下留情，并再三向夫人表白，对何蕙珍已"一言决绝，以妹视之"：

此事安可以禀堂上？卿必累我挨骂矣；即不挨骂，亦累老人生气。若未寄禀，请以后勿再提及可也。前信所言不过感彼诚心，余情缱绻，故为卿絮述，以一吐胸中之结耳。以理以势论之，岂能有此妄想？吾之此身，为众人所仰望，一举一动，报章登之，街巷传之，今日所为何来？君父在忧危，家国在患难，今为公事游历，而无端牵涉儿女之事，天下之人岂能谅我？我虽不自顾，岂能不顾新党全邦之声名耶？任公血性男子，岂真太上忘情者哉？其于蕙珍，亦发乎情，止乎礼义而已。

梁启超欲纳何蕙珍为妾的想法，至此不得不终止。之所以未能纳此女为妾，他自己的解释看上去是冠冕堂皇、大义凛然的。那连续使用的反问句，那份以身许国的国士情怀，业已跃然纸上，是不必再来一番儿女情长的纠结的了。总之，国事家事天下事，对当年豪气冲天的青年梁启超来说，孰轻孰重，是早已有所掂量的。那些一己私欲、男欢女爱之事，皆不应当再搅扰国士的远大抱负了①。

当时，梁启超中止纳妾的想法，在信中给出的最直接理由乃是为了自己以及新党的声名；但同时亦坦承"发乎情"，不否认内心着实是向往并愿意的。对远在千里之外的妻子能有这样的坦诚相告，也算是中国男子在家事层面（尤其是男女情爱方面）少有的襟怀坦荡了。

对此，妻子看在眼里，也放在心上。三年之后，她主动让梁启超纳其侍女王桂荃为妾，算是了却了夫君一桩心愿。然而，很难解释的却是，此时梁启超坦然纳妾，却又似乎不那么顾及"为众人所仰望"的个人声名，对于是否损害"新党全邦之声名"，仿佛也不那么纠结了。或许，那些世间虚浮的声名还是终抵不过情欲的炽烈。即便是理性至极的一代国士，最终仍无法免俗，在纳妾蓄妾问题上欲拒还迎，终究难以用顾全声名来自圆其说了。

◎梁启超低调纳妾

诚然，梁启超在纳妾蓄妾问题上相当低调，对外绝口不提，即使在写作、讲演中涉及妻妾问题时，也是女权妻权大讲特讲，但于"妾权"则语焉不详。

他在清华开设的《中国文化史》授课中，"社会组织篇"里提到"婚姻"一章时，关于纳妾蓄妾问题只有两句话，即如学生王政在信中提到的那样："故妾之地位，至今犹为法律所承认也。"

可以说，这就算是梁启超对中国婚姻里的"妾权"问题，当时所持的一个基本态度。在梁氏眼中，纳妾蓄妾不但一直合法，而且合乎中国传统的礼法

---

① 上述相关史事可详参《梁启超年谱长编》，上海人民出版社，2009年。

梁启超《新大陆游记》，新民丛报社，1903年初版

伦理，实在是无法革新的"旧俗"。潜台词乃是，至少他们这一辈人，恐怕就不能"免俗"了。

当然，梁启超低调纳妾于1903年，至1925年时，已有长达二十二年的妻妾生活史。对此，无论怎么低调，终会为外界所知所晓，也终会因其社会名流、知名学者的身份，引来外界多番猜测与非议，上述清华学生王政的公开批评即是明证。老实说，梁家一妻一妾的生活状况，在1920年代的中国社会，实在是再平常不过的状况。

那时虽然已经推翻帝制、创立民国十余年，鼓吹三民主义、提倡男女平等也已多年，但从法制与道德层面的"破旧立新"还远未令人乐观。民国法律上的一夫一妻原则虽在，但对社会上普遍存在的纳妾蓄妾问题却视而不见，始终没有行之有效的惩戒与定罪办法。那些曾与梁启超一样注重文明风尚，呼吁男女平等的诸多社会名流，也大多纳妾蓄妾，如康有为、唐绍仪、严复、马寅初等。军界、商界名流纳妾蓄妾之风更炽，如军阀张宗昌有十余位姨太太，广州十三行行商潘士成更是妻妾成群，共计有五十位之多。坊间对妻妾问题的讨论，无论是反对还是赞成，大多只是茶余饭后的谈资，少有严肃认真地予以道德上的探究，更遑论法律上的追究。

　　步入1930年代，北伐结束之后，南京国民政府达成全国形式上的统一，政府法令也渐有普被全国的效力，为法制上解决国人纳妾蓄妾问题提供了可能。与此同时，传媒资讯渐趋发达，屡屡见诸报端的妻妾之争，或酿成种种惨剧，或促成桩桩血案，也从社会舆论层面开始"倒逼"解决这一社会问题的明确办法。

梁启超晚年书少年时期诗作，原载清华大学《实学》杂志第 2 期

　　然而，始终还是雷声大，雨点小，无论怎么群情激愤，口诛笔伐，国人纳妾蓄妾的状况始终普遍存在。在道德层面上的谴责与批评，始终不能在法律层面上找到支持与呼应，纳妾蓄妾者依旧"逍遥法外"。

徐世昌：为颜李学说鼓与呼

北京新国会选举徐世昌氏为中华民国第二任大总统，原载上海《少年》杂志第8卷第10期，1918年

◎大总统致力儒学复兴

经历五四运动之后，时任中华民国大总统的徐世昌（1885—1939），发意要从国民基础教育入手，重塑中国传统文化的现代精神。徐氏曾亲眼看见青年学生推动国民外交的影响力之巨，这一群体对国家治理大局的"双刃剑"效应，让其深受震撼，为之思虑万千。

徐世昌深感应当存续儒学传统与国学文脉，纠正民国初年以来的全盘西化之风，强调国家教育对中国传统的建设性与延续性；既要洋为中用，更应中体为本，绝不能全盘推翻传统，照搬西方文明。徐氏认定，只有这样，才能有效维护国家政治稳定，才能有利于国力民生发展。

1919年10月，徐世昌以大总统身份，正式举行秋定祭孔，以"昌明""周公孔子之学"为宗旨，开始寻求儒学复兴之路。但此举迅即遭到了以蔡元培等人为代表的新派学者的反对与抨击；祭孔之举在社会上的影响力也并没有产生太大的反响，仅仅局限于遗老遗少以及部分旧式文人圈子中。

此刻，徐氏迫切需要找到一个传统教育与现代精神相结合的榜样型理论，来证明其教育治国方略的正当与先进。当其赴博野县瞻仰颜李二人故居时，即刻认定"颜李学说"正是这样的榜样型理论。为此，徐氏不惜动用总统特权，将颜、李二人的地位抬高，使其从祀于孔庙，以前所未有的礼遇，开始确立其在儒学体系中的独特定位。那么，颜李学说究竟是怎样一种学说，何以成为徐氏认定的国民教育之榜样型理论呢？

美国总统威尔逊电报祝贺徐世昌莅任民国总统，并劝停止内战。此为威尔逊电文与徐世昌复信石印布告

1919年徐世昌像铜币十文样币

　　在千百年来形成的众多儒家学派之中，颜李学派是17世纪在中国北方形成的一个重要学派，创始人为清初北方著名学者颜元与李塨。颜李学派高举实学旗帜，主张"实文、实行、实体、实用"，提倡"存性、存人、存学、存治"，与清初官方提倡的宋明理学相对立，在社会上产生过相当大的影响。在17世纪中国思想界中，它是对传统思想文化有所突破的，一个有新主张、有新建树、有新宗旨的学术流派。颜李学派继承和发扬了陈亮尚"用"的思想，形成了功利论的思想体系，他们以功利的观点看待理学，由此展开了对理学的批评。颜元曾将朱熹、陆九渊、陈亮三家学说加以比较，明确指出：

　　使文达（毅）之学行，虽不免杂霸，而三代苍生或少有幸，不幸宋、陆并行，交代兴衰，遂使学术如此，世道如此。

　　李塨继承师说也对理学的空疏无用作了揭露，也曾强调：

承南宋道学后，守章句，以时文应比，高者谈性天，纂语录，卑者疲精敝神于八股，不唯圣道之礼乐兵农不务，即当世刑名钱谷，懵然罔识，而溺管呻吟，遂曰有学。

颜习斋先生遗像，辑自《私立四存中学校同学录》

李恕谷先生遗像，辑自《私立四存中学校同学录》

此学派经世思想的总纲是天下的富、强、安。颜元曾提出：

如天不废予，将以七字富天下：垦荒均田、兴水利；以六字强天下：人皆兵、官皆将；以九字安天下：举人才、正大经、兴礼乐。

李塨又进一步发展了颜元的观点，还提出了变法的主张，对于习行六艺，还主张"参以近日西洋诸法"。

◎从四存学会到四存学校

颜李学派的主张，在徐世昌看来，正是矫正当今教育界的良方。为此，他开始筹建四存学会，并开办四存学校。

所谓"四存"，是清初颜元为使文章经世致用，提倡"存性、存人、存学、存治"；主张力学致知，习事见理，反对程朱"理在事先，知先行后"的先验论调，提倡经世致用的实学。其著《四存编》正是阐明这一观念的总结之作，当然更是徐世昌熟读的经典之一。

在继1919年祭孔、瞻仰颜元故居、确立颜李从祀于孔庙之后，1920年四存学会的成立，1921年四存学校的创办，一鼓作气，儒学传统在这位民国大总统的扶持下，大有重振气象。无怪乎，四存学校首任校长、与李塨同籍河北

四存学校首任校长齐树楷及其所撰《四存中学校学生名录序》

蠡县的齐树楷（1869—1953），在其所撰《四存中学校学生名录序》中，曾感慨万千地提到：

四存者，习斋颜先生所著存学、存性、存人、存治《四存编》也。以书名校，示尊行颜李之意。徐前大总统在位时，尝于民国八年，明令两先生从祀文庙。设四存学会，以召名儒；即设四存学校，以裁成后进。又于博野蠡县两先生故里，设小学。为社会计，为国家计，意深远矣。

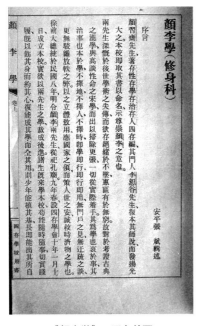

《颜李学》，正文首页　　　　　　《颜李学》，1941 年 8 月再版

其实，徐世昌将四存学说贯彻于教育事业中，虽然确有摒绝清谈，专务实学的诉求，但终究仍是承袭清末洋务运动所倡导的实业救国论调，并没有什么别开生面的新颖之处；从理论构建到实践，都着实没有什么更大的突破。在这

条似新非新，似曾相识的思想路径与践行道路上，同行者有多少，同心者又有多少，徐世昌并没有什么特别的规划，更无十足的把握。不过有一点可以肯定，无论是四存学会，还是四存学校，至少一时还不会招致新派学者的特别反感。因为当时的梁启超、胡适等人都在大力研究颜李学说，并以撰文或讲演的方式，不断在国内学术界乃至文教界予以阐扬与倡导。

四存学说确立前后，徐世昌对那些有社会号召力与影响力的学界人物，很有礼贤下士的风度，表现出了求贤若渴的姿态。特别是对以梁启超为代表的，清末积极倡导变法与立宪，民初则热衷鼓吹启蒙，看似一直占据着新思潮与新风尚的核心地位，却又与新文化与新文学运动始终有所隔阂的，这部分可称"不新不旧"的学者群体，更是颇为赞赏与格外青睐，颇有惜才爱才之意。

事实上，梁启超一直都是徐氏执政以来，极为看重并极力拉拢的研究系人物。所谓研究系，乃是从民国初年的进步党脱胎蜕变而来的一个政治派系，

清末廷臣合影，摄于光绪三十二年（1906），时为军机大臣，署理兵部尚书的徐世昌，为坐于前排左起第三人

得名于1916年在北京成立的宪法研究会，其领袖人物是梁启超与汤化龙，骨干分子是在1906年的君主立宪运动中，曾经与梁氏有过合作的一批官僚士绅。这一派系的重要人物梁启超、汤化龙、林长民等人后来加入了段祺瑞内阁，一度成为段氏的政治派系。在这样的国内政局情势之下，1918年选举民国第二届总统之际，当段祺瑞、冯国璋二人相持不下之时，一贯恪守中庸之道，以儒雅中正风度立身政坛的徐世昌，遂作为"理想人选"，出任并无多少实权的总统之职。

出任总统之后不久，1918年底，徐氏即委派梁启超，以巴黎和会中国代表团会外顾问的身份赴欧考察。此次欧洲之行，梁启超初步接触了第一次世界大战后的西方社会，思想也有所转变。其人一度认定西方的科学与知识体系，也未必能予世界以和平，也未必能予欧洲以富强。待1920年回国后，梁启超开始集中精力从事传统文化及中国学术的研究推广，并与相关政治评论活动相配合，其专著《清代学术概论》也顺利完稿。书中盛赞颜元是"明目张胆，将程、朱、陆、王一壁推倒"的儒学革命者，并明确指出从颜元到戴震到康有为的三次儒学革命，实为一脉所承，并为之"三致意"。到1923年时，又为青年学子开列《国学入门书要目及其读法》，明确提到：

> 颜习斋为清初大师之一。徐世昌之《颜李学》，亦可供参考。

这样看来，梁、徐二人从政治交往到学术视野上，都是有一定默契的，特别是在对颜李学说的推崇上，可谓知音。那么，梁是否参与过筹建四存学会与四存学校的相关活动，或至少在这些机构中有过论学与讲学活动呢？

◎四存学校的教育理念及模式

遗憾的是，至今还没有找到确实的证据，可以表明梁启超参与过四存学会、四存学校的任何活动。为什么会出现这样的状况，的确耐人寻味。但仔细解读梁、徐二人对颜李学说的阐发与应用就会发现，二人对颜李学说的主旨有着不同的取舍。

可以看到，徐世昌对颜李学说的接受与应用是被动的，是在"尊孔"之后的应时而动。从四存学会到四存学校，存续的仍然只是孔孟之道与古典儒学；颜李学说之所以被吸纳进来，只不过是儒学复兴过程中的一种权宜之计。无可否认，作为前清大吏，徐世昌对于新思潮有着本能的排斥；也正因如此，四存学校仍将经学作为基本科目，并聘请前清宿儒担任校长与国文教员。

《颜习斋四存编》，四存学校，1935 年 6 月印行

四存学校与现代教育模式下的中小学教育有着显著的差异——该校在古文学习上有明确的培养模式与流程体系，如初中读《左传》《四书》；高中读《诗经》《礼记》《书经》；语文课选文由近到远，从清末到明、唐宋八大家，最后到诸子百家，历代诗词、散文、小说；中学六年的基础教育，学生基本上都是在古文环境中训练出来的；等等。

这种与现代教育完全脱节，另立

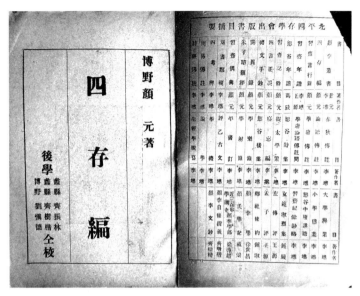

《颜习斋四存编》，"北平四存学会出版书目摘要"及扉页

门户、时光倒流式的教育模式，实际上是旧式私塾教育的模式化与集中化办学，堪称现代教育制度在中国确立之后的一朵奇葩。而四存学会及其会刊《四存月刊》则为之不断宣传造势、倾力辩护。徐世昌曾发表《弢斋讲学》等文章，号召尊孔读经，复兴儒学。至于自家的子孙，更一度严禁上国内的学校，采取私塾和留学相结合的方式施教，也由此可见其人对当时国内教育状况的强烈不满。

如果说，颜李学说是四存学校的一面锦旗，那么，学校高悬的金字招牌仍然是尊孔读经。整个办学过程，徐世昌的教育理念已逐渐偏离了颜李学说的主旨，只是一厢情愿地认祖归宗，视儒学复兴为己任，切盼将现代学子培养成某种"新式"的古典儒生。

◎梁启超如何看待颜李学说

梁启超与徐世昌自然是"道不同不相为谋"的，其人对颜李学说的阐发与应用，是主动的，更是能动的。不是以这一学说来证明儒学传统的万古不移，而是以这一学说来证明儒学必得革命，且早就应当革命。在这样的立场与认识之下，注定了徐、梁二人在利用这一学说方面，有着根本不同的诉求与旨趣。

梁启超在《清代学术概论》第二十六节中，有一段言辞坚决、意味深长的"三致意"自述，在这段自述中，彻底划清了自己与师夷制夷、托古改制的改良派阵营的界线：

梁启超等主办《新民丛报》，1902 年在日本横滨创刊，1907 年终刊

启超自三十以后，已绝口不谈"伪经"，亦不甚谈"改制"。而其师（康有为）大倡设孔教会、定国教、祀天配孔诸义，国中附和不乏。启超不谓然。屡起而驳之。……（以为）中国思想之痼疾，确在"好依傍"及"名实混淆"。若援佛入儒也，若好造伪书也，皆原本于此等精神。以清儒论，颜元几于墨矣，而必自谓出孔子。戴震暗合西洋思想，而必自谓出孔子。康有为之大同，空前创获，而必自谓出孔子。乃至孔子之改制，何为必托古？诸子何为皆托古？则亦依傍混淆也已。此病根不拔，则思想终无独立自由之望。启超于此三致意焉。

既然梁氏已经明确地指出，中国思想之痼疾，确在"好依傍"及"名实混淆"。那么，在其人看来，今人对颜李学说的阐发与应用，自然就应有一套独立自洽的体系——这里的独立，是指独立于儒学传统之外；这里的自洽，是指其在现代社会中的自有价值。

梁启超于1923年11月，终于撰成《颜李学派与现代教育思潮》一文，用两万字的篇幅，来阐述与确立其人心目中的颜李学说。这是专门为《东方杂志》创刊十周年所撰的稿件，张元济收到此文初稿后，复信盛赞曰：

《梁任公讲演·颜李学派与现代教育思潮》

展诵一过，深足药吾中国能坐言不能起行之病，尤足救近人所倡"行之匪艰知之维艰"之说之偏，至为钦佩。

张元济在信中衷心赞佩梁文，认为它指出了中国人向来只会说大道理不会践行的毛病，并为之开出了药方，指明了出路。张氏还认为，包括孙中山提出的"知难行易"等近人学说，仍然是重知识轻践行的偏见，梁文又正可为这种近世风气纠偏。应当说，这是很高的评价，也确实点明了这篇文章的主旨。

且看《颜李学派与现代教育思潮》一文，开篇这样写道：

自杜威到中国讲演后，唯实用主义或实验主义在我们教育界成为一种时髦学说，不能不说是很好的现象。但我们国里头三百年前有位颜习斋先生和他的门生李恕谷先生曾创一个学派——我们通称为"颜李学派"者，和杜威们所提倡的有许多相同之点。而且有些地方像是比杜威们更加彻底。所以我想把这派学说从新介绍一番。

单单看到这一段开篇语，读者已基本明了梁氏对颜李学说阐发的前提，即不必刻意地洋为中用，中国传统思想中自有现代精神及应用价值，只不过需要人重新挖掘与发扬罢了。

但接下来，梁氏又把这种"民族自尊心"尽可能放在一种客观平允的语境中，来尽力标示一种现代学术的理性立场：

从前的学者，最喜欢说外国什么学问都是中国所有，这些话自然不对，不用我辩驳了。现代有些学者却最不愿意听人说中国从前有什么学问，看见有表章中国先辈的话，便说是"妖言惑众"，这也矫枉过正了。

可以说，梁氏正身体力行，要将"好依傍"及"名实混淆"的中国思想之固有习惯，尽可能地从根子上扭转过来。他认为，今人既不能万古不移地以孔孟儒学为依傍，也不能见风使舵地以欧美思潮为依傍；颜李学说的价值不在依傍与拔高某种知识体系，而只在于切实践行于中国现代教育的意义。在之后的章节中，更详细论证了在不依傍、不混淆前提下的颜李学说的现代价值，文中新见迭出，既予人耳目一新之感，又着实发人深省。

◎四存学校讲演本之悬案

时为1924年1月，《东方杂志》第21卷第2号，《颜李学派与现代教育思潮》一文首次发表。该文后来又被辑入《饮冰室文集》第41卷，得以广为流传，为后世读者所熟知。殊不知，此文还有一个版本，更值得特别关注。这一稀见版本，即四存学校讲演本。

本文前面已经提到过，梁启超与四存学校似乎并没有明确关联的史料文献存世，但新近发现的这一讲演本，却还是留下了值得探究的一些蛛丝马迹。

此讲演本为线装铅印本，封面上加框以宋体大字印有书名"颜李学派与现代教育思潮"，书名之上有双行小字"梁任公讲演"；正文页面版心处印有"四存学校排印"字样。此外，封面书名框右上侧加钤红色铅字"四存中学校敬赠"，右下侧钤有蓝色双圈椭圆图章"天津私立圣功女子中学图书馆"，显然，这是当年四存中学的校际赠送之物。特别值得注意的是，书末加印两行居中粗黑铅字题记：

右梁任公所述颜李学，于本校教育主旨，不啻代为发明，急印之，以示学生，资启牖焉。四存中校记。

题记末端，又加钤紫色铅字"中华民国十七年"。据这一标记或可揣度，在民国十七年（1928）前后，梁启超有可能在四存学校里做过相关讲演，校方对此讲演的内容如获至宝，认为这是无形中为"四存"的校名做了宣传，遂"急印之"，用于分发给学生学习，或赠予其他友邻学校。

然而，查阅《梁启超年谱长编》可知，1928年这一年，已近梁氏生命历程的尾声。这一年，其人主要是在家养病，学术活动基本中止，外出讲演几无可能。再往前溯至1924—1927年间，也没有梁启超在四存学校里的任何记录。唯一有可能的线索，出现在1923年12月18日，梁启超致梁思顺的家信中。信中提到：

我被各学校学生包围，几乎日日免不了讲演。

此时《颜李学派与现代教育思潮》一文撰毕不久，梁氏的确有可能将文中内容作为底本，付诸讲演。如果确曾在四存学校有过讲演，那么，校方为此将梁文"急印之"，将梁氏视作"校友"，为其品牌代言，也顺理成章。但那紫色铅字"中华民国十七年"的钤印标记，却也因之得不到合理解释，因为如果此讲演本乃于1923年"急印之"，这1928年才钤盖其上的标记又作何理解？

悬疑未解之处，只好留待未来。此外，还有值得一提的是，时至1934年1月，四存学校还将梁启超所著《近三百年学术史》一书中关涉"颜李学术"的部分，摘选出来，编制成书，在校内印发。书名题为《梁任公近三百年学术

《梁任公近三百年学术史·颜李学术之部》

史·颜李学术之部》，这样的
做法很容易令人联想到《私立
四存中学校同学录》中弁于篇
首的，用铜版纸影印的那一幅
"徐大总统肖像"，图注称"创
立本校提倡颜李学术"。

《颜李遗书》，徐世昌题签

　　显然，无论是当年徐大总
统对颜李学说的倾力推崇，还
是梁任公其人其思其著述仿佛
本来即可为这一学说"代为发
明"，在四存学校的校史上，
徐、梁二人无疑都有着极其重
要且显赫的地位——二人乃是
校方十分倚重的，在朝在野、或明或暗的两大金字招牌。

　　此时，梁氏虽已病逝近五年，可四存学校方面仍然将其著述中关涉"颜李
学术"的部分，视作该校办学宗旨"代为发明"的重要观点与精神遗产。在四
存学校方面看来，徐、梁二人，于颜李学说而言，一位是创校提倡，一位是代
为发明，实在是珠联璧合，相得益彰的两位代言人。

陈独秀："废讲义"半途而废

◎蔡元培拟订"八戒"条例，发起进德会

话说1916年底，蔡元培出任北京大学校长（1917年1月正式履职）以来，力主"思想自由，兼容并包"的办学方针，即刻为这所"上承太学正统，下立大学祖庭"的中国名校，注入了积极创新的活力，营造了开拓进取的新风。

蔡氏掌校伊始的1917年，在校内学科与学术建设上，其破旧立新之举，可谓层出不穷，不遗余力。首先是推举《新青年》主编陈独秀为文科学长，并聘请李大钊、胡适、钱玄同、刘半农等新派人物，大力支持新文化运动，"德先生"与"赛先生"也随之被请进了校园，校风学风顿时为之焕然一新。

再者，在蔡氏的影响与授意之下，北大校方相当重视在哲学、美学、艺术等人文修养方面对学生的熏陶与培养，不仅邀梁漱溟讲授印度哲学，还请吴梅讲授古典戏曲，又聘请陈师曾、徐悲鸿等人出任画法研究会导师。种种广纳贤才、革新教学之举，不但对学生个体成长起到了多元多维度的助益，而且更对当时整个社会民众的教育意识产生了深远影响。

北大文科哲学门第二次毕业师生集体合影，时为 1918 年 6 月。合影前排坐者为教员，右起依次为：陈汉章、梁漱溟、陈独秀、蔡元培、马叙伦、陈映璜、崔适、康宝忠，后排立者为毕业生，左起第四位为冯友兰，左七为胡鸣盛；末排左二为黄文弼、左五为孙本文

除此之外，蔡氏还相当注重德育，将北大师生的人格品质、道德操守视作校风学风基础，将德育视作智育、美育之先导，始终予以高度关注。为此，在德育方面，蔡氏有意加以革新，以适应新时代背景之下的大学教育体系。

1918 年 1 月 19 日，蔡氏在刚创办不久的《北京大学日刊》第 50 号上，撰发《北京大学之进德会》一文，从公德与私德的辨析着眼，以"私德不立，公德何在"为原则加以号召，又以"私德不修，祸及社会"为告诫加以劝勉，号召广大师生以身作则，从自己做起，立身修德，既追求个人道德人生观的进步，又推进整个社会道德价值观的进步。基于此公开号召与劝勉，蔡氏决定在北大校内发起"进德会"这一组织，并制定了申请入会的相关条例。这些条例，归结起来，可以简括为"八戒"，即戒除八个方面的败德恶习。

此文一经发表，北大拟办进德会的消息一经传出，校内外即刻产生了较大反响。不久，1月28日，远在上海的《时事新报》《民国日报》也竞相转载此文。约半个月之后，2月3日，《时事新报》更是将进德会的发起，视作蔡氏掌校以来整顿校风的重要新闻，登报阐扬了一番，且还将"八戒"之说，十分简明生动地表述了出来：

北京大学十余年来校风不见优良，教员学生每酣嬉无度，校长蔡鹤卿先生思有以移易之，乃发起大学进德会。以不嫖、不赌、不娶妾为甲种会员。于前三戒外，加不作官吏、不作议员二戒，为乙种会员。于前五戒外，又加不吸烟、不饮酒、不食肉为丙种会员；著为宣言，征求同志，大学校风或可因之一振软。

时至同年3月15日，以"启导国民，联络东亚"为宗旨，当时国内影响最大的百科式期刊《东方杂志》第15卷第3号也转载了蔡氏发起进德会的消息。至此，北大进德会之名，可谓传遍大江南北，引起了社会各界广泛关注。

◎以进德会整顿校风，初见成效

据蔡氏亲自统计，时至1918年5月18日，北大进德会会员已达四百六十八人，决于5月28日在当时的"文科第一教室"开成立大会。约四个月之后，时为1918年9月20日，在这里又举行了北大1918年度秋季开学典礼。蔡氏掌校一年来，推出了哪些革新举措，又即将有什么革新思路，都在这次典礼致辞上作了简要说明。次日，《北京大学日刊》第209号刊发了蔡校长在开学典礼上的致辞：

校长蔡元培先生，原载《国立北京大学廿周年纪念册》

本校开学纪事

昨日，午前九时，本校在文科第一教室行开学式。教职员与学生行相见礼后，蔡校长演说，略言：大学为纯粹研究学问之机关，不可视为养成资格之所，亦不可视为贩卖知识之所。学者富有研究学问之兴趣，尤当养成学问家之人格。本校一年以来，设研究所，增参考书，均为提起研究学问兴趣起见。又如设进德会、书法、画法、乐理研究会，开校役夜班，助成学生银行、消费公社等，均为养成学生人格起见。此皆诸生所当注意者。且诸生须知既名大学，则万不可有专己守残之习。一年以来，于英语外，兼提法德俄意等国语及世界语。于旧文学外，兼提倡本国近世文学及世界新文学。于数理化等外，兼征集全国生物标本，并与法京巴斯德生物学院协商，设立分院。近并鉴于文科学生轻忽自然科学，理科学生轻忽文学哲学之弊，为沟通文理两科之计划，望诸生亦心知其意，毋涉守己守残之习也。

应当说，蔡氏致辞的那一句"大学为纯粹研究学问之机关，不可视为养成资格之所，亦不可视为贩卖知识之所"，约略了解中国近现代教育史、思想史的后世读者，都不会感到陌生。不但不会感到陌生，而且简直可以视为阐发大学宗旨的经典名句，至今仍为世人传诵，更为教育界所熟知。

至于蔡氏后边提到的各项治校革新举措，诸如"本校一年以来，设研究所，增参考书，均为提起研究学问兴趣起见。又如设进德会、书法、画法、乐理研究会，开校役夜班，助成学生银行、消费公社等，均为养成学生人格起见"云云，也颇可见当年北大新风蔚然之势。一如前述进德会，这些举措所产生的校内乃至社会影响，都是可以想见的。

蔡氏致辞之末，称"近并鉴于文科学生轻忽自然科学，理科学生轻忽文学哲学之弊，为沟通文理两科之计划，望诸生亦心知其意，毋涉守己守残之习也"，这乃是预告一项更有着深远影响的革新举措。这项举措特意为打破

北大文科第一教室，即北大第一院旧影，原载于 1921 年印行的《北大生活写真》

"专己守残"的学科壁垒而施行，即破除文理科区分，合并文理科。此举确于1920年得以践行，此次开学典礼所在场地文科第一教室，也因之改称为"第一院"了。

◎陈独秀致辞缘何突发"废讲义"之说

值得一提的是，蔡氏致辞完毕之后，紧随其后的致辞者，乃是当时正叱咤风云于文教界，新文化运动的代表人物，时任北大文科学长的陈独秀。一贯豪气干云、雄风万里的陈氏，对青年学子们又有着怎样的激励？且看《北京大学日刊》第209号上的报道：

次陈学长演说，大意谓：大学学生之目的，可别为三类：（一）研究学理；（二）备毕业后应用；（三）得毕业证书，向第三目的者，必不多。向第二目的者，虽不得谓之大谬，而仅能适合于专门学校。惟第一目的，始与大学适合，既有此研究学理之目的，不可不有方法。方法有三：一曰，注重外国语。以最新学理，均非中国古书所有，而外国专门学术之书，用华文译出者甚少，故也。二曰，废讲义。以讲义本不足以尽学理，而学者恃有讲义，或且惰于听讲也。三曰，多购参考书。校中拟由教员指定各种参考书之册数、页数，

北大文科学长陈独秀，原载于1921年印行的《北大生活写真》

使学生自阅，而作报告。学校无多许经费，以购同样之书数十种，故望学者能节不急之费以购参考书也。

略观陈氏在开学典礼上的致辞，与后世读者对其思想旨趣及讲演风格的一贯印象，似乎大相径庭。陈氏致辞，完全从青年学生的学习主旨与方法着想，并没有一贯的批判现实与激进号召之语，虽仍有明确的劝诫之意，可随之提出的学习方法之类，还是更倾向于学业本身，是相当合乎实际的建议。

不过，也应当看到，陈氏致辞中提出的三大学习方法中，竟有一项为"废讲义"，这实在有些独树一帜的味道，也实在有些令人费解，更令如笔者辈后世读者有些云里雾里，不知所云。须知，北大内部流通的讲义本，实为教员的授课纲要，校内有专门的出版部（组）印制发售。教员编撰、校方印售、学生购置、课堂使用讲义，这在当年的大学生活中，乃是惯常流程，并未见得是什么必须革除的极大弊端。

仅据笔者所见所知，直到20世纪30年代末，至少在"七七"事变爆发之前，仍有北大新版印制的讲义发售；及至抗战胜利之后，北大出版部（组）还在发售各类积压已久的各类讲义。如此看来，陈氏"废讲义"之说并没能最终实现。

另外，笔者以为，陈氏在开学典礼上言之凿凿、掷地有声的"废讲义"之说，恐怕也绝非突发奇想、心血来潮，应当也曾有过一番事前的调研与筹划。翻检《北京大学日刊》，向前追溯，不难发现，早在1918年初，陈氏有过一系列筹划，要在北大内部拟行"废讲义"。

◎"废讲义"曾广征意见，诸教员见解各异

事实上，早在1917年末，陈氏就有意对学生屡有反映的讲义印发不及时，售价过昂，以及不能退换等问题，做一番调研，为采取进一步措施提供决策依据。为此，特意致函北大文科诸教员，先行听取他们对于编制与使用讲义方面的意见。1918年元旦，新年首日的《北京大学日刊》刊发《减发讲义案》，公布了各文科教授对减发讲义乃至"废讲义"的个人意见。

著名学者、历史学家、国学名家朱希祖认为，他所讲授的《中国上古文学史》《中国文学史》仍需用讲义，须待明年（1919）修订完毕，待成书付印之后，方可废止。这样的意见无异于希望维持现状，并不赞同径直"废讲义"之举。

仅就朱氏意见而言，校方内部编印讲义与正式出版教科书之间的转换，只是时间问题，并无本质上的区别。朱氏虽未明言反对"废讲义"，言下之意却相当明了，即，若讲义能最终出版，成为正式教科书，自然是教员与校方皆大欢喜之事；但若讲义因种种原因，迟迟未能出版，为授课必得使用起见，讲义仍当继续编印，并无不妥。

教授《西洋文明史》的著名学者、历史学家何炳松，则只是陈述教学现状称：

苦无相当之教科书，故文预三年级仍用英文原本；若一二两级仍需编印中文讲义，此项讲义随编随印，至来年六月中方可编完。来年暑假期间，当抽暇修改，再行呈请印行……

陈大齐《心理学大纲》，北京大学丛书之二，
1918 年 10 月商务印书馆初版

何氏的这一系列陈述并没有直接回答是否赞成"废讲义"。不过，何氏所言确也表露了当时关涉西方历史的中文教材缺乏，讲义又因"随编随印"存在印制周期过长的问题。另外，仅仅是罗列出北大内部教学体系里这些客观存在的问题，却也在间接表明，各门课程及其教员因其自身特点与教学情况各异，"废讲义"绝不能一概而论，也很难有统一的时间表。

与此同时，表示完全赞成"废讲义"的也不乏其人。著名学者、心理学家陈大齐，就明确表示"极为赞成"，"如能本科一律改用口授，齐所任功课自当停发讲义"。不过，考虑到"骤然停止，恐学生多所要求，不胜其烦"，还是拟将讲义"发至明年三月止"。据其预计，"心理学一项，届时当可修正出版"，意即其所授课的《心理学》即将正式出版为教科书。果不其然，陈氏发表此番意见十个月之后，1918 年 10 月，其著《心理学大纲》由商务印书馆正式出版，乃是中国第一部大学心理学教科书。

与陈大齐的意见相仿，关于"废讲义"的预计时间也一致的，还有著名学者、文学家周作人。周氏明言，"中文第一年级用之《欧洲文学史》，大约下学期末可以编了"，"第三年级则本学年讲了，唯现讲十九世纪，两学期以后则须三学期，故虽讲了，尚须增订大约八月中方可成也"。这样的说法与前述陈氏

北大文科教员胡适、钱玄同、周作人旧影，原载于 1921 年印行的《北大生活写真》

意见相近，意即以前编印及发出的讲义，需要续编增订者不久即可完工；待其完工之后，正式教材也应当随即出版了；故于他们而言，只需稍待时日，"废讲义"之举即可实现。

事实上，与其预计当年八月完工的时间差不多，也是在1918年10月，其著《欧洲文学史》即由商务印书馆正式出版，这是与其兄鲁迅合译《域外小说集》之后"求新声于异邦"的重要成果，也是中国第一部较为系统的、用于大学授课的欧洲文学史教材。

应当说，陈大齐与周作人的北大讲义付诸出版的计划本就及时妥当，恰与陈独秀"废讲义"的思路不谋而合，在这样的情势之下，可谓顺势而为，正当

周作人《欧洲文学史》，北京大学丛书之三，1918 年 10 月商务印书馆初版

其时。也正因如此，正当陈独秀在1918年北大开学典礼上的致辞话音刚落，这两部北大讲义就即刻"摇身一变"，作为当年商务印书馆专列的"北京大学丛书"的两种，迅即付印出版，成为北大文科早期的正式教科书"样板"，陈大齐、周作人遂成为"废讲义"的响应者。

◎钱玄同无法苟同，"废讲义"岂可武断

如此一来，若依常理揣测，作为《新青年》同仁的陈、周二人对陈独秀"废讲义"之举，既然均公开表示赞同且以实际行动支持，那么，一贯活跃异常的新文化运动健将之一的钱玄同，对此革新之举理当表示激赞之意，并高歌猛进一番才对。

然而，事实却并非如此。同为文科教员的钱玄同，发表对"废讲义"的个人意见，较之陈、周等人的意见刊发稍晚了两天。其刊发的篇幅却数倍于诸同仁，显系深思熟虑、冷静权衡的结果。略观钱氏意见，竟然对"废讲义"表示无法苟同，且逐一列举其授课实际情况，来表达在教学中不可断然"废讲义"的基本立场。

原来，因为钱玄同讲授的乃是"古代声韵学"课程，这一课程从其自身的学术研究到教授学生两个层面上，都有着不同于其他文科课程的特殊性。为此，钱氏首先解释并声明称：

弟所授之文字学既无教科书，又无简要适当之参考书，此科又为学生未入大学以前所不习，若专用口讲，学生必致茫然，不解所谓。故油印讲义在本年暑假以前，只能照旧印发。

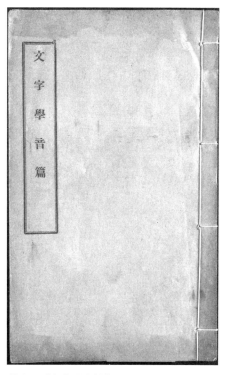

钱玄同《文字学音篇》，正文首页　　钱玄同《文字学音篇》，1918 年 11 月北京大学出版部（组）初版印行，至 1937 年 7 月第六版印行

不但需要"照旧印发"，钱氏还提到要"着手重编"，理由是：

惟弟之讲义均系民国四五年间所编，当时本属草创，兼之随编随教，体例内容之纰缪，繁简详略之失宜，触处皆是。现方着手重编，须至本年五六月间方可告竣，此重编之本，即当付诸排印。

至于这讲义"重编之本"，还分为三个编次，即"声韵""形体""训诂"三编，每个编次又对应不同的年级加以讲授。如此一来，莫说此讲义"重编之本”要付诸出版还遥不可期，即便将来能够出版，也还不如就各年级对应各编次的讲义本，"随编随教"来得方便，也更切合教学实际。

事实上，此讲义"重编之本"的"声韵"一编，后来终于编制为一部名为《文字学音篇》的讲义本，由北大出版部（组）于1918年11月初版。至1924年4月，这部讲义在北大内部已第四次印制；即便在"七七"事变爆发之际，还于1937年7月做了最后一次印制，即第六次印制，可见当年教学使用频次之高。不过，此《文字学音篇》虽有多个版次印行，可自始至终未能付诸正式出版。

◎"废讲义"终未全废，此中况味耐人寻味

反观《北京大学日刊》相关报道，可知"废讲义"之举，来自校内教员方面的阻力之大。1918年上半年，由陈独秀以北大文科学长身份发布的两份校内布告（公函）就很能说明问题。且先来看1918年3月1日的那份布告：

文科教员诸君公鉴：本校废止讲义已有定议。前承诸君复函，亦多赞同，且约以暑假后为实行之期，至为佩荷。惟学生所需参考及教科用书，不可不预为准备。其外国文方面或采用原书或选录付印，希各教授会早日议定办法，交由主任诸君，商同敝处着手进行。其汉文方面，诸君所编成之全书或一部分希速写一定本（写费希由诸君自理，写法直行横行均听便，句读用中式西式均可），于五月一号以前交由敝处送本校编译会审定出版发卖，以为学生教科及参考之用。无论西文中文，凡应得之版权费，概为著作者所有，惟种类繁多或购或印，颇费时日，务希早日进行，以免临时仓卒，莫由应用为祷。专此敬颂

教安。弟陈独秀白。

　　为力争在1918年暑假期间，北大内部能基本"废讲义"，陈独秀特别撰发了上述这篇布告。布告言辞恳切，态度积极，为文科教员出版教材而竭诚服务之意，为文科学生预备用书而未雨绸缪之心，其初衷至诚、用心良苦，皆于字里行间流露无遗。三天后（3月4日），蔡元培的一纸"校长布告"也赫然刊发，再次强调称，"顷学长会议议决，暑假后全校各种讲义一律停发"，这无异于为北大"废讲义"之举再次鸣锣开道，助推添力。

　　然而，事情进展并不像想象中那么顺利，两个月后，陈独秀还未收齐其布告中所言的"诸君所编成之全书或一部分"。时至1918年5月13日，陈氏又撰发了一篇催交讲义的公函：

文科学长致各教员公函

　　文本聚在各科教员诸君公鉴：诸君写定之讲义，希早日赐下，以便付印。所需稿纸由编译会备，有横行、直行两种，存杂务课，可径向取用。此颂教安。弟陈独秀敬白。

　　直至四个月后，在9月20日的北大秋季开学典礼之上，陈氏致辞中再次提到"废讲义"之说，恐怕已是别有一番滋味在心头了。毕竟，此说固然有可圈可点的种种益处，然此举实施之难，只有当时的文教界中人方有真切感受。

◎百年后，北大讲义本中不乏珍本

诚如前述，"废讲义"之举在北大推行起来，并不顺利。北大教员根据自身教学实际，对此都有着各自不同的反应。当然，纵观从减发讲义到"废讲义"的整个历程，虽然因种种原因，未能达到完全废止讲义的预期结果，但从客观上也确实起到了减发、减印、减量的效果。

仅以胡适颇费周折的北大讲义编印事迹为例，就很能说明问题。前边已经提到，于1919年2月由商务印书馆正式出版的那一部著名的《中国哲学史大纲（卷上）》，实为胡适所授"中国哲学史"课程内容的一部分，但并非全部。

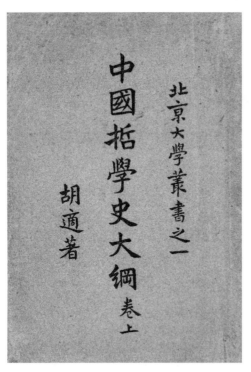

胡适《中国哲学史大纲（卷上）》，北京大学丛书之一，1919年2月商务印书馆初版

由于《中国哲学史大纲》这一著述研究与写作计划都过于庞大，胡适当时校内外事务烦冗，实在没有精力完整写出，故只能抽出卷上部分，匆促付诸出版。等到这部分内容讲授结束，需要继续讲授《中国哲学史大纲（卷中）》部分时，胡适不得不"随讲随编"，仍以讲义本的形式分发给在课诸生。

事实上，1919、1920两年间，胡适的《中国哲学史大纲（卷中）》授课内容，之后再未出版，至今仍只见载于当年的讲义本中。当然，这一讲义本的印量得到了严格控制，符合陈独秀先前倡导的"减发讲义"之原则，并没有在校内公开发售，更没有积存寄售之举。当年可能只是以在课学生数量为限，每授一课即发放此课讲义零散印件，只有坚持修完这一课程的学生，才能将每课发放的这些零页合订为一部完整讲义。

据此推测，这一讲义本当年至多只有数十部而已，百年后几无存世，外界几乎不知其存在。更因这部讲义本的内容长期不为人知，胡适本人或也认为属临时讲义性质，各个方面都尚不完善，对外鲜有提及，生前也未付诸出版。

胡适《中国哲学史大纲（卷中）》，
1919—1920 年北京大学讲义本

至今，《中国哲学史大纲（卷中）》讲义本，《胡适全集》《胡适文集》《胡适手稿》《胡适遗稿及秘藏书信》等诸多权威文献，均未能收入，足见此讲义本流传之少，存世之罕。目前已知传世者仅两部，一部珍藏于台北胡适纪念馆，那是胡适自存自用之物，因其本人随身携带，辗转多年后遂至中国台湾；另一部则或属当年北大学生顾颉刚自存之物，曾流散于日本书肆，后由笔者多方联络，方才购回珍藏。

2013 年，由笔者整理校订的卷中讲义本与卷上内容交由广西师大出版社，

刘文典主编《模范文选（上编）》，1919 年初版，1921 年再版，北大校内印行；封面及版权页

得以合辑出版，这一版本也成为国内唯一一部《中国哲学史大纲（卷上、卷中）》合辑本，为读者与研究者了解胡适早年学术思想，探究胡适早年生平提供了一份殊为难得的新文献。

再如，著名学者、国学家，亦是胡适挚友的刘文典，于 1919 年 9 月主讲并选编的《模范文选》，于 1919—1921 年间，也一直是以讲义本为教材的。这一讲义本当时也未能正式出版，未能成为陈独秀所要求的正式教科书。后因刘氏转赴清华任教，此讲义本遂再未印制，一度"绝版"。至 1937 年"七七"事变爆发，刘氏辗转流徙至云南昆明，在西南联大任教，乃至后来留在云南大学任教，其授课内容中，始终都有"文选"一项，足见此《模范文选》的北大讲义本在其个人学术生涯及教学历程中的重要地位。

　　遗憾的是，百年过往，当年本就印量稀少，更兼一度"绝版"的这一北大讲义，如今已难得一见，即便《刘文典全集》迭经1999年、2013年两次结集（均为安徽大学出版社印行），其间还有2008年的《刘文典全集补编》《刘文典诗文存稿》两部（均为黄山书社印行）作为增补，仍始终未见这一讲义本的任何内容。①

　　总而言之，百年前的北大"废讲义"之举虽未收全功，却在客观上"造就"了一些印量本就稀少，存世量几近绝迹的北大讲义珍本。仅据笔者所知，国内各大公立图书馆几乎均未收藏近现代大学讲义本，也使得这样一种具有近现代教育、学术、思想、出版乃至文化史上都有着独特价值的文献版本，长期以来湮没无闻，流散毁佚。

　　同时也应当看到，近二十年来，已有一些民间藏书者、学者开始逐渐意识到这一文献版本的独特价值，正各尽所能地从事着相关搜寻、整理与研究工作，业已初见成效。在此，笔者仍热切寄望，能有更多人认识到近现代大学讲义本的独特价值，能让当代及后世读者多一个视角，去感知中国教育百年变革的历史细节。

---

　　① 刘文典所编《模范文选》具体情况及部分内容，可详参笔者所著《民国达人印象》，团结出版社，2023年。

蒋维乔:"做卫生哲学的大官"

◎引论:教育厅长进大学讲佛经之因由

整整一百年前,1924年夏,在东南大学哲学系的讲台上,迎来了一位政府高官的讲座。时任江苏省教育厅长的蒋维乔(1873—1958,字竹庄),为哲学系的青年学子开设了一门很奇怪的课程——讲述一部名曰《大乘广五蕴论》的古老佛经之主要涵义。

当然,深究起来,说这是门课程并不准确,这只是蒋厅长公务之余不定期地来校客串的一个讲座。

据说,《大乘广五蕴论》是佛教法相宗的入门典籍,能明白其中的道理者,基本上就算是进入了法相宗的门庭。那么,能进入门庭,又有什么价值,或者说,又意味着什么呢?尤其是那些对于并非佛教徒,或许只是对佛教经典略感兴趣的青年学子而言,蒋厅长的讲学有什么意义呢?

这首先还得从法相宗本身说起。所谓法相宗,是中国众多佛教派系中以法相立宗的大乘佛法派系。法相宗源起于到印度游学十余年而后归国的唐代高僧玄奘，乃是其人全面学习印度佛教理论，全程考察佛陀业迹、了悟佛及佛法之后，创立的有益于修行、修炼、修持的方便之门。法相宗微妙玄通，深邃幽远，普通修习者难以窥其堂奥。唯真正懂佛法、知佛性、明佛理的人，方可得入法门。

有了上述这么一个简要但并不充分的法相宗的基本介绍，普通读者恐怕还是难以理解，缘何这么一个世人不甚熟悉的佛教宗派的学理知识，会在民国初年堂而皇之地进入高校课堂。因此，就有必要再约略介绍一下佛教各宗派在民国初年的公共传播状况，及其在公共知识领域里的基本形象。

蒋维乔（因是子）近影，辑自《因是子静坐法续编》，商务印书馆，1922年3月初版

蒋维乔著《大乘广五蕴论注》

民国初年，千年帝制终于覆灭，革命浪潮席卷各界。在公共知识领域里，各类新思潮、新观念、新学说的革新之势，走马灯似的上下场。对于活跃在这一领域里的中青年知识分子而言，有一部分性好奇趣，心追高远，冥思玄奥的精英分子，也开始重新审视、甄别、汰选佛教各宗派的学理知识。那些市面上普为流行的佛教宗派，诸如净土宗、禅宗、密宗等，因传播途径与修习方式的滥俗，被这部分群体视作堕入庸常化。

净土宗的特点，念佛持戒、修功德、求往生之福等诸种修证途径，在这部分知识分子看来，是普通得近于铁杵磨成针的苦修，本身没有任何奇趣可言。只要不断地吃斋念佛，有钱捐钱，有经念经地坚持下去，这即是净土宗的法门。这样的法门，对这部分知识分子而言，当然是缺乏"技术"含量的，在智识方面的吸引力也近乎为零。

禅宗的特点，有奇异的口头禅、奇特的禅门公案、文采飞扬的禅宗语录等，似乎是不缺乏奇趣的。然而，也正是由于过于奇趣，其核心内容、精神理念似乎并不能被"门外汉"悟得，且已经被宗门内外的"门外汉"搞得玄乎其玄，面目全非了。而且，这样的禅宗经过数百年流变之后，不重戒律与修证，缺乏宗教的庄重与神秘感——几乎人人可以参禅，人人随意谈禅的社会现象，遂令一部分知识分子对这一佛教宗派的知识性与宗教性产生了怀疑与动摇。

密宗的特点，却是神秘过头了。诸如大手印、曼荼罗、欢喜佛、绿度母、白度母、黄财神、金刚杵、嘎巴拉、仁波切等一系列标签式称谓与符号式认知，虽小常为时人乐道，但由于语言转译上的困难，师传口授的唯一性，以及相关经典与其他宗派学理上的无法通融，普通知识分子对此深感困惑，虽不乏心存向往者，但终因门庭高峻，无法涉足。此外，坊间传播的一些对密宗修行方法的误读与歧解，也导致了一部分知识分子的反感与敬而远之。

正是在对以上三个佛教宗派的自觉与不自觉的拒斥中，曾一度远离中土知识分子视野的法相宗，因缘际会，死灰复燃，大有星火燎原之势。饱受欧风美雨洗礼的新派知识分子，和奉迎"德先生、赛先生"的摩登青年一道，重新发现了"唐僧"开创的法相宗知识宝库。他们不会带着佛教内部传统宗派观念，以门户之见去审视这一新的知识体系，只是从内心深处认可这一种无法拒绝的唐帝国宗教哲学的召唤，这种召唤中掺杂着复杂的民族情感、中西哲学比较、宗教美学研究乃至终极关怀等诸多主客观因素。

换句话说，民国初年一部分知识分子热衷于研究法相宗经典，其动机与目的都与佛教徒修习佛经有着本质的区别。这一时期，中国知识分子研究法相宗经典的方法论，是倾向于以西方逻辑学、哲学、心理学来重新诠解；在研究法相宗经典的认识论层面，是有一个西方科学体系的前提为参照物的——这自然与佛教徒的修习绝然不同，就是与以清代及之前的传统文人解读佛经相比较，亦是有着相当差异的。或许，这也正是为什么唐代之后法相宗即湮没于中国佛教宗派之中，却突然于民国初年复兴于国内知识界，且大有高蹈各宗派之上的趋势的根本原因。

时任江苏省教育厅厅长的蒋维乔，也算是民国法相宗复兴中的一位重要人物，至少是一位可称重要的见证者。早在1923年初，其人便应东南大学国学研究会之邀，做带有普及性质的中国佛教宗派及历史的讲演。讲演稿随即被整理成书，于1923年4月，交由商务印书馆初版，书名为《佛教浅测》。是书弁于篇首的"例言"，有这样的作者告白：

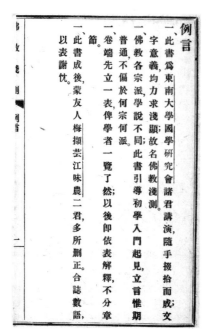

蒋维乔著《佛教浅测》，例言页

蒋维乔著《佛教浅测》，商务印书馆，
1923 年 4 月初版

蒋维乔著《佛教浅测》，版权页

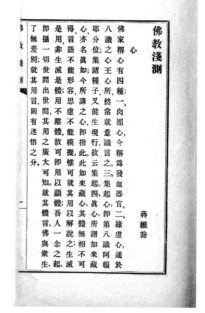

蒋维乔著《佛教浅测》，正文首页

佛教各宗派，学说不同；此书引导初学入门起见，立言惟期普通，不偏于何宗何派。

显然，其人于1924年登上东南大学讲台，以一名政府官员身份大讲法相宗哲学之前，在中国佛教史与宗派知识的普及方面，已有较长时间的铺垫期。当年到东南大学来听法相宗哲学讲座者，恐怕要么曾经听过一些"佛教浅测"之类的基础性讲座，要么至少翻检过《佛学浅测》之类的普及读物。总之，大多数听众是有备而来的，而蒋维乔的讲座也是循序渐进、由浅而深，很有节奏与规划的。

无论如何，蒋维乔在东南大学开讲法相宗哲学这一事件，虽看似有些离奇特异，却仍然还只是那个时代一部分知识分子好奇趣、追高远、思玄奥的秉性使然。

◎ "佛学热"之怪现状

这一事件本身，与纯粹宗教意义上的弘法说教没有牵连，更与当时流行的某某居士自创教派、开宗立说现象毫无关联。虽然蒋氏本人的确曾于1918年皈依佛教，以谛闲法师为师，曾有法名显觉，不过，蒋氏所讲述的经典内容及基本的理论倾向却不与谛闲师的观点相一致，而是以与其师意见相左的太虚大师观点为依托的。

早在1921年，太虚大师于北京广济寺宣讲《法华经》时，蒋维乔前往听讲，对其人其思颇为称许。之后，太虚大师特别在南池子夏宅，为其讲授因明学理论，从此蒋氏于法相宗、因明学这一门庭之中勤加研习，颇有心得。此外，没有佛教徒宗派观念的蒋氏不仅依托于太虚师观点来讲《大乘广五蕴论》，

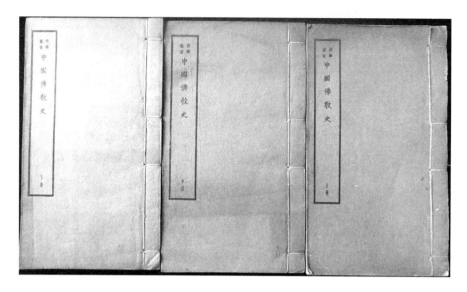

蒋维乔著《中国佛教史》，商务印书馆，1929 年 12 月初版

其人甚至还借鉴了日本僧人了道的著述，并声称自己的这套讲授之法，乃是从其著述中"淘沙取金，得其精要，间加己意"而成。

姑且不论蒋氏有没有资格对佛教中如此高深的经典"淘沙取金，得其精要，间加己意"，仅仅是其先师谛闲，后从太虚，再学日僧，这种行为本身，在一向派系森严的中国佛教界是不可思议且难以接受的。其实，类似蒋氏这种做派的居士，在民国知识界并不少见。一派中斥之为魔者，另一派中往往即是大德。纯粹从理论探索精神而言，纯粹从现代科学精神而言，蒋氏所为恰恰是知识分子尤其是近现代知识分子的本分，因为知识原无界限。

民国初年，知识分子追随佛教的动机与目的颇为多样，绝非以往纯粹的看破红尘、遁出世外，可以举出的例子很多。就在蒋维乔从太虚大师修习因明理论那一年，有一个叫朱谦之的年轻人，意欲追随太虚，要求剃度出家。《太虚自传》的记载称：

朱到杭州，住在我的兜率寺中十余日，特与他谈了一回话。我问他出家底目的是什么，他说要将所有的佛书批评一过，从新整理建设起来。我告诉他：若为此便不须出家，且以不出家为较宜，我可介绍你到欧阳竟无那边去；若真要出家，最少要连书报也不看，去持戒、坐禅四五年。两条路你走那一条？你可细想想再回报我。过了两天，他说愿到欧阳那边去，我写信与他去了。过半年后，我在到天津的船遇到他，那时他已把学佛的心打断，另做别的学问去了。

王一亭作《达摩图》，蒋维乔书《心经》

这个看似是有点动机不纯且并没有深思熟虑的修佛者，其实代表了民国初年大多数追随佛教的知识分子的真实心态。太虚大师将这一事例写入自传，也从侧面反映出其人对民国初年"佛学热"的一种观察与认识。

朱谦之（1899—1972），福建福州人。1916年入读北京大学哲学系，曾与梁漱溟论学，有相当交谊。1921年入杭州兜率寺修习佛学之后，于1923年转赴厦门大学任教。1924—1928年客居杭州西湖，潜心著述。1929年东赴日本，研究哲学。1932年归国之后，长期从事哲学教学与研究工作。斯诺在《西行漫记》一书中，记述毛泽东在北京大学做图书馆助理员时，还曾提到："我常常和一个北大学生，名叫朱谦之的，讨论无政府主义和它在中国的可能性。"

比之朱谦之这样的"后进"，蒋维乔自然是"先进"。作为第一个开讲《大乘广五蕴论》的中国居士，也是第一个敢于将自己讲述法相宗经典的讲稿结集印制成书的政府官员，其人从来都是知识界的程咬金，半路杀出来的三板斧，还总能建功立业。当然，这样的半路"出家"者却又总会成为某些评论者口中的"某某之流"，似乎总嫌弃这人道行不够，眼高手低，还特爱显摆，专挑些莫名其妙的事来干。

由商务印书馆于1924年9月初版的《大乘广五蕴论注》，可能由于所论过于深奥，只是在极为小众的圈子里研习传阅，未能进入当时佛学界、批评界主流，竟然成为蒋氏著述中为数不多的，没有受到"酷评"的一种。不知是纯属巧合，还是因缘际会，在此书出版之际，中国佛教世联会正式成立，蒋维乔的因明学老师太虚大师在被选为首任会长之后，即刻奔赴武昌佛学院开讲大乘五蕴论，其讲座记录被逐步整理，发表于《海潮音》杂志之上。

师徒二人同年讲同一部法相宗经典，而且徒弟先讲，老师后讲，讲课内容若加以比较研究，令人拍案称奇、可圈可点之处一定甚多。当年，国内佛教界主流视野完全聚焦在了太虚讲法这一事件之上，对蒋氏学说并无关注，方才使得这部《大乘广五蕴论注》逃过了口诛笔伐的一劫。

实际上，蒋维乔虽喜谈论讲授法相宗理论，可其人的声名远扬，绝非因为法相宗在国内的复兴。早在十年前，1914年出版的《因是子静坐法》一书，才是令其迎来人生高光时刻的成名作。十年后，来听他讲授法相宗理论的，多半也是十年前的"静坐迷"，至少是读过"静坐法"的。

也正是这本《因是子静坐法》，正是这样一本看似养生学的通俗读物，有人爱得痴狂，有人恨得入骨。推崇拥戴者太多，有以百万计的"静坐迷"，即便一个世纪之后的今天，养生圈子里仍不乏承其遗绪、拾其牙慧者。尖刻批评者也不少，其中文化界以鲁迅（1881—1936）为代表，佛学界以印光（1861—1940）为代表，着实从学理到人格都给予了他一系列空前绝后的"酷评"。

因是子静坐之姿势，及自叙首页

《因是子静坐法》，商务印书馆，1917年3月第八版

◎一个人的静坐史

1900年，时年二十八岁的蒋维乔，正在为"双学位"而奔忙。自二十三

岁先后考入江阴南菁书院、常州致用精舍以来，同时攻读两个学堂的课程，按月参加考试，可谓压力颇大。某日，他突然搁置了学业，"隔绝妻孥，别居静室，谢绝世事，一切不问不闻"，开始闭门不出，开始静坐。

原来，从小体质瘦弱的蒋氏，于十二岁开始的坏毛病——手淫，始终没有革除掉，身心状况一直处于亚健康。和所有青春期男生的生理习惯一样，越压抑越需要，越戒除越渴求，在生理与心理上受着双重煎熬的少年，就这样一直熬过了七年光阴。直到十九岁时，其父洞察出他的病症所在，教授了他一套特别的私人养生术——静坐。

那是蒋维乔青年时代的第一次开悟状态，与其人之后数十年的修习佛经而生顿悟之心的情状又有所不同，这一次，是因为自己的病症出现了一丝从未有过的转机，而发自内心的惊喜使然。其人后来回忆称，那时父亲"有时示以修养心性诸书；又示以医方集解末卷所载道家大小周天之术"，"乃恍然大悟，稍稍习之，病良已"。

从此，他虽然不一定能经常以静坐方式休养身心，但毕竟找到了一个很好的自我疗愈的途径，据其后来忆述称，"自十九岁后，诸病虽未尝离身，而较诸幼年时代，反觉康强矣"。而再一次出现健康恶化的事件，竟然源自一件人生的大喜事——二十二岁时娶妻新婚。蒋氏坦言：

自以为躯体较健于昔，静坐之术，即委弃不复为，而又不知节欲，于是旧时诸疾俱作。

原本没有恒心的少年，沉溺于床笫之欢，又开始出现了极为严重的慢性病症。于是乎，就出现了二十八岁时突然闭门不出，隔绝一切内外联络，开始独守空房，一人静坐的那一幕。

自二十八岁起，蒋氏重启人生，开启了一种纯粹个人生活意义上的静坐生涯。当时，他并没有意识到这是一种可以推广的养生学，也完全没有将其与佛教中的禅定、道教中的内丹学说相联系。这个时候的静坐，是一种简单明了、自然而然的生活经验，是一种因病而引发的个人行为，与知识界、宗教界无关。这样的情形，可以从十四年后，即1914年，其人四十二岁时的忆述获得证实：

初为静坐时，自定课程：每晨三四时即起，在床趺坐一二时。黎明，下床盥漱毕，纳少许食物，即出门，向东，迎日缓缓而行，至城隅空旷处，呼吸清新空气，七八时归家。早膳毕，在室中休息一二时，随意观老庄及佛氏之书。十时后，复入坐。十二时午膳。午后，在室中缓步。三时习七弦琴，以和悦心情，或出门散步。六时复入坐。七时晚膳。八时后，复在室中散步。九时，复入坐。十时后睡。如是日日习之，以为常，不少间断。

上述这段记录，乃是青年时代的蒋维乔，给自己规定的以静坐休养方式的自我疗愈方案。从这一方案中可以看到，随意观老庄及佛氏之书的功课，只是在吃过早饭之后一两个小时之间的消遣而已，并无学术探究可言，还谈不上治学二字，只有一定的陶冶性情之功罢了。

1900年全年，蒋氏基本都按照这个方案里的作息时间来生活，这一年下来，自我疗愈的效果怎么样呢？且看其人忆述中这样说道：

　　庚子一年中，闭户静坐，谢绝人事，常抱定三主义：曰禁欲以养精；禁多言以养气；禁多视以养神；自为日记以课之。自三月至五月，为入手最困难之逆境。五月至六月，始见却病之效。七月以后，功候纯全，每入坐，辄能至三时之久；觉身心俨如太虚，一尘不滓，亦不见有我，其愉快如此。

　　不过，即便"愉快如此"的蒋维乔，也并不能如世外高人一样一直闭关修炼，不问世事。其人还得为生计操劳，于是乎，"辛丑以后，为生计所迫，不得不出而治事"。虽然从此再没有完整的时间日程，来完全实施静坐养生的通盘计划，蒋氏还是尽可能抽出时间来静坐休养，这一次坚持，竟又产生了奇迹。这个奇迹在心理和生理上都产生了巨大震动，在蒋氏后来的忆述中，称其产生了类似于道家修炼内功时的身心体验：

　　迨壬寅之三月二十八日，晨起入坐，觉丹田热力复震，一如庚子之五月。惟曩时之热力，冲击尾闾，此则冲击头顶之后部，即道家所谓玉枕关也。连震三日，后顶骨为之酸痛。余此时毫不惊异，忽觉顶骨砉然若开，此热力乃盘旋于头顶。自是每入坐即如是，亦不复震。

　　这里提到的"壬寅"乃光绪二十八年，即1902年，这一年，在蒋维乔的静坐生涯中，产生了如上所述的奇特迹象。这一年，刚刚过了而立之年的蒋氏，从江阴南菁讲舍肄业。不过，此时的学业本身，于其人而言，似乎已经没有多大吸引力了。此时，蒋氏已经从一个文弱多病的书生转变为一个健身运动爱好者。其人在后来的忆述中，提到此时突飞猛进的体质，有一个鲜活生动的事例：

最有趣味者，壬寅年在江阴与武进陆路，距离九十里；暑假时与一友比赛远足，早晨自江阴起行，午后四时抵武进，步行烈日之中，亦未尝疲乏也。

正是由于精力旺盛、体力充沛，光绪二十九年（1903）春，蒋维乔应蔡元培之约，携妻、子奔赴上海，做起了"义工"。当时，蔡在上海创办爱国学社，附设有男女校，蒋子入男校，蒋妻入女校，蒋本人则在两校任教员。而爱国男女校自蔡校长以次，及教员全为义务职，蒋以一己之力，两校奔忙，全无疲色；而且为谋生计，还为《苏报》写稿。

那时，日俄两国在东北作战，爱国学社组织了"拒俄义勇队"（后更名为军国民教育会），蒋维乔更是身先士卒，在义勇队担任教练。是年苏报案发生，章太炎被捕，邹容自首，蔡元培、吴敬恒、黄中央（即乌目山僧）皆走避，蒋维乔却毫无惧色，仍在爱国女学任教如故。这一年，蒋仍然以静坐方式为个人生涯补养底气，一方面既可平心静气，坐待风云；另一方面又可头脑冷静，静观其变。

整整十年弹指过后，蒋维乔将这些和静坐有关的私人经历、个人心得，汇编成《因是子静坐法》一书，正式出版发行。那一年，其人还在商务印书馆主持和编辑中学及师范学校教科书。

《因是子静坐法》一书自1914年初版以来，畅销全国各地以及欧、美、东南亚诸国，再版数次。直到1918年师从谛闲法师之后，从师修习天台宗止观法门的蒋维乔逐渐品悟到，依据小止观及释禅波罗蜜次第法门，旁及他种经论，在佛教理论指导下的静坐之法，似乎更有修行上的品格与智识上的品位，于是附以己意，又编成了《因是子静坐法续编》。

　　作为理论增订版与学术加强版的《因是子静坐法续编》，再次受到市场追捧，全国上下，静坐养生，蔚然成风。也正是在这时，时任国家教育部参事的蒋维乔，屡屡成为舆论焦点。静坐不再是一个人的生活经验，也不再完全是公共传播的养生学说，而一跃成为一种文化现象，乃至成为一种文化观念上的争论，被频频推至民国初年的公共知识领域前台。

《因是子静坐法续编》，"趺坐式"附图

《因是子静坐法续篇（编）》，商务印书馆，1925年4月第五版

◎鲁迅指摘"鬼话"及"一位大官做的卫生哲学"

看过《朝花夕拾》一书中所辑《父亲的病》一文的读者，都会对四处奔走为父亲寻找药引的少年鲁迅记忆深刻。鲁迅父亲最终死于当地两名庸医手中，且"药能医病，不能医命"的庸医口头禅，实在是令人深恶痛绝。于此，也就不难理解，在之后的岁月中，鲁迅缘何对所谓国粹，尤其是中医之流，始终是报以冷嘲热讽、不屑一顾的态度。

既然中医已经成为鲁迅的一块心病，静坐养生之流则更不可宽恕。于鲁迅而言，这无异于坐以待毙的疗法，还加入了许多封建迷信、乱七八糟的骗人玩意儿，尤其让人难以接受。更不可思议的是，《因是子静坐法》自1914年初版以来，多次印刷，到1918年居然还增印了续编，大有愈演愈烈之势。

时为1918年10月15日，《新青年》第5卷第4号上，鲁迅撰发《杂感·三十三》，文中提到一位讲"卫生哲学"的"大官"，有这样的描述：

现在有一班好讲鬼话的人，最恨科学，因为科学能教道理明白，能教人思路清楚，不许鬼混，所以自然而然的成了讲鬼话的人的对头。于是讲鬼话的人，便须想一个方法排除他。其中最巧妙的是捣乱。先把科学东拉西拉，羼进鬼话，弄得是非不明，连科学也带了妖气；例如一位大官做的卫生哲学，里面说——"吾人初生之一点，实自脐始，故人之根本在脐……故脐下腹部最为重要，道书所以称之曰丹田。"用植物来比人，根须是胃，脐却只是一个蒂，离了便罢，有什么重要。

　　按照以上摘引内容来看，那位好讲"鬼话"，做"卫生哲学"的"大官"，无非是以半古文的方式谈到了丹田的重要性。如果道家养生修炼之法中向来强调的"丹田"一词及其概念，在那个唯西方文明马首是瞻的时代，确实有点落后的话，那么，或许在那个时代的新青年群体眼中，以半古文腔调谈论丹田的"大官"，确实是太过顽固守旧，太不与时俱进了。如果从这一视角去考察鲁迅批评的"鬼话"，尚可从推进白话文、革除陈旧文法与保守思想的层面去理解。

　　不过，细读一遍之后，就会发现，针对这位"最恨科学""带了妖气"的"大官"，鲁迅所要批判的重点，并不在于其人观念落后、思想保守，而在于其人似乎在主动出击，用看似符合现代科学理论的"新瓶"，去装那些"带了妖气"的所谓"卫生哲学"。这样看来，鲁迅对这位"大官"之"杂感"，已经完全不在思想辩证、观念论争的层面上了，这位好讲"鬼话"的"大官"，简直就是一位人格败坏、精神腐朽的现代酷吏了。

　　鲁迅在文中提到的，"吾人初生之一点，实自脐始，故人之根本在脐……故脐下腹部最为重要，道书所以称之曰丹田"云云，应当是摘引"大官"所撰原文，而"用植物来比人，根须是胃，脐却只是一个蒂，离了便罢，有什么重要"云云，则是鲁迅自己对生命科学的一番理解，要以此来反对丹田论。

　　略经翻检，可知鲁迅所摘引的原文，出自《因是子静坐法》一书。不过，并非是纯粹照搬，而是对此书前两个章节主体内容的一番概括式表述。且看书中"原理篇"的第一个章节"人类之根本"，全文①如下：

---

① 原文仅有圈点断句，今施以通行标点。

老子之言曰："夫物芸芸，各复归其根。"此言万物之各有根本也。相彼草木，由胚而芽，由芽而干枝茎叶；畅茂条达，小者寻丈；大者干霄。问其何以致此，孰不曰根本之深固乎？盖草木之根本敷畅，斯能吹收土中之养料，以运行于干枝茎叶，而遂其生成，此人人所能知也。然则人类之生，几万亿年，发达至今；自其大者观之，亦万物之一耳，既有生命，必有根本，无可疑也。草木之根本，人人能知之能道之；人类之根本何在？则知之者鲜矣。虽然，不难知也；物之生，其始皆为细胞，人由女子之卵细胞，与男子之精细胞，结合而成胎；犹草木之胚也。胎在母体中，其初生也，一端为胎儿，一端为胞衣，而中间联以脐带；孕育十月，至脱胎以后，而脐带方落；以此推之，可知人类胎生之始，必始于脐，脐即为其根本。培养草木之根本，则以肥料溉壅之；培养人生之根本，当以心意之作用溉壅之。静坐者，即使吾心意得行其灌溉之时也。

从这一类似全书开场白的"老子之言"，可以体察出作者所秉持的道家论调。当谈及自然与生命规律的种种心得时，基本都套用了"老子之言"来予以联想与阐发。这样的解说，乃略有国学修养者，通常都会采用的行文与言论方式，于一般读者而言，有无共鸣或稍嫌拖沓，都是正常感受，无可厚非。这里原本并无"鬼话"，更谈不上什么"妖气"。

至于鲁迅针锋相对、直接指摘的丹田论，似乎也并非不成立。在是书"原理篇"中接下来的第二个章节"全身之重心"中，作者所表述的见解虽然引用了道家养生理论，但并没有独尊丹田，甚至还表示放弃使用这一称谓。

因为作者本人早已预见丹田一说容易引起误解，还为这个古典意味浓厚的养生学名词更名为"重心"，使之更富于科学性与通俗性，更能符合现代读者的口味。不过，此番更名之后的一个世纪里，事实证明这样的更名并不成功，"丹田"仍然是沿用至今的、至为重要的中国养生学名词之一。由此可见，作者并非"最恨科学"，反而有意要将一些现代科学概念加诸旧学传统之中，力图将旧学古语现代化并普及，这或许就是鲁迅眼中的"捣乱"与"带了妖气"。

关于更新丹田之命名，作者用心良苦，在"全身之重心"一章中屡陈其新名旧义，且看原文如下：

人生之根本在脐，吾即言之矣。古之有道之士，盖早知之，故有修养丹田之法。丹田者，亦名气海，在脐下腹部是也。顾吾之为是书，意在发挥平素之心得，以论理的记述之，绝不愿参以道家铅汞之说，故不取向者丹田之名称，而名之曰重心。物理学之公例，凡物重心定则安；重心偏则倾；百尺之塔，凌云之阁，巍然独峙而不欹者曷故？曰惟循重心之公例故。悲哉世俗之人，不知反求其根本，而安定其重心；终日营营，神明憧扰，致心性失其和平，官骸不能从令，疾病灾厄，于焉乘之，殊可悯已。静坐之法，浅言之，乃凝集吾之心意，注于重心之一点，使之安定。行持既久，由勉强几于自然，于是全身细胞，悉皆听命，烦恼不生，悦怿无量。儒家之主静，老氏之抱一，佛家之禅观，命名各异，究其实，罔非求重心之安定而已。

◎楔子一：蔡元培与北大静坐会

蔡元培与蒋维乔二人在民国初年长期频繁通信，二人于公于私的交谊颇深。在这些通信中，蔡氏对蒋著《因是子静坐法》《废止朝食论》俱执赞赏之

词。早在1915年4月27日，蔡元培复蒋维乔的一通信札中，可知《因是子静
坐法》一书初版之际，蔡氏已有相当程度的关注与赞赏：

> 先生《静坐法》行世后，又曾编《废止朝食论》，近又编《长寿哲学》。此
> 事既引起研究者之兴味，且实行之者，屡有治愈宿疾之效，则必能以渐广行。
> 身心关系之密切，近日科学家益多发见。先生所谓先从卫生上着手救济，而后
> 智、德有所附丽，弟亦甚以为然。

一个多月之后，1915年6月，由上海商务印书馆初版的《废止朝食论》，
同样引起了蔡元培的高度关注与浓厚兴趣。收到蒋氏赠书之后不久，蔡元培即

《长寿哲学》，蒋维乔译述，1918年5月初版

蒋维乔《废止朝食论》

刻将对此书的"读后感",抒写一番,专函回复:

　　叠奉六月十三日及廿二日惠书,敬悉一切。承赠大著《废止朝食论》,敬已拜领,谢谢。弟等虽常本老氏"为道日损"之义,以应用于饮食、衣服、居处等之处置,以为人文进化,则人类思想界之工作,日趋复杂,不能不简单其享用之所资,以为调剂。然于饮食一项,颇以为同量之食品,分为有规则之多次,较善于少次之并食,故到欧洲后,亦循普通习惯,一日四食为常,明知其废时,然以为为卫生起见,不得不尔也。

　　今读大著,始知卫生之道,正在少次,且晨间枵腹治事,正不虑其疲困,此诚闻所未闻。当以渐试验之。弟前此所以欲读此书者,因次儿柏龄,每当晨八时以前,欲赴校课,因早起不能纳食物,虽牛乳亦不过勉喝几口,不免作呕。弟等以为不食而赴校,至午刻始餐,恐其太疲,使携少许饼干等,以供校中充饥之需,则彼又不愿。正在进退无据之际,一闻朝食可以废止,以为得一解决之方法矣。

　　今读大著,于十五岁以下之儿童,谓之绝对不宜,则却非柏龄所

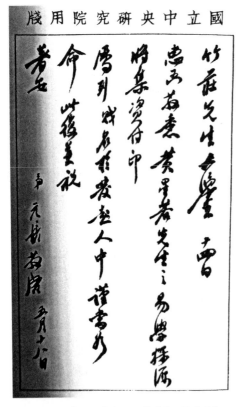

蔡元培致蒋维乔信札,原载《蔡元培全集》

能实验（柏龄现仅八岁有半）。然少食亦复不妨，间食必不可犯，则渠享大著之益，亦已多矣。谢谢。

上述两通复信皆写于蔡元培身在法国之时。当时，蔡氏正与李石曾、吴玉章等发起组织华法教育会，在法国倡导勤工俭学，希望以此组织帮助更多华人到欧洲求学。如此异国奔忙、交际繁杂之际，蔡氏对蒋著表现出来的浓厚兴趣，以及在信中娓娓道来、孜孜探研的诚挚态度，绝非一般意义上的著述受赠者所表达的出于礼貌应酬式的泛泛之言。

在第二通复信中，蔡氏以自己的日常饮食习惯，乃至其次子柏龄的早餐与校课时间有所冲突的私人生活问题，来与蒋著《废止朝食论》的基本观点相比照与验证，这样亲切无间的通信研讨方式，非私交密切者不能办到。

至于第一通复信中，蔡氏称"先生所谓先从卫生上着手救济，而后智、德有所附丽，弟亦甚以为然"之语，意即后来文教界所倡导的学生应德智体全面发展之论，蔡氏对此已有略微不同的个人见解，即应以"体"之健全为先，依序为"体智德"全面发展才更为可行。这也为其归国后执掌北大之际，迅即在校内筹建并开办静坐会，埋下了伏笔。

时为1917年11月23日，《北京大学日刊》第7号刊发了一则"校长布告"，文曰：

本校现拟设一静坐会，以为卫生进德之助，凡各学科学生有愿入会者，务于本月二十四日以前，亲赴各该科教务处报名可也。此示。[1]

---

[1] 原文无标点，今施以通行标点。

约三个月之后，时为1918年2月19日，《北京大学日刊》第71号之上，所载北大静坐会即将开展首次活动的启事如下：

静坐会报名诸君鉴：现在蒲团均已购置，可以开始静坐，望公推代表若干人，草定简要办法，送蒋先生审定以便克期实行。

这里提到的"蒋先生"，正是蒋维乔。四天之后，即2月23日，其人致蔡元培校长的通信也被《北京大学日刊》登载了出来。且看信文如下：

子民先生鉴：阅大学日刊，知静坐会将成立，弟因部中公事多在下午发生，不便日日走开，故拟指导静坐时间能在上午八时至九时最妥。如虑与他课冲突，改在午后五时半至六时半，或晚间八时半至九时半，特先奉告，请斟酌。又，现在高等师范办法以三个月为一期，此其中即以拙著为教本，讲毕后即讲冈田、藤田两派之异同，即为完了。再续招第二期，所讲如前，亦以三个月结束至普及全校为止。然后合为一大班，开讲第二期功课，所课者为"长寿哲学"，至此第二期又一结束。开讲第三期功课，则以儒家、道家、佛家之修养法一一比较研究之，方为完毕。此弟所拟之程叙也，并供参考。《陆军监狱静坐记》一篇附呈台阅，此请大安。二月二十日。弟蒋维乔谨启。

据蒋氏信中所述可知，关于静坐指导时间，须尽可能不与其在教育部工作时间相冲突，故特别预设了好几种时间安排，提请蔡元培参酌。

尤为重要的是，信中还提到当时在北京高等师范学校，已经聘请蒋氏专门开设了关于养生学的课程，分三期教授，第一期的教材正是《因是子静坐法》。至于此书教授完毕之后，"即讲冈田、藤田两派之异同"，这部分内容却并不在《因是子静坐法》的早期版本之中，至少在蒋氏于1918年2月20日复信蔡元培之前这段时间里的各个印本之中从未发现，这又是怎么回事呢？

◎楔子二：《因是子静坐法》版本考

仅据笔者所见，自1914年10月26日，是书初版以来，至1915年2月27日第三版，7月27日第四版；1916年7月第七版，1917年3月第八版，均为铅印线装本。翻检这些早期版次的印本，书中附录部分仅有《因是子先生传》《咏怀五首》，一为自传文，一为自咏诗，诗文各一种，并无"冈田、藤田两派之异同"的相关内容。

另据查证，至迟从1918年12月第十版开始，此书装帧方式一度改为小开本的洋装本，更便于随身携带，随用随读。

此书的洋装本随后又印行了1919年6月第十四版、12月第十五版，1920年6月第十六版，1922年11月第十八版，1923年10月第十九版，1924年9月第二十版等多个版次。虽然洋装本究竟印行了多少版次，目前尚无法精确统计，但通过逐一翻检这些已知版次的印本，至少可以明确两个关键的版本信息，一是洋装本与线装本的内容，几乎完全一致，没有太大的差异；二是正文之前的配图，略有差异，洋装本的早期版本中，一度出现过蒋氏赤裸上身，盘腿静坐的照片，题为"因是子静坐之姿势"，后来又改换为着中式衣衫的静坐照片。

总而言之，在《因是子静坐法》一书的这些早期版本之中，无论是1918

年之前印行的各个版次的线装本，还是1918年之后印行的各个版次的洋装本，均没有出现过"冈田、藤田两派之异同"的相关内容。那么，蒋信中所提及的这部分内容，要么当时还只是存在于内部印行的"讲义本"之中，要么就理应出现在是书的"订正版"之中了。

此书的"订正版"，即《订正因是子静坐法》一书，可能于1917年末（12月14日之后）至1918年初（2月20日之前）这段时间里初版印行。因为笔者至今尚未寻获这一版本，故只能依据书中弁于篇首的蒋氏撰于"民国六年冬月"（1917年12月14日至1918年1月12日）的"订正叙文"，推知此书初印时间约为1917年末至1918年初。

《订正因是子静坐法》，"因是子近影"附图

《订正因是子静坐法》

又据此书附录部分新增的"静坐法问答选录"中，录有"北京高等师范学

校^①学生"之提问，可以进一步推知，这一问答内容应为蒋氏在北京高师授课之后所采集。至于蒋氏在北京高师授课时间，"静坐法问答选录"中也有所交代称：

北平高等师范学校于民国六年冬，由陈哲甫先生组织静坐法练习会，请蒋竹庄先生，逢水曜日莅校指导。入会学生，约五十人。

据此可以推知，《订正因是子静坐法》一书，初版时间至早不会早于1917年末，因采集这一系列北京高师学生提问及蒋氏答语，尚需待其授课之后一段时间，方可实施。再者，书中并未收录在北大静坐会期间的问答录^②，故此书初版本于1918年初印成的可能性进一步增大。

尤为重要的是，此书附录部分新增者，还有《日本提倡静坐法者冈田藤田二派之比较》一文。此文恰与前述蒋氏信中所言"即讲冈田、藤田两派之异同"云云相契合，故再次确证此书印制时间应为1918年初。

据此揣度，此书或曾一度被用作北京高师或其他学校的"教本"。也即是说，《订正因是子静坐法》一书看似只是《因是子静坐法》一书的"订正版"，但绝不同于一般意义上的"订正版"，这一版本早期可能有着高校内部"讲义本"的功用与地位。

---

① 学校的前身为1902年创立的京师大学堂师范馆，1908年改称京师优级师范学堂，独立设校，1912年改名为北京高等师范学校。1923年复又更名为北京师范大学，成为中国历史上第一所师范大学。因北伐之后，北京改称北平，《订正因是子静坐法》一书在1930年代的多个版次印本，随之将书中所印"北京高等师范学校"的称谓径改为"北平高等师范学校"。

② 蒋氏主持北大静坐会期间的问答录，最早见载于《北京大学日刊》第93号，1918年3月16日印行。

若《订正因是子静坐法》一书的初版时间确为1918年初，那么，仅就笔者所见，此书至1930年4月，已印至第二十二版；1933年3月复有"国难后第一版"，1939年9月为"国难后第五版"，1941年4月为"国难后第六版"，至1947年6月，已印至"（国难后）第九版"。此书的畅销与长销，由此也可见一斑。

再者，《订正因是子静坐法》一书附录之《日本提倡静坐法者冈田藤田二派之比较》一文，其核心内容，不久也由蒋维乔译述出来，形成了专著《冈田式静坐法》，于1919年11月，仍由商务印书馆初版。此书至1931年2月时，已印至第七版，虽较《因是子静坐法》《订正因是子静坐法》的流行程度确实稍逊，不过作为蒋氏静坐法曾经有所参考，并从中获取过重要启示的一种海外早期静坐养生之法，此书在国内亦属常销书籍之列。

综上所述，可见《因是子静坐法》与《订正因是子静坐法》这两个版本看似只是在时间上一前一后的原版与修订版之分，实则二者乃是两个相对独立，有着各自特点与地位的版本。因二者在附录部分的内容差异，且后者在早期版次上可能有着"教本"作用，以及前者通行于1914年至1920年代，后者通行于1930至40年代的公共传播状况，都已表明，这两个版本确实有着相对独立的版本属性。

除此之外，还有《因是子静坐法续编》，此书为1922年3月初版。笔者已见版次还有1922年6月的再版本，1923年2月第三版，同年12月第四版；1925年4月第五版，1927年6月第六版，1933年3月"国难后第一版"，1934年8月"国难后第二版"，至1936年11月，已印至"国难后第四版"。

是书弁于篇首的"叙例"，将此书与起初编著的，已然印行了十余个版次的《因是子静坐法》，在编撰旨趣、缘起以及修习方法上的根本差异，做了十分明确的交代与说明。且看原文①如下：

是书虽名《因是子静坐法续编》，然其内容，则与前编截然不同。盖前编是道家方法，此编是佛家方法也。

道家方法，足以却病延年，不足以超脱生死（虽亦有成道之说，实不过福报较长，未能出生死轮回），惟佛家方法，下手即以超脱生死为目的，却病延年，乃其余事，所以为最尊最胜之法。

余在民国三年著《因是子静坐法》时，虽喜翻阅释典，实未得其门。至民国六年，第二次至北京，方专心学佛。抛弃昔年之静坐法，改习佛家之止观法，屈计修持不过四五年，实无心得，可以告人。故余之本意，尚不愿撰此续编，今之为此，盖有不得已焉。

余之不得已而著此书，有两种原因。一者属于自己方面。盖前编出板（版）以后，行销已及数万册，学者甚多，投函质疑，络绎不绝。近如各省，远及南洋，几无处无学习之人。苦于不能将余近数年之经历，一一告之，故不得不藉文字以达近年来之思想。二者属于他人言面。人之见过我书而未见其人者，大率以为必是老道一流人物。闻余学佛，以为必另是一人。如梁漱溟君，著《唯识述义》，未审余之前后历史，于其序言中，剧下判断曰："蒋某好谈佛法，但我看他的著作，实在是醇乎其醇的外道思想。"并世相识之人，尚隔膜如此，故同志之友人，皆常常督促，以为必须著一续编，以释外闻之疑。梅光

---

① 原文仅以顿号、句号断句，今酌加整理，施以通行标点，文中双行小字注语部分一律改以括号标示。

《订正因是子静坐法（正续编合订本）》，
著者造像

義、徐文爵二君，促之尤力，乃于今夏暑假期内，草成此编。

是书依据"小止观"及释禅波罗蜜次第法门而作，旁及他种经论，附以己意，而用显浅之文字达之。稍深之方法，亦多不采，务期学者易解易行。若欲求全豹，则原书具在，可以覆按。

物质的科学，可以用客观证明，至精坐是精神事业，只有主观可以自证。若用语言文字，诏告他人，全在十分忠实，不可有丝毫妄语，以惑世乱俗。今之修此道者，往往喜说定中种种神奇境界，学者受其诱惑，贻害匪浅。余则修持三十余年，所可言者，只是入坐后，恒能达一心不自己在之境耳，并无神奇可说。或者闻余此言，又以为有所秘密，不知余向来主张一切学术，应公开研究，乃极反对秘密者。（至佛教密宗另是一事，非世俗所谓"秘密"）学者应知静坐决非以求神奇为事，即果遇神奇，亦宜舍之，不可取着，以堕魔境。况乎未有神奇百侈言神奇，以炫人耶。

此稿成后，蒙梅光義、徐文蔚二君，多所是正，合志于此，以谢嘉惠。

通览是书目录，可见佛学气息确实浓厚。从第一章"静坐前后之调和工夫"之第三节"调伏三毒"始，以佛家方法来指导静坐养生之意，已初见端倪；第二章"正修止观工夫"，似已入禅定境界；第三章"善根发现"，似神游净土世界；第四章"觉知魔事"，似要寻求克服心魔的辟邪正法；第五章"治病"，则又返归到祛病延年的尘世欲求；第六章"证果"，又仿佛是要回到佛家因果之核心学说，来重新演绎一番。至于第六章之后附录的"佛学大要"，则似乎应当列置于诸章之首才对，因为读者恐怕只有初步知悉了这"佛学大要"之后，方才有可能以佛家方法来指导静坐养生。

果不其然，后来这一章"佛学大要"，确实单独抽出，由天津华北印书馆代印，制成了一本小册子，在北京、天津佛经流通处，俱有发售。至于蒋氏后来撰著出版的《佛教浅测》之类，也大略是这样的"佛家方法"入门指南式的小册子。

时至1948年10月，以《订正因是子静坐法》为"正编"，《因是子静坐法续编》为"续编"，《订正因是子静坐法（正续编合订本）》仍交由商务印书馆初版印行。至此，蒋氏前半生的道家静坐法，与后半生的佛家静坐法，合二为一，读者终于可以一窥全豹了。

◎印光大师隔山打牛

话说民国初年，与国内各界知识分子及居士群体交往颇多，被高鹤年居士发现并推荐出来的印光大师，从1919年开始接收皈依信徒。作为净土宗理论的弘扬者，其言论颇为时人所重，其人谈论佛理、讲授佛法的文章、信札不计其数，多次出版。在这些信札和往复论学的文章中，向其问法与辩难的知识分子可谓多如牛毛，唯独没有蒋维乔与之来往的信札。

在1919年印光回复居士们的信札中，有一通回复给丁福保居士（1874—1952）的信札，编号已经达到了第十八，可见二人来往之频。无独有偶，作为当年与蒋维乔同入江阴南菁学院的丁氏，也是一位笃信养生学的探索者与践行者，其人也特别推崇静坐养生学说，而且可能还于蒋氏学说之外另辟蹊径，为此写信求教于印光。印光的回信，却对丁氏热情满怀的"静坐法精义"颇不赞同，严辞厉句予以指斥，恍如一盆冰水当头泼下，给来信求教者浇了个透心凉：

《佛学大辞典》，丁福保编纂

丁福保编著《静坐法精义》，约1920年初版

宏扬佛法，不宜以道家炼丹运气之事与之并存。恐彼邪见种性，援正作邪。则欲令受益，而反为受损也。

在谈到儒家也流行静坐养生时，印光则认定此举因袭禅法，却自变名目，窃为己有，仍然是不得真宗：

儒家论坐论参究本体，全体取禅家参究之法而变其名目。且又绝不言及佛法。虽则造诣高深，于己于人皆有利益。然以袭人之善以为己有，其于诚意正心之道，致成罅漏，不禁令人慨叹。

研究佛学时小影，丁福保存照

对丁福保本人以道家方法参究静坐之学，印光更是一针见血，严厉批评道：

以阁下之博览，尚袭道家谬解，而直以为所缘之境。足见宏法参杂，有误人处。

实际上，与印光谈论静坐，遭受冷遇与指斥的还远非丁福保一人。在《印光法师文钞三编》卷三"复徐紫昆居士书"中，印光特别提到了好谈静坐学说的"某君"，信中这样写道：

所言某君，乃炼丹运气之流。既云皈依三宝，固当置此种工夫于度外。

印光认为，只要是佛教信徒，就不应该再去修习什么静坐学说。虽然其人也承认，"念佛之人，非不静坐"，但同时强调，"静坐仍是念佛"，"彼谓静功有效，盖是说运气有效"，这样的说法与修习佛法完全背离，可谓"邪说"。印光奉劝徐居士，不要受到"某君"的邪说困扰，不厌其烦地指出这样做的极大危害：

印光法师及其弟子

汝不知彼所说之静功为何事，故令续做。若依正理，既修净业，当依佛教。若兼修之，则邪正夹杂，或致起诸魔事。以外道炼丹，冀其出神，倘存此念，其害不小。若论炼丹，亦非无益。然其宗旨，与佛法相反。……佛令人将此幻妄身心看破。彼令人保守此幻妄身心（出神，即妄心所结成之幻相）。彼既信愿念佛，当依净土宗旨。如其以炼丹为事，又何必冒此净土之名乎。

从印光回复徐居士的这通信札中可以更加明确地看到，同时代佛教界内部主流群体对静坐学说的基本态度就是一律否定与拒斥，认定静坐养生之说不但于笃信佛教、矢志修佛之人毫无益处，而且还相当有害。

在《印光法师文钞三编》卷三之"复杨佩文居士书"中，印光所表达的态度更为坚决，对再谈静坐者几以妖魔鬼怪视之。信中直接指出，杨居士推崇静坐养生乃是无知的表现，"不知其为炼丹运气养身体，以期其延年益寿，妄冀成仙之法耳"。市面上流行的静坐养生之法，"所言静坐用功，皆是用运气之功。绝无佛法气分，妄谓此为佛法。譬如以鱼目作真珠而宝贵之，谓为奇珍"。

为此，信中进一步强调，读到过印光本人著述者，如果还在施行静坐养生之术，即为外道。信中有这样的决绝评判之语：

    及见光文钞，虽能老实念佛，究竟不肯弃舍炼丹运气之法，犹然谓此为佛法。口虽念佛，心中仍然注重外道。而外道皆以种种境界神奇鬼怪惑人。若阁下既知佛法，尽情弃舍先所修之炼丹法。则心中正念昭彰，如杲日当空，何有魑魅魍魉兴妖作怪之事。

印光在信中苦口婆心地劝慰杨居士，认为只要现在放弃静坐，或还有救：

    汝心地正大光明，彼妖魔鬼怪，自无存立之地。由阁下以邪作正，平常妄欲得神通，得先知，故惹起魔鬼，于汝身中妄现妖相。虽汝邪正不分，尚未全认作魔鬼之妖相为是，尚有可救。

随后，印光还给出了戒除静坐之法的具体步骤，在信中指示道：

    从此以后，将从前所做之工夫，完全丢脱，不存一丝一毫之宝贵心。至诚恳切生信发愿，念佛求生西方。必须身口意三业，专注于修持净业上。阁下能依此而修，管保业障消灭，福慧增长。现生优入圣贤之域，临终直登极乐之邦矣。

痛斥、棒喝与苦口婆心，印光对当时已泛滥于佛教信徒群体中的静坐学说，可谓深恶痛绝，痛心疾首。作为以禅净合流，以净土宗总摄各派的一代佛学大师，印光面对好养生保命、喜延年益寿的中国佛教居士群体深感无奈，只能在一通又一通的复信中，反复强调其坚决反对静坐的立场与态度，一次又一次地劝阻这些在家修习佛法者，尽可能摆脱静坐之说的思想控制。

在中国原生宗教——道教千百年来的文化蕴藉中，滋生衍化而来的佛教居士群体，事实上根本不可能达到印光心中的佛教徒之纯正标准。佛、道两教的千年融合与纷争早在《维摩诘经》中就得到了十分形象生动的解释与展现。以维摩诘为代表的居士禅修世界之中，即号称"智慧第一"的文殊菩萨也无可奈何；面对居士禅学里天花乱坠、不拘一格的自由思想，即便是可以智慧高明到可以给其他菩萨授予认证的文殊菩萨，也只能无可奈何，更何况一个民国时代的净土宗僧人——印光。

据粗略统计，在《印光文钞》中所收录的，答复居士们相关静坐学说的信札，就有数十封之多。那些痛斥、棒喝与苦口婆心的施教，为世人留下了一位坚守佛教根本理念的一代高僧形象。不过，对中国居士文化心态与国民文化顽固性的疏离，注定了这些严苛标准下的佛教说教，始终只能起到隔靴搔痒、隔山打牛的作用。印光始终拒斥的炼丹运气之流的"某君"，累世不乏其人，而绝非只是蒋维乔一人。

◎静坐者的尾声："实则我仍是一线到底的"

《因是子静坐法》一书的附录中有"佛学大要"一章，"炼丹运气之流的某君"在这里明确阐释了自己于佛教、佛学的真实看法：

各宗派别虽不同，而其教人背妄归真之修行旨趣，则皆共赴一的。如入城然、或由东门入，或由西门入，或由南门入，或由北门入。所取之径路不同而其到达于城则一也。

蒋维乔晚年存照

更为令人意想不到的是，文中竟然还为当时已不为知识界看重的净土宗鸣冤叫屈：

> 大抵学界中人，于净土法门，最难取信。余在曩昔之时，亦犯此病。虽喜看佛经，以为只须当作哲学研究可耳。其实学佛，重在修持。不修持，于我之身心，了无益处。

如此这般力挺净土宗，不知印光大师闻见此语之后，又将做何感想？

时至1947年，七十五岁的蒋维乔从贡噶上师学大手印法，转向佛教密宗修习。关于其人数年来对各个佛教宗派的追随与转变，书中有这样自问自答式的解释：

> 或有人问，你学佛的法门，忽而显教，忽而密教，违反一门深入的途径，不是太夹杂了吗？哪里能得到成就呢？我说不然，我虽学种种方法，始终不离"定功"，目的无非要它帮助我的定功深进。学大手印，定功就由浅入深，人家看我好像有些复杂，实则我仍是一线到底的。

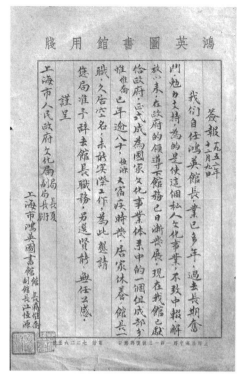

蒋维乔请求辞去鸿英图书馆馆长的公函，1952年12月9日

十年后，"一线到底"的蒋维乔，仍然以静坐的方式，结束了其追求平静而实不平静的一生。据说，时至1958年6月，已八十六岁的蒋氏，当听到家人告知其已被判定为"右派"时，当即声称"我不想活了"，转身就上了私人练功的小楼。待家人上楼寻找时，已然逝世，悄然辞别了这纷扰无休的尘世。

这样的辞世之法，不知道是不是类似坐化，不禁令人联想到其人曾语：

试想人生于世，虽寿有修短，总不过数十寒暑。庸碌者虚度一生，即杰出者能作一番事业，尽世间之责任，然若问吾人究竟归宿应如何，人生最后之大目的应何在，鲜有不猛然警醒，而未易置答者。

死后既没能得到"骨头最硬"的高度评价，或者也没能在骨灰中淘出什么"舍利子"来的蒋维乔，径以这样"一线到底"的方式，回答了那个"未易置答"的"人生最后之大目的"。至此，也终于完成了一个知识分子功利或非功利性质的智识探索夙愿——在静坐中养生如是，在静坐中待死亦如是。

章士钊："原是红楼梦里人"

◎小引："和平三老"中的"红楼梦里人"

在1949年的上海《寰球》杂志（第4041期）上，曾刊登过一张被称为"和平三老"的合影图片。那是上海和平代表团颜惠庆、江庸、章士钊三位老先生，共赴南京向政府当局请愿，表达上海人民热切期待和平，亟盼国共和谈

上海和平代表团颜惠庆、江庸、章士钊（左起），与吴国桢市长（右一）在机场合影，原载《寰球》杂志

的心声，事毕后于3月2日由南京飞返上海时，与当时的上海市长吴国桢在机场的合影。

几乎与"和平三老"的合影刊发同步，1949年4月23日的上海《东南日报》之上，又刊发了一篇看似有些调侃章老，类似趣说掌故的小文章，题为《原是红楼梦里人》。文章极其简短，只写了一段话，统共也就三句话：

章士钊编《甲寅杂志》时，先自署笔名为"秋桐"，不料被国学大师章太炎先生看见了之后，大加嘲笑，说士钊竟袭用了《红楼梦》大观园中贾家侍妾之旧名。太炎先生是章士钊生平所最钦服，口口声声称之为"吾家太炎"或"家兄太炎"的（其实太炎先生是余杭人，和湖南章家并未联宗）。他的话不能不特别尊重，于是立即改"秋"字为"孤"字，变成为"孤桐"了。

这样一篇没有署名的短文，三言两语，即刻揭穿了章氏曾经改署笔名的老底。作者仿佛知根知底，绝非信口胡诌的模样，一下子跃然纸上，大有言之凿凿，如假包换的气势。

其实，关于章氏改署笔名的故实，这样的说法，只是其一，且已流传坊间多年，并非什么新鲜上市的大新闻。只不过，关于这一故实在公共媒体上的公开表述，这篇没有署名的短文，可能是20世纪上半叶的最后一篇，也确实代表着某种坊间认定的说法。

◎"老虎总长"启用新笔名之故实

据考，章士钊曾使用过青桐、秋桐、孤桐三个笔名，因此时人谓之"三桐"。大约在20世纪20年代中后期，章氏将曾使用多年的笔名秋桐一律改署为孤桐。至于为何改署，坊间一直流传着多种说法，一度众说纷纭，莫衷一是。不过，归结起来，大致有三种较为通行的说法，一为因胡适建议改名，一为经章太炎指点改名，还有一种则据说是章氏自己有所感悟而自行改名。

姑且不论这三种说法之中，哪一种更接近于事实真相，仅仅是翻检一下当年见诸报刊的各类相关掌故，便可知这三种说法都曾一度流行且有不少信从者，还真难以即刻定夺孰真孰假，孰优孰劣。

在此，不妨将这三种说法逐一胪列梳理一番，再从中细致探究，章氏改署笔名这一个人事迹，何以在当时成为广泛关注的公共事件。

整整一百年前，时为1924年，北京段祺瑞政府邀请当时身在上海的章士钊北上，出任司法总长；次年4月，又兼任教育总长一职。上任伊始，章氏即宣称要整顿学风，宣布大学统一考试，合并北京八所大学，引起了教育界人士及青年学生的强烈反对。这一年4月9日，各校学生聚会请愿罢免章氏，一时闹得满城风雨。经此冲击，章氏不得不辞职返沪，后经段祺瑞劝挽，乃复任司法总长之职。

同年7月，章氏复刊其早年创办的《甲寅杂志》，更名为《甲寅周刊》，以此刊为思想阵地与言论平台，明确表示反对新文化运

段祺瑞政府要员集体合影，第三排左起第二人为章士钊（圈示）

北京学生攻击之目标：司法兼教育总长章士钊，原载《国闻周报》第2卷第18期，1925年5月17日

动，摆出一副要与整个北平文教界的新文化阵营对决的架势来。7月底，章氏再度出任教育总长，继续"整顿学风"。手执当局"尚方宝剑"，强顶各方压力，章氏下令撤换了一批持反对意见的大学校长。8月1日，又派出武装警察护送北京女子师范大学校长杨荫榆到校就职，旋即下令解散女师大，公然镇压爱国学生运动。当时，鲁迅就因声援学生运动，也被章氏从教育部开除，后来二人还对簿公堂，一度闹得沸沸扬扬。

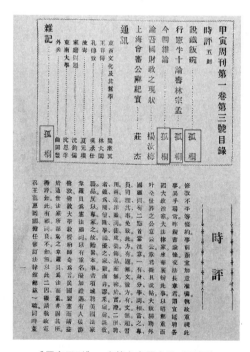

《甲寅周刊》，多篇文章署名为"孤桐"

《甲寅杂志》，封面署有"秋桐先生主撰"字样

因章氏主办的《甲寅周刊》封面绘有一虎，加上其本人管理国内文教界的强硬做派，时人遂称之为"老虎总长"。正是在这样一本令其声名远扬，也可以说毁誉参半的刊物上，章氏以新署笔名孤桐，替代早年笔名秋桐，开始以此笔名大量撰发文章。这一迹象看似平常，实则另有隐情。

◎传闻之一：章士钊听从胡适建议改署笔名

须知，章氏署用秋桐这一笔名，至少可以溯至1912年，当时章氏主持《民立报》，以秋桐之名撰发过大量时政评论类文章，一时文名大噪。其后，章氏主编《独立周报》《甲寅杂志》《甲寅日刊》时，也均署用秋桐这一笔名。至此，秋桐之名见诸南北各大报刊，或为章氏本人的署名文章，或为评述章氏文章之人所征引，"章秋桐"之名频频现世，可谓世人皆知。

仅就笔者所见，早在1914至1917年间，章氏直接以秋桐为名的启事，就曾在上海各大报刊刊发过多次。诸如"秋桐启事：《甲寅杂志》出版"，"秋桐白事：《甲寅杂志》续刊预告"之类的广告，屡屡见诸报端，足见当年"章秋桐"文名之著，以这一名号来为杂志创刊或续刊广为宣传，招徕读者，实在是情理中事。

署名为"秋桐"的章士钊启事，与《甲寅杂志》创刊启事，原载上海《时事新报》，1914年4月10日

应当说，值此"老虎总长"执掌文教大权，复刊《甲寅杂志》，新办《甲寅周刊》以壮声势之际，章氏理当重新启用秋桐这一笔名，自有借重原有盛名，进一步扩大社会影响力的效用。可是，据传因胡适指出秋桐实为《红楼梦》中贾琏之妾名，不宜用作笔名，章氏竟即刻听从了这一建议，将笔名改作"孤桐"。

关于这一桩章氏立改笔名的逸事，胡、章二人生前均未提及，却在文坛内外流传已久。据笔者查证，最早持论此事且公开撰发文章者，是署名为"公旦"的《故都忆旧录》系列随笔连载中的一篇《章行严之外号》，于1931年7月26日刊发于北平《实报》。此文撰发时间最接近于《甲寅周刊》复刊时间，作者身居北平，熟谙掌故，且行文平实有据，可以据此认为文中记述的内容是比较符合历史实情的：

章行严（士钊）先生新旧学识均富，颇似胡适之，惟素不作白话文耳。先生道貌昂然，但不如斗方名士之不修边幅；襟间常挂自来水笔，但又不似欧化博士不说中国话耳。曾一度创办《甲寅杂志》及《甲寅日报》，因政变停刊。段祺瑞任临时执政时，恢复《甲寅杂志》，易名《甲寅周刊》，编纂责任，先生自负之。彼时先生曾任教育总长，旋任司法总长，人有"老虎总长"之称，与克里孟梭之"老虎总理"，中外媲美。惟克氏得"老虎"之称，系指其性质而言，先生之得称"老虎"，乃指其总长兼主编《甲寅周刊》而言，寅属虎，故有此称也。先生在周刊上之署名，初为"秋桐"，胡适之谓秋桐乃《红楼梦》上贾琏之妾名，但先生从未读《红楼梦》，故不知之，旋乃易"秋桐"为"孤桐"云。

上述三百余字的短文，将章士钊仪态风貌，以及"老虎总长"称谓之由来，皆简明扼要地娓娓道来，令同时代乃至后世读者对章氏这段生平履历都有了比较平实清晰的了解。

不过，文中所指章士钊"先生在周刊上之署名，初为'秋桐'"，这一事迹与史实略有不符。事实上，在《甲寅周刊》创刊号上，章氏笔名已改署为孤桐了，并不存在什么"初为'秋桐'"的情况。同年7月，上海《时事新报》所刊《甲寅周刊》创刊号的广告上，曾有这样一句说明：

兹第一卷第一号已于七月十八日出版，孤桐先生（即秋桐）撰述独多。

可见，在《甲寅周刊》创刊之际，章氏确已改署笔名孤桐了。只是为了便于读者尽快知悉这一新笔名，遂在广告中又加上了"孤桐先生（即秋桐）"的特别说明。

值得注意的是，此文作者署名"公旦"，即周公旦，原名周济艰。据查，周氏长期活跃于北京（北平）新闻界，乃当地资深报人。早年曾主编《黄报》，又曾任《飞报》①编辑，1929年尚在《北京画报》及中央通讯社任记者。综合这些因素考虑，周氏所撰《章行严之外号》一文，应当有较高的可信度。

◎传闻之二：章士钊自己有感而发改署笔名

关于章氏改署笔名乃听从胡适建议的说法流传坊间三年之后，又有另一种

---

① 此报为北京早期小报，办刊时间仅五六个月，不是1946年在上海创办的《飞报》。

说法，见诸报端。有人撰文声称，章氏改署笔名实为个人自感自为，并无他人之力，这一说法似乎也能自圆其说。只是因为这一说法在公共传播中缺乏噱头与看点，流传并不广泛，恐怕只是在一些有相当文学修养，对此亦心有戚戚焉的读者，才会产生一定的共鸣。

据查证，这一说法最早出现于1934年12月28日的杭州《东南日报》之上的一篇题为《章士钊之三桐》的短文。此文的可贵之处，除了提供这样一种有别于坊间流行说法的视角之外，还捎带出了章氏"三桐"笔名的来龙去脉，对充分了解章氏改署笔名的历史背景，亦有相当参考价值。

章士钊少时在长沙东乡的老屋里读书，庭前有桐树两枝。西南隅的一枝少桐，皮青干直，士钊日夕倚徙其间。不觉油然生爱，以桐有直德，便隐然以少者自况。复喜白香山有"一棵青桐子"的诗句，因自号曰"青桐子"。后来客英伦，其友杨守仁笃生因自恨不得与黄花岗之役，发愤蹈海死。士钊旅居无憀，黯然有秋意，感于诗人"秋雨梧桐"之意，遂易"青桐"为"秋桐"。及至段氏执政，士钊入阁为教育部长，因欲整顿学风，合并八校，被学生所辱，驯至毁其住宅。士钊事后察知学生所为，系有力者负之而趋，未可深究，则知而不问。而独居忽忽不乐，因吟白香山《孤桐》诗曰，"直从萌芽拔，高见毫末始。四面无附枝，中心有通理。寄言立身者，孤直当如此。"因又易"秋桐"为"孤桐"焉。此为士钊"三桐"变迁之大略，亦富有历史意味者。

同样是三百余字的短文，与前述《章行严之外号》一文篇幅相当，但行文着力于章氏本人生涯，关于章氏"三桐"笔名变迁的记述也更为集中。显然，此文作者所持观点，章氏笔名由秋桐改署孤桐的历程，纯属自然而然的个人境遇触发而成，并无他人建议。

◎传闻之三：章士钊听从章太炎指点改署笔名

又过了十年，关于章氏改署笔名的另一种说法又浮出水面。称章氏改署笔名，实因听从章太炎指点的说法，于1946年7月24日，以《章士钊笔名记趣》的篇名，发表在了上海《铁报》之上。

原本，章士钊本人早年确与章太炎结义于爱国学社，那时二人志同道合，以《苏报》为思想阵地，开展反清革命活动。两位章氏名士，早年确为结义兄弟。

1903年，就读于江南陆师学堂的章士钊，罢学闹革命，加入了蔡元培主持的爱国学社。在此结识了章太炎、张继、邹容，四人义结金兰。仿效《三国演义》中的桃园结义，四人以年纪长幼排定座次：后来成为国学大师的章太炎为大哥；日后纵横于律政界，政坛上也曾叱咤风云的章士钊为二哥；最早提出"联省自治"，后被尊为国民党元老的张继排行老三；年纪最小，当时仅十九岁，已写出名噪一时的《革命军》的邹容排行老四。

应当说，这四位当年的"革命青年"在结义四十余年后的1946年，无论是历史背景还是政治语境，无论是个人际遇还是时人评价，都已翻天覆地，时过境迁。当时，邹容、章太炎早已逝世，张继也已步入暮年（次年底于南京病逝）；唯有章士钊一人，可谓"水流云在"，尚有前景可言。

当时，章士钊从抗战期间蛰居的陪都重庆回到上海，入同济大学法学院任教，并续任律师，又出任国民政府参政会参政员，仍活跃在国内政治舞台之上。包括上海《铁报》《时事新报》在内的大小报刊，关于章氏行踪、生平、言论的相关报道层出不穷；章氏自撰的忆往论今的诗文《孤桐韵语》，也开始在《铁报》上不定期连载。在这样的情势之下，有人抛出"义兄"章太炎指点其改署笔名的说法：

章士钊笔名记趣
健　公

现任参政员章士钊先生，以古文家兼政论家，又为中国研究逻辑学最早之一人。章氏字行严，过去的笔名叫"秋桐"，而后来则易为"孤桐"了。

章氏之由"秋桐"而改为"孤桐"，这中间尚有一段小典故。

最初，章氏主编《甲寅杂志》，亦即所谓"老虎杂志"与夫"老虎总长"之由来，所写文章，大都用"秋桐"笔名。后来被他家太炎先生看见了，笑谓他说："秋桐"二字，是《红楼梦》上丫环的名字，我看你还是改了吧。因此，章氏从善如流，遂改用"孤桐"二字，盖太炎大师亦章氏平日最所景仰的人物也。

于此可见章氏虽长于伦理，法律之学，并且善于摹拟柳厚之文乃至桐城义法，但对于中国的旧小说，兴趣似乎不大浓厚，尤其是缺乏了胡适之所谓"考据癖"，遂有与曹雪芹小说中人名不约而同之佳话也。

此文仍是约三百字短文，又是一番新见。文中提到章太炎称，"'秋桐'二字，是《红楼梦》上丫环的名字"，指点章士钊不要再用"秋桐"的笔名，这一说法与十五年前那一篇《章行严之外号》一文中，所提及的胡适指出秋桐实为《红楼梦》中小说人物贾琏之妾名，不宜再用作笔名的说法，如出一辙。除了将当事人胡适换作章太炎之外，这一说法本身并无新意可言了。

　　这《红楼梦》中的秋桐本是贾赦的丫环，后来赐予贾琏做妾，所以无论是胡适称秋桐为妾名，还是章太炎称"秋桐"为丫环名，并以此为据来建议章士钊改署笔名，应当都是熟读过《红楼梦》者，顺理成章的做法。所以，乍一看，无论是后来公认的"新红学"开创者胡适，还是一代国学大师章太炎，对《红楼梦》里的人物，应当都是再熟悉不过了；由他们来促使章士钊改署笔名，确实也都存在着可能性。

　　不过，这胡适建议改名之说，毕竟要早于章太炎指点之说达十五年之久，仅从传播时间而言，前者的可信度自然要高于后者。

　　除此之外，本文前边已经提到，1925年7月，《甲寅周刊》创刊之际，章氏首次改署笔名孤桐，并在同期的上海《时事新报》广告上有所说明。一方面，若是在此前不久经章太炎指点方才改署，那么此时章太炎本人在上海，身在北平的章士钊要与其晤面，亲聆指点的可能性总是要小于同在北平的胡适。另一方面，若是章太炎指点时间早于1925年，缘何至今并未查获早于这一时间的章士钊改署笔名的相关证据呢？

章士钊：与胡适的交锋与交往

◎从章士钊与胡适合影说起

2013年末，一张章士钊与胡适的合影照片，亮相于北京某国际拍卖公司秋拍，受到许多藏家与研究者关注，最终以人民币69万元的价格落槌成交。这张照片以及章、胡二人的交往一时成为国内社会各界热议话题，也一度引起了笔者探研的兴趣。

据考，1925年2月初，章士钊与胡适在一次宴会上不期而遇，饭后便一起照了这张合影。相片洗印出来，章士钊在相片背后题了一首白话诗送给胡适：

你姓胡，我姓章，你讲什么新文学，我开口还是我的老腔。你不攻来我不驳，双双并坐各有各的心肠。将来三五十年后，这个相片好作文学纪念看。哈哈，我写白话歪词送把你，总算是老章投了降。

适之兄，章士钊，十四，二,五

题诗后还有章氏附言：

吴弱男看我写完大笑不止，写完此句，弱男更笑。

这里提到的吴弱男（1886—1973），安徽省庐江县人，是章士钊元配夫人，中国国民党第一位女党员与著名女权活动家。据题诗附言可知，章氏在合影上题诗之后，还在家中传阅了一番，

胡适与章士钊合影，及二人题词

想来当时不乏诙谐亲切的氛围。胡适对章士钊所题写的白话诗也颇感喟，在相片边框处题了一首七言诗酬答：

"但开风气不为师"，龚生此言吾最喜。

同是曾开风气人，愿长相亲不相鄙。

　　　　　　　　　　　适，十四，二，九

一张合影使胡、章两位名人的影像存留，且二人各有手迹，自然价值不菲。然而，关于章、胡二人的交往史事，无论怎么梳爬文献，确实是寥寥无几。

就目前已知的基础文献考察，《胡适书信集》①中竟无一通胡适致章士钊的信件；《胡适来往书信选》②中也只选录了两通章士钊致胡适的信件。《胡适日记全编》③中关涉章士钊的内容很少，亦不足为研究之据。

好在《胡适遗稿及秘藏书信》④之中，尚辑有章士钊致胡适信件六通，其中两通已为《胡适来往书信选》选录，其余四通尚未有录文披露，或正可从中管窥章、胡二人交往史事。书中所辑第四通章信，恰与二人合影事有关：

适之兄：大安。相片四张奉上，账已算过，请勿烦心。惟其中二人合照一张，弟有题词，兄阅后毋捧腹。兄如作一旧体诗相酬，则真赏脸之至也。奉请撰安。

弟士钊　五号

据此信可知，章、胡二人合影印成后，1925年2月5日当天，章在相片背后题写了一首"白话歪词"之后，又写成了这封信，一并寄与了胡适，嘱其题诗以酬。这不仅再一次确证了二人合影题诗的具体时间，似乎也表明胡、章二人在1920年代，已然没有什么"白话与文言"之争了，二人并未因为文学理念与学术观念上的差异，产生什么私人交往上的嫌隙了。简言之，章有主动示好之意，胡亦有亲切修好之情，看上去二人关系还不错。

① 《胡适书信集》，北京大学出版社，1996年。
② 《胡适来往书信选》，中华书局，1979年。
③ 《胡适日记全编》，安徽教育出版社，2001年。
④ 可详参《胡适遗稿及秘藏书信》，第33册，黄山书社，1995年。

◎合影照片曾有两张，另一张存胡适处

最早记述这张合影照片的乃是胡适的友人章衣萍（1902—1947）。章著《窗下随笔》[1]记有数则文坛掌故，其中一则即为"章士钊与胡适之照相"[2]，不但记载了合影一事，还将相片上的二人题诗内容也记录了下来。

值得注意的是，章著中所记述的题诗与如今拍卖者有所差异：

《窗下随笔》，北新书局，1929年12月初版

章士钊做教育总长，办《甲寅周刊》，反对白话，提倡旧道德时，有一天，曾和白话始祖胡适之先生同照一相。后来，章在相片上题了一首诗送给胡。

双双并坐，

各有各的心肠。

将来三五十年后，

这个相片好作文学纪念看。

---

① 章衣萍《窗下随笔》，北新书局，1929年12月初版。
② 详参《窗下随笔》第79—80页。

哈哈，我写白话歪词送把你，

总算老章投了降。

胡也题了一首诗送给章：

"但开风气不为师"，定庵此语是吾师。

同是曾开风气人，愿相敬爱毋相鄙。

从章衣萍的记述来看，比之拍卖的那张照片，章士钊在相片上的题词少了前半截，且末句少一"是"字。而胡适在照片上的题词也有着明显差异，如第二句"定庵此语是吾师"，末句"愿相敬爱毋相鄙"。

如果章衣萍的记述确切无误，出现这一情况的原因，可以推断有两种可能，一是曾有两张题诗存在差异的照片，分别存世（章士钊、胡适二人各一）；二是章衣萍看到的这张照片，应当是胡适所存的那一张，因某种原因，一直少为人知（《胡适日记》中亦未记述）。由此可见，拍卖的这张合影，只能是章士钊保存的那一张了。

曾给胡适做过私人"书记"（抄录书稿），且以"我的朋友胡适之"为口头禅的章衣萍，对文坛掌故采摘颇勤，记述篇幅长短不拘，多有可观之处，当年随笔结集，销量尚可。因其与胡适的亲近关系，所记述的文坛掌故中自然多有关涉胡适者。《窗下随笔》书末有章氏自己写的跋文（作于1929年12月6日），就明确提及："《窗下随笔》一半录自十年前在北京为'博士'做书记，每千字得二角五分钱时所作日记，所以其中关于'博士'的记载特别多。"

1929年11月13日，章衣萍还致信胡适，称其在上海病卧家中，"每天睡卧之余，写随笔若干则自遣"，"月余又成一小册，已交北新付印，名《窗下随笔》。出版后当寄呈一阅"①。由此可知，《窗下随笔》出版之后，因章衣萍的即刻寄赠，胡适极可能很快就看到了此书。

胡适，1925 年存照

然而，1933年2月，由神州国光社初版的章衣萍《随笔三种》所收入的《窗下随笔》中，却删除了"章士钊与胡适之照相"这一则。试想，如果胡适看到过《窗下随笔》，这删除之举极有可能正是其授意。那么，这或许就表明，胡适对与章士钊合影之事，不愿再向外界提及。

◎合影一个月之后，胡适质问章士钊

时为1925年3月11日，北京《晨报》刊发了一封胡适等人致章士钊的联名公函②，大有公开质问之意。且看报道原文如下：

何不拘留倪道烺　胡适等质问章士钊

胡适等昨日为倪道烺案致函章士钊，质问检厅何以不拘留倪道烺。章当有函答复。原函照录如左：

---

① 信件原文可详参《胡适遗稿及秘藏书信》第33册。
② 此信未被《胡适书信集》《胡适全集》收入；由台北"胡适纪念馆"编印的，于2018年正式出版的《胡适全集·胡适中文书信集》中也未收录，或为佚信。

章士钊，1924 年存照

胡致章函

行严司法总长鉴：顷闻姜案凶犯倪道烺，于本月五日下午二时，别因事故，为京师地检厅票传到厅。查倪道烺一犯，早经京师总检厅通缉在案，现该犯既经票传到厅，何以该厅不依照通缉令，立予拘留，归案讯办？同人实深诧异。事关国法存废，义难坐视。为函请贵部，迅饬主管法庭，将该犯依法逮捕，以雪沉冤。不胜迫切待命之至。胡适，张贻侗，陶行知，邓以蛰，李辛白，李文艺，丁绪贤，余之风。

章复胡函

胡张陶邓李李丁余诸先生同鉴：奉示敬悉。查倪道烺一案，本部因江西法院，进行迟缓，经令总检察厅，将南昌地方检察厅，关于该部分之检察职务，移转京师地方检察厅，依法办理。该厅为实施侦查起见，乃票传倪道烺到案，并非别因事故。来函尚似未明本案真相。至通缉命令，依刑事诉讼条例第五十八条，系对于逃亡或藏匿之被告而发，一经到案，通缉令当然失效。且倪道烺在京既有一定住址，更有法定手续，妨其逃逸，法厅自可随时据法票传，有何依照通缉令之必要？又检察官对于被告人，虽有羁押之权，但依刑事诉讼条例第七十四条所定，系被告经讯问后，于必要时得羁押之谓。是案内被告人究竟应否羁押，检察官本可自由裁量。该厅因倪道烺既缴纳相当之保证金，且具有相当之铺保，并经派定法警，严加监视，不予拘留，于法尚无不合。来函以该厅不依通缉令立予拘留云云，亦似误会。承嘱饬厅将该犯依法逮捕之处，于法无据，碍难照办。方命之愆，惟希鉴谅。此复，顺颂日祉。章士钊。

　　胡适等学者信中提到的"姜案凶犯倪道烺"，乃是指五年前在安徽主政期间镇压学生运动的政客倪道烺。倪道烺（1879—1951），字炳文，安徽省颍州府阜阳县人，安徽督军倪嗣冲（1868—1924）之侄。倪嗣冲攫取皖权，任安徽督军期间，指派倪道烺在蚌任皖北盐务局督办，颇得赞赏。倪嗣冲病重期间，又将督军公署一切公文核批、人事任免等，都交由其子倪幼丹与倪道烺处理。倪道烺就此一跃而为安徽省军政界中的实力人物。

　　民国十年（1921），为进一步攫取权力，倪道烺擅自挪用教育经费，为其叔父倪嗣冲在蚌营造生祠（即倪公祠），遭到学生集会抗议。同年6月2日，省会安庆的学生举行游行示威，声讨正在安庆开会的倪道烺等当权者。倪恼羞成怒，唆使军阀马联甲派兵镇压，当场打死学生姜高琦，酿成"姜案"惨剧。社会舆论为之大哗，强烈要求惩办凶手。当时的北洋政府也为此事下令通缉，倪不得已避居天津租界。

　　1925年3月5日，倪道烺曾"别因事故，为京师地检厅票传到厅"，但并没有被即刻拘押，而是任其离京赴津。消息传出，自然激怒了胡适等早已关注"姜案"的学者，为此联名写了公开信一封，以示抗议。当时，章士钊为段祺瑞政府的司法总长，胡适等学者向其公开致信，自然是要求政府当局对此事予以明确表态，要求最高司法部门对此事有所交代。

　　精通法律条款、熟谙司法程序的章士钊，以司法总长的身份，迅即对胡适等人的公开信予以回复。复信的内容是完会以法律条款与司法程序来申明此举合法合理，并无不当之处。复信措辞谨严，逻辑严密，可以说滴水不漏，无懈可击。无怪乎，胡适等人的公开信抗议事件并无下文，对此只得暂时偃旗息鼓，无可奈何。

◎合影两个月之后，胡适再度质问章士钊

或许是章士钊出任司法总长之后，各方面表现均令段祺瑞感到满意，抑或是暂时找不到更适合的人选，就在公开答复胡适等人的公开信一个月之后，章氏又兼任教育总长一职。

上任伊始，章士钊即宣称要整顿学风，宣布大学统一考试，合并北京八所大学，此举引起教育界人士及青年学生的强烈反对。4月9日，各校学生聚会请愿罢免章氏。章氏遂辞职赴沪，后经段祺瑞劝挽，乃复任司法总长之职。

此时，胡适等人又给"章法长"出了一道难题。1925年4月17日，《京报》刊发了一通胡适等人致章士钊的联名公函①，请求其撤销"管理新闻营业规则"：

自《管理新闻营业条例》颁布后，最近学界一部分人士，为此事致函章法长。请其将该项规则提出阁议撤销。兹将原函照录如下：

行严先生：北京报界因受现行法令之束缚，近已一再要求政府废止出版法。一般社会方日盼废止该法之明令。迺据报章所传警厅，径以警察厅命令颁

---

① 此信未被《胡适书信集》《胡适全集》收入；由台北胡适纪念馆编印的，于2018年正式出版的《胡适全集·胡适中文书信集》中也未收录，或为"佚信"。

布一种管理新闻营业规则，该项规则不特内容严酷，而以警厅厅令颁布，尤为任何国家之所无，并为中国现行任何法令之所不许。

依照该项规定，人民发行报纸杂志或办理通信社，不特事先须呈报官厅，并附有预得官厅许可，预缴执照费，及取具铺保数家等条件，而凡学校学生并不得充任报纸或通信社发行、编辑、经理、印刷等职务。此项取缔，不特变更现行出版法，抑现较曩昔之报纸条例变本加厉。（中略）复次，现时临时政府执政于就职之始，既以明令声明凡从前法令除与临时政府抵触或有明令废止者外，一概有效。则警察总监之颁行，任何规则，自亦应以现行法令为依据。（中略）先生为素信自由主义之人，可否由先生毅然将此项规则提出阁议，议决撤销。敬候裁夺，并盼复示。如因先生之奋斗，复使此项规则及出版法俱归消灭，则全国言论界与思想界将俱拜先生之赐矣。专此敬颂政安。胡适，陈源，钱玄同，王世杰，张凤举，周作人，周览，丁燮林，李宗侗，张奚若，唐林，林玉堂，皮宗石，屠孝实，李书华，沈兼士，单不庵，徐炳昶。

胡适等人致章士钊的这一通联名公函，直指当时段祺瑞政府的严苛的新闻审查与管理制度，是试图以法论法，据理力争新闻自由的公开抗议。除了胡适领衔牵头之外，钱玄同、周作人、林玉（语）堂、李宗侗、沈兼士等大批知名学者的表态，已呈群起而攻之的态势，对时任司法总长章士钊予以了强大的压力，使其在司法界、言论界、思想界、学术界、教育界各个方面腹背受敌。

至于章氏是怎么应对这封公开信的，笔者尚未查获相关文献，只得暂时搁置。虽无文献史料佐证，不过仍然可以揣度，比之前述对倪道烺所涉"姜案"公开信的处理态度，他的应对态度可能要更强硬一些。

事实上，因段祺瑞政府的支持，章士钊于同年（1925）7月复刊《甲寅杂志》（改月刊为周刊），以此刊为思想阵地与言论平台，明确表示反对新文化运动，摆出一副要与以胡适等人为代表的整个新文化阵营对决的架势。7月底，章氏再度出任教育总长后，撤换一批持反对意见的大学校长，派出武装警察护送北京女子师范大学校长杨荫榆到校就职，解散女师大，镇压爱国学生运动，一度闹得沸沸扬扬。

在章士钊的强硬态度下，北大师生针对性地掀起了"脱离教部"运动，坚决抵制"整顿学风"运动。以胡适为代表的一部分教授，虽然对章氏言行也深感愤慨，但为确保北大内部稳定团结，确保学校教学活动正常运行，也不愿看到学校卷入政治斗争。

为此，持这一意见的胡适等教授联名发表"致北大同事公函"，公开申明："我们认为学校为教学的机关，不应该自己滚到政治旋（漩）涡里去。"继而也进一步强调：

我们对于章士钊氏的许多守旧的主张是根本反对的。他的反对国语文学，他的反对新思潮，都可证明他在今日社会里是一个开倒车走回头路的人。他在总长任内的许多浮夸的政策与轻躁的行为，我们也认为当反对。

至于如何表达反对意见，如何实施反击举措，胡适等人主张：

尽可用个人的资格或私人团体的资格去攻击他或反对他，不应该轻用学校机关的名义。[1]

胡适等人在北大内部的这一通联名公函，很快便传播至公共文化场域。1925年8月24日，《京报》便以《胡适等亦承认章士钊应反对》为题，全文转发了这一通联名公函。8月27日夜，胡适撰成《老章又反叛了》一文，正式以个人名义向章士钊发起攻击。8月30日，《京报》的"言论"版刊发了以胡适此文起首，汇集吴稚晖、魏建功、钱玄同、白涤洲等人所撰文章的"反章专刊"，对章氏就任教育总长以来的种种言行加以清算与批判。

◎合影半年之后，胡适与章士钊公开决裂

特别有意思的是，胡适所撰《老章又反叛了》一文中，将二人合影并相互题诗之事评述了一番：

我再述一件事，更可以形容章君的心理。今年二月里，我有一天在撷英饭馆席上遇着章君，他说他那一天约了对门一家照相馆饭后给他照相，他邀我和他同拍一照。饭后我们同去照了一张相。相片印成之后，他题一首白话诗写给我。全诗如下：

你姓胡，我姓章；

你讲什么新文学，

我开口还是我的老腔。

你不攻来我不驳，

---

① 上述公函原文俱征引自《胡适遗稿及秘藏书信》第20册。

双双并坐，各有各的心肠。

将来三五十年后，

这个相片好作文学纪念看。

哈哈，

我写白话歪词送把你，

总算是老章投了降。

> 十四,二,五。

这样豪爽的投降几乎使我要信汪君说的"行严的雅量"了！他要我题一首文言诗答他，我就写了这样的四句：

"但开风气不为师"，龚生此言吾最喜。

同是曾开风气人，愿长相亲不相鄙。

> 十四,二,九。

然而"行严的雅量"终是很有限的；他终不免露出他那悻悻然生气的本色来。他的投降原来只是诈降，他现在又反叛了！我手下这员降将虽然还不曾对我直接下攻击，然而他在《甲寅周刊》里早已屡次对于白话文学下攻击了。

仅就胡适在文中提到的这张合影及题诗内容来看，正是如今拍卖的那一张。而胡适自存的那一张，胡适本人在文中并没有提到。不过，既然已提及此事，胡适对章氏的厌恶与鄙视也算是到了极致，此文亦可视作二人公开决裂的见证。显然，此后二人不可能再保留任何一点交谊的"雅量"了。

　　与胡适等对章氏予以激烈抨击的态度一致，鲁迅等人也发表文章对章氏予以严厉批判。一时间，南北各地"反章"之声此起彼伏，影响渐巨。1926年，"三一八"惨案时，章氏任段祺瑞政府秘书长，其所作所为，深为时人痛恨。后被国民军驱逐下台，被迫出走天津，在日租界中暂避一时。

　　即便如此，章氏依然我行我素，《甲寅》周刊在其主持之下继续出版，不遗余力地反对新文化运动与新文学运动，反对白话文，反对所谓"欧化"。当时，鲁迅就著文痛斥段祺瑞、章士钊为落水狗，号召文教界内外一鼓作气"棒打落水狗"。林语堂还专门绘制了一幅《鲁迅先生打叭儿狗图》，于1926年1月13日刊发在了《京报·副刊》之上。

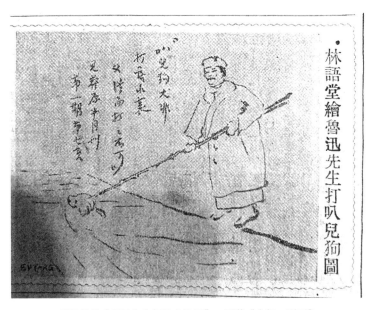

林语堂绘《鲁迅先生打叭儿狗图》，原载《京报·副刊》

　　在这举国上下的一片喊打声中，胡、章二人的交谊也到此为止。至抗战胜利之前，二人再无任何交集。

◎抗战期间，合影曾被胡适携至驻美使馆

　　章、胡二人合影之后近二十年，1943年，已蛰居陪都重庆数年的章士钊，突然致信刚卸任驻美全权大使一职不久，尚在美国讲学的胡适，信中除了要客套寒暄一番之外，也举荐了一位赴美的故友，别无他话，仅此而已。而胡适是否有过回信，如今尚不得而知。不过，这一封从重庆寄至美国华盛顿的跨国信件，还是会让人思索，何以在彼此交谊断绝近二十年后，章士钊会突然致信胡适。难道此举不会觉得有些唐突与尴尬吗？或者，是否有什么利于二人重修旧好的信息传出，使得章氏觉得可以致信一探究竟？

　　笔者偶然寻获到的一份旧报报道，或可解答上述疑问。原来，1942年11月10日印行的《革命日报》曾刊发过一篇《章士钊与胡适》的短文，文中明确提及了胡适将二人合影随身携至驻美使馆的事迹：

　　章士钊与胡适，同为文坛巨子，二人私交极洽但彼此对于新旧文学之见解不同，故时常各写驳斥讥嘲的文章，以为攻击。可是有一次，有人请他们几位吃饭，并拍照留念。相片晒好之后，章氏忽在照片上题了一首白话诗送给胡氏……

　　（此事）一时传为美谈，闻此相片今日仍保藏于胡氏驻美使馆中云。

　　《革命日报》乃是抗战期间在贵阳创办的，为西南后方民众及时报道抗战、宣传抗战的一份官方报纸。当时同样蛰居西南后方的章士钊，有可能接触到这份报纸。如果他确曾看到过刊发于此报之上的《章士钊与胡适》一文，恐怕禁

不住会怀想过往，回想起当年与胡适的交锋与交
往种种。于是乎，才会有1943年章士钊致信胡
适，以"熟人"姿态举荐某位赴美友人之事。

胡适，早年存照

◎重探章士钊与胡适的早期交往

因章士钊与胡适的一张合影，考索出来的上
述史事种种，以及由此反映出来的世事变迁种
种，总不禁令人感慨万千，亦颇令人唏嘘不已。
这张合影本来似乎可以视作二人和解的见证，孰
料竟成了二人决裂的佐证。

殊不知，二人在这张合影之前的交往，更是出人意料。事实上，当年那一
本反对新文化运动最力，也是胡适等人最为反感的《甲寅》杂志，在二人合影
十年之前，还并非新文化阵营的抨击目标，并非那么不受人欢迎。

起初，胡适等人对章士钊及其创办的《甲寅》杂志并无敌意，恐怕还颇有
好感。当时尚在美国留学的胡适竟还是这本杂志十分热心的投稿者。

现存章士钊致胡适信件中最早的一通[1]，其致信事由即是因胡适向章主编的
《甲寅》杂志投稿而起的。在信中，章氏不但表示刊用其稿，而且更表现出对
胡适治学方法的浓厚兴趣。须知，时年二十四岁的胡适尚在美国留学，而时年
三十四岁的章士钊则寓居日本东京，二人的文字之交，虽远隔重洋，却也心意
真挚，颇有默契。

――――――――――――

① 此信写于1915年3月14日，曾被辑入《胡适来往书信选》首页，为是书选辑的第一通书信。

1920年11月24日，当时已身在上海的章士钊，再次致信已在北大任教的胡适，这一通信，更可见二人早期的私人交情还是不错的。

因此信似尚未见到公开发表者，笔者谨据《胡适遗稿及秘藏书信》所辑原信影印件，酌加整理：

适之兄：

你的信、对联，《墨经诠释》等都收到了，谢谢。

对文甚好，我已经照写。但是若有人下一转语，恐怕有点语病。何也？未团圆先离别，出监狱入洞房。转语即是：

出洞房入监狱

先离别后团圆

我们祝贺人家的新婚，同时隐射人生中一番转折，怕的惹出误解。你证婚时演说说到独秀的话"出监狱入研究室，出研究室入监狱"，我就担忧有人将你的意思，联想到"出洞房入监狱"一点，这或者是我神经过敏的地方。但是你以为然，请把这副对联不用，由我另办一副。请你另做一首对文，交我补写，你看，好不好？

《墨经诠释》略略翻过，狠有见到的地方。我的《名学他辨》，狠愿受你的批评，脑筋好忘，请你仔细看看，除了你恐怕狠少的人能够批评了。

士钊　九、十一、廿四

---

① 此信辑入《胡适遗稿及秘藏书信》第33册。

不难发现，此信反映出胡、章二人的早期交往还是比较密切的，二人早期的私人交谊，远比想象中的要好。信中交代的事由，乃是胡适在为他人证婚之后，将做好的贺联交章士钊代为书写转呈，而章氏对贺联文字有所疑虑，婉请胡适重新创作一副。如此这般的往还商洽，恐非一般友人可以比拟。

遗憾的是，由于《胡适日记》没有相关记载，无从得知当时胡适究竟为何人证婚，其贺联原文究竟如何等细节，但长胡适十岁的章士钊以"过来人"的世事经验，其谆谆劝慰之意还是颇见长者风范的。

除了与胡适商榷贺联内容之外，信中还捎带了与胡适论学的内容。值得一提的是，在章氏所著《名学他辨》中，对当时已"暴得大名"的胡适名著《中国哲学史大纲》相关内容有相当批评，反过来此时却致信向胡适表示"狠愿受你的批评"，"请你仔细看看，除了你恐怕狠少的人能够批评了"。仅仅通过这些话语来考察，可以窥见章氏在与青年学者的学术切磋层面上还是颇有诚意的，至少还是符合胡适所谓的"gentleman"气度的。诚如1923年10月8日《胡适日记》中提到的那样："行严确是一个时代的落伍者，但他的气度很好，不失为一个gentleman（绅士）。"

只不过，不到两年之后，胡适就发现并宣称："行严只有小雅量，其实没有大雅量；他能装做不生气，而其实他的文章处处是悻悻然和我们生气。"（出自《老章又反叛了》）

另外，无论是从先前提倡白话文的新文化运动来考察，还是从后来提倡"好政府主义"的基本政治取向来考察，胡适在文化、教育、学术、政治等领域的主张，随着其人在社会各界的影响渐巨，与章士钊政客生涯的"每况愈下"，也都形成了鲜明对比与巨大落差，二人的交集随之越来越少也是自然

章士钊，中年存照

而然的。

　　胡适从当年那位海外投稿的文学青年，摇身一变而为"青年导师"与文教界巨擘，章士钊则是以《甲寅》杂志攻击新文化阵营未果，继而出任教育总长"整顿学风"遭到学界强烈反对，终致被迫下台，又被鲁迅斥为"落水狗"。种种境遇，二人各自的心态，皆不可同日而语，无法相提并论。

◎抗战胜利之后，章士钊为胡适献词祝寿与附诗唱和

　　若说胡、章二人的早期交往，前述曾有胡适规劝章氏改换笔名的那桩逸事，或可视作二人交往史上的最后一篇佳话。殊不知，至抗战胜利后，二人在已近二十年几无交往的状况之下，还有最后一篇佳话，可作后世谈资。

　　且说1946年7月，驻美从事外交活动九年之久的胡适终于归国，并于当年9月赴任北京大学校长。这一年，胡适五十六岁生日之际，章士钊献词祝寿，二人重又会面，相谈甚欢。

　　时为1946年12月25日，北平《世界日报》头版刊发了章氏赋词祝寿与二人面晤的简讯：

　　　　章士钊两词为寿　尊胡适"后来居上"

　　　　胡自述致力文学及人　北大任教均得助于章

　　【本报南京二十二日特讯】北大校长胡适，本年十二月十七日，为五十六

岁生辰，是日适值北大校庆，友好多以诗文为寿，章士钊曾赋一词，原文如左：

玉楼春

胡适之五十六岁生日作

玉山朗朗行还歇，五十年如电掣，还家带得好容颜，吐论动成新世说。水经注子何时刻，公案重重须汝结。古人先自与躬忧，憔悴斯民焉用怯。

又昨晚胡与章氏，同宴国大社会贤达代表，席间胡自称于章为后辈，并以本人开始写小说，及入北大任教，均得力于章。章即席赋《念奴娇》一词，有"后来居上"之语。原文如左：

念奴娇

适之以文学知名始于《巴黎最后一夕》小说，得充北京大学教授始于《毛诗言字解》一文，二事皆与余有关。昨夜与适之同宴客，彼对众称述如此。余采其意，以词写之，还奉适之一粲。

交情依旧，记巴黎何夕，毛诗何字。温卷无闻投赞绝，却道鸡鸣不已。神蠹知书，乾莹恋案，千古文章事。后来居上，坫坛还是如此。　堪叹牢落平生，睽孤自误，日月交如驶。赢得而今双鬓秃，填个小词游戏。朴学东南，事功西北，概付川流逝。世人欲杀，挐谦独见君子。

应当说，章士钊所作《玉楼春》《念奴娇》两首词极尽与胡适示好之意，大有重修旧好的表示。

《玉楼春》写于1946年12月17日，当天为胡适五十六岁生日，确为祝寿词；《念奴娇》则写于1946年12月21日，为章、胡二人同时出席晚宴的即席之作。《世界日报》刊发这两首词作，称"章士钊两词为寿"，是将《玉楼春》《念奴娇》两首词皆视作了祝寿词，虽不算特别确切，但仅就词作内容而言，章氏殷切颂赞与祝祷之意是明显的。

事实上，无论是专门祝寿之作，还是席间即兴之作，章氏后来都重新写定词稿，并郑重其事地亲自寄给了胡适，足见其对修复二人关系的热忱之意。在《胡适遗稿及秘藏书信》（第33册）之中，就辑有章氏将祝寿词写呈胡适的信件一通：

> 适之吾兄左右，阅驾到，喜甚。电询适值公出。孝威传命写诗，不敢懈怠。灯下得就，聊博一粲。明日或能一面也。云颂旅祺。　弟士钊谨启

据查，1946年11月11日，胡适由北平飞赴南京，出席国民政府召集的"国民大会"；12月30日飞回北平，在南京逗留一月有余。章氏与其晤面并赋祝寿词以赠，正是在此期间。因此，此信应当写于1946年12月中下旬的南京。

因此信所附祝寿词原件，已散佚无存，《胡适遗稿及秘藏书信》（第33册）之中也并未辑录词作内容，故这一祝寿词究竟是一首还是两首，内容又是如何，一直不为人知。因《世界日报》相关报道，可知词作或即为《玉楼春》《念奴娇》两首。

孰料继发现《世界日报》报道之后，又有一份章氏手书的祝寿词稿，竟于几十年后现身于某次拍卖会，实在令人大感惊喜。除1946年底章氏为胡适献词祝寿的《玉楼春》《念奴娇》两首词作，另有六首诗作附后。这六首诗作乃是借用胡适写于初任驻美全权大使期间的六言诗"偶有数茎白

发"的意境，予以唱和的，诗作本身颇有创意，对二人早年交往的忆述颇有

诚意：

适之作六言诗云："偶有数茎白发，性情还近中年，既做过河卒子，只好

拼命向前。"闻之技痒，分六截调之：

安仁早岁二毛分，君遇中年白乍闻。

肯把精神严抖擞，重来鬓发定如云。

谢公哀乐异于人，吾亦东山过去身。

学问后人毛发笑，十年前已白如银。

苏公榾散有传诗，双鬓曾教四海知。

他满怎如君未满，数茎名过郑成丝。

（杂用杜诗"郑公榾散鬓成丝"及苏诗"四海定知双鬓满"两句）

任昉饶他有美名，齐台不肯反为兵。

章士钊为胡适祝寿撰书诗词手迹

绩溪大帝缘何事，爱促河东卒子行。

（吾曩与适之论文，有后生以适之为大帝，绩溪为上京两语）

樗蒲格五事犹贤，卒子窥河径向前。

行近将军毋太迫，将军正自说归田。

六言诗峻我无门，此地重来事有原。

介甫当年只祠禄，先生何必更争墩。

（六言诗以荆公"今日重来此地"一首为绝唱，此地即南京）

右词与诗，丙戌冬在南京国民代表大会与适之同席，走笔戏成。陈孝威来沪，传适之濒行，语须吾写定邮去。谊不可却，敢辨字之妍丑。吾两人文字因缘中，固未可遗此一段也。成都李恜生见此颇称美，并谓《柏林之围》原记巴黎最后一夕事，小说名称虽误，可不必改。

长沙章士钊

诗注中提到"曩与适之论文，有后生以适之为大帝，绩溪为上京两语"，也属旧事重提，乃是将二人当年的论战重又"戏说"。二十余年前，章氏曾于1923年撰成《评新文化运动》一文，文中有"有后生以适之为大帝，绩溪为上京两语"云云。而胡适于两年后所撰《老章又反叛了》一文，则对章文予以了针锋相对的批评，文中写道：

他（章士钊）在《评新文化运动》一文里曾骂一般少年人"以适之为人帝，绩溪为上京，一味于《胡适文存》中求文章义法，于《尝试集》中求诗歌律令"。其实行严自己却真是梦想人人"以秋桐为上帝，以长沙为上京，一味于《甲寅杂志》中求文章义法！"

二十余年之后，章士钊为胡适献词祝寿，重提旧事，慨叹"绩溪大帝缘何事"，"先生何必更争墩"，大有"江山代有才人出"，"相逢一笑泯恩仇"的重修旧好之意。

至于胡适对章氏的这般举动，究竟有何回应，目前还无从考索，因其日记中无记载，晚年回忆录及年谱中亦无提及。此外，还需另加说明的是，章氏为胡适祝寿所写的上述两首词与六首诗，《章士钊全集》①均未载，实为集外文，别具一番文献辑佚与研究价值。

◎ 1949 年之后，"君子之交"终为海天两隔

1949年4月6日，胡适自上海登轮赴美，从此流寓美国，后终老中国台湾。而章士钊则仍留居国内，且从上海迁居北京，出任政协委员。至此，章、胡二人海天两隔，刚刚有所修复的私人交往复又中断。应当说，章、胡二人的交往始于文字之交，也终于文字之交，其间虽确有新旧观念之争，亦有新旧立场之争，却也终算得上是"君子之交"了。

胡适早在1922年3月完稿的《五十年来中国之文学》②一文中，也曾提及章士钊的文学才能与成就：

① 《章士钊全集》，文汇出版社，2000年。
② 此文次年发表于《申报》五十周年纪念特刊《最近之五十年》，并收入《胡适文存》二集卷二。

长处在于文法谨严，论理充足，他从桐城派出来，又受了严复的影响不少；他又崇拜他家太炎，大概也逃不了他的影响。他的文章有章炳麟的谨严与修饰，而没有他的古僻；条理可比梁启超，而没有他的堆砌，他的文章与严复最接近。

胡适的这一评价，可见仅从文学成就上着眼，早年对章士钊还是有所推重的。十年后的1933年9月，由上海世界书局初版的钱基博（1887—1957，钱钟书之父）所著《现代中国文学史》①一书中，则将章、胡二人视作中国现代文学新军突起的两翼，将二人的文学成就与贡献，合在一起来评述称：

章士钊，1930 年代存照

别张一军，翘然特起于民国纪元之后，独章士钊之逻辑文学，胡适之白话文学耳。

无论如何，章、胡二人的那一段交锋与交往的旧闻，总不免令人联想到胡适与那些同时代持不同思想立场者的交集种种。不难发现，胡适与梅光迪、胡先骕、马裕藻乃至鲁迅等人，始终维系着"君子之交"的基本前提。即便也曾针锋相对，即便终是分道扬镳，可只要有这样的前提存在，彼此的交集

---

① 此书1930年11月完稿，1933年9月初版。

胡适（中）与胡先骕（右二）等人合影，1948 年摄于南京

就始终可以在"和而不同"的历史语境中，或后世抒写的观念史篇章里得以延续。

　　譬如，胡适曾于1925年在上海与其早年论敌胡先骕微笑着合影，事后为这张合影题上"两个反对的朋友"（据说是题写于照片背面），以作纪念。二十余年之后，二人于1948年在南京重逢，与别的友人一道，再度合影，二人居于众人中央位置，皆微笑着面对镜头，胡适更是在合影正面题写"皆兄弟也"四字，作为永久的纪念。

　　试想，如果晚年胡适与章士钊有机会重晤，若有机缘再次合影留念，二人如再为这一张合影题词，恐怕也会有一番从"两个反对的朋友"到"皆兄弟也"之类的情随世迁之语吧。

陈孝威：诗谒罗斯福及其影响

◎国际文化交流视野中的抗战文献

说到抗战文献，从战事图档、战争遗址、遗物，到日记、回忆录、战史资料等，这些都是第一手的历史材料，都可以从中挖掘历史真相。但还有一类抗战文献，比上述这些历史材料则隐而不彰，长期以来没有得到足够的重视与充分的研究。譬如，抗战期间国际文化交流相关史料就是不太引人注目的抗战文献之一。

应当说，"国际文化交流"是个宽泛的用词，小到报刊上的一则国际报道，大到两国外事活动的一份联合宣言，可能都有"国际文化交流"的因素存在。而抗战期间的国际文化交流不但依旧有着宽泛性的特点，而且有其在非常历史时期的特殊性。抗战期间，中国政府所推崇的"国民外交"实际上就是要让非官方、半官方身份的民间人士与职业外交官一道，共同促进国际文化交流，推进中美文化互动，并最终达成中美两国及太平洋地区反法西斯联盟。

抗战期间，在国民外交历程中，在国际文化交流进程中，所形成的各种历史材料，都是弥足珍贵的，都有相当研究价值。但这方面的抗战文献，一方面由于其"软性"与"隐性"的因素，在抗战史研究中一直处于边缘地位；另一方面也由于其分散性的特点，不易加以集中搜集与深入研究。

陈孝威

其实，当年在正面战场的国民党军方人士中，就有一位有意担负国民外交使命，曾有力推进国际文化交流，并始终有心搜集相关抗战文献的重要人物——陈孝威。

陈孝威（1893—1974），字向元，生于福建闽侯县（今属福州市），早年曾就读福州武备学堂。1914年保定陆军学校炮科第二期毕业，同期同学有后来成为著名将领的刘峙、熊式辉、刘文辉、陶峙岳等人。北伐期间，曾指挥兰封战役，大败敌军十万人，名震黄河两岸，后来还随白崇禧部参加过浙沪战事。北伐成功后，陈氏因受到军中将领排挤，被迫退出军界，一度赋闲，寓居天津。1930年代初期，又曾一度南下香港，任职于广西银行。

"九一八"事变之后，出于抗敌救亡之迫切心愿，曾向国民党当局请缨抗日，但未被接受。为表达抗日决心，再入陆军大学研修对日战略，但仍因故受阻，终未能驰骋疆场。其人自感报国无门，遂决意"投枪从文"，转向国民外交途径，积极从事国际文化交流工作，宣传中国抗战，寻求国际援助与支持。

1936年11月，陈孝威在香港创办《天文台》半周刊，亲自撰写大量剖析

陈孝威主编《天文台》半周刊，港版第二集　陈孝威主编《天文台》半周刊，港版第一集合
合订本，1937 年　　　　　　　　　　　　订本，1936 年

国内外形势的文章，倾力宣传抗战。凭借丰富的军事知识，以独到眼光，判断
和预言了德国攻苏、日本发动太平洋战争、苏军进入东北作战等一系列重大军
事行动，《天文台》一时成为备受国际舆论关注的刊物。

　　随着《天文台》影响的扩大，陈氏身为社长，更努力尝试与国际反法西斯
联盟高层领袖接触，并确实将国际联盟的相关建议以及国际形势的个人见解，
呈递到了白宫，获得过包括罗斯福总统在内的美国政府高层的首肯。其人也期
望以此为基础，通过策划一些国际文化交流，来为中国抗战寻求更广泛的国际
同情与更切实的国际援助。其中，最为轰动的事件莫过于，陈氏以个人名义，
于1941年向美国罗斯福总统献诗及呈文一事。

◎罗斯福总统欣然接受中国诗人献诗

这一事件，情节并不复杂，类似于中国古代文士献诗求谒之举，意在引发国际社会对中国抗战的持续关注与支持。陈孝威借罗斯福三届连任总统①这一契机，即兴赋诗赞颂，积极寻求与美国政府高层直接对话的契机。所作诗题为《美利坚合众国总统罗斯福先生读余去年十月七日建议论文赐函奖饰辄酬一律赋呈》，可见仍是借罗斯福曾读到过其相关文章的机缘，再次借题发挥。其诗云：

白宫三主承明席，砥柱终回逆水流。

降此鞠凶人扰扰，贤哉元首政优优。

干戈到处汹群盗，日月无私照五洲。

要脍鲸鲵济沧海，八方风雨感同舟。

显而易见，陈诗的内容除歌颂罗斯福总统的功绩之外，期望美国更进一步支持中国抗战之意也溢于言表。与之同时，陈氏还开始邀约征集国内各界名流唱和长诗，并拟将所有诗篇转译为英文，准备送呈白宫。此外，还致信白宫，信中首先阐述国际反法西斯联盟的必然性与必要性，论及美国自身也无法撇开太平洋战场而独善其身的战略预测，并恳切表示以一名中国国民身份，期盼美国政府出台更多有力措施，全力援助中国抗战。

不久，陈氏竟征集到了包括吴稚晖、于右任、叶恭绰等国民政府高层，以

---

① 罗斯福是美国历任总统中任期最长的总统，1933年、1937年、1941年三次连任成功，是美国唯一一位任期超过两届的总统。

及国内社会各界名流二百余人的和诗，并将这些热烈唱和的诗文陆续发表出来，在国内外引发了热烈讨论与持久关注。

为此，蒋介石亲自发来电报，对其爱国热忱与倾力行动表示嘉许；美国驻香港领事也代表罗斯福总统来函，表示亲切慰问。在此情势之下，陈氏深感鼓舞，并计划趁热打铁，拟将所有这些诗文、函件、报章内容全部重新抄录修订，再将其汇总印制成书，并向美国总统罗斯福承诺，是书印成后将分别捐赠至美国各大图书馆收藏。

1941年12月8日，广州《中山日报》将这一由陈孝威发起的，国内军政、工商、文教、文艺及社会各界精英向罗斯福总统献诗的盛举，率先予以公开报道，可以说是第一时间向国内读者广而告之：

……香港《天文台》半周刊评论社社长陈孝威，以军事评论权威，远受美国总统罗斯福，英首相邱吉尔等之延誉，于是蜚声英美各国，今年五月间发起征诗献酬美总统罗斯福创举。以沟通中美两国之文化，增进中美两国之睦谊，得海内外群公巨卿名流学者之赞助，历时七个月，截至十一月底止，已得古近体诗三百余首。有诗词大家赵香宋（熙）、杨云史、吴稚晖、邹鲁、梁寒操、冯玉祥、李济深、王（叶）恭绰、周锺岳、许世英、潘公展、陈霭士、萨镇冰、李烈钧、李根源、章士钊、黄炎培、陈铭枢、罗家伦、任鸿隽、柳亚子、谢无量、郭沫若、杨千里、郁达夫、张一麈、曾琦、吴经熊、林庚白等二百七十余家。洋洋洒洒，蔚为大观，诚为中美二国空前之文献。闻该件已在某名书家手写中，拟照《四库全书·集部》款式，于明春可以寄呈罗斯福总统，以颂德声。闻陈孝威与杨云史（圻）二作，已经于五月十七日以前译成英文，先期寄出，顷于十一月十九日已得到罗总统来函表示欣然接受，兹将罗总统与陈孝威来往函件译文录之于次：

（其一）罗斯福总统复陈孝威函：

孝威先生：

鄙人奉国各部训令，代表总统奉函先生，先生寄予罗总统之五月十七日及七月一日两函，均已照收，罗总统于前一函中所附寄之诗二首，一为先生所作，一为杨云史先生所作，极为欣赏，并对于先生寄赠之雅意，表示诚挚之铭谢。此请

　　编安

美国驻港总领事萨福德

一九四一年十一月十九日

（其二）陈孝威献诗罗斯福总统函：

陈孝威谨致书于美国大总统罗斯福先生阁下：

正月十五日，得贵国驻港总领事萨福德先生大函，藉审去年十月七日敝报社论一文，业已上承察览，不胜欣幸。孝威此文作于德意日三国同盟缔结之后，呼吁贵国以物资援助我中国，用以加强远东反侵略阵营，同时应于南太平洋上重施售舰租地一案，以充实英国在远东之战力，盖此乃贵国于直接参战之外，打击德意日同盟最有效之一着也。此文发表后六个月，贵国已实施租借法案，援助民主国家，近且成立中国国防供给委员会，行见贵我两国邦交，日趋紧密，远东暗云，立将澄清，世界正义和平基础，亦将随之建立，无任感奋。

孝威感于反侵略形势之日见佳转，不自禁献诗一首，并名诗家杨云史先生之长歌一首，上塵先生，称颂先生为世界之大救主。同时并遍请敝国国内名诗家和作，俟齐集后，除手钞一本寄呈先生外，并以之刊印专集，分赠贵国各图书馆，以留纪念。此为孝威以中国国民之资格，向先生致最高之敬意者，乞俯纳之，幸甚幸甚！

陈孝威谨启

一九四一年五月十七日

据上述这篇千余字的报道可知，正是本文前述那一首《美利坚合众国总统罗斯福先生读余去年十月七日建议论文赐函奖饰辄酬一律赋呈》，开启了陈孝威"诗谒"罗斯福的契机，以及随后广征国内各界精英二百余人献诗三百余首的庞大计划。可以想见，此集体献诗之举，参与人数之多，诗作之丰，真可谓洋洋洒洒，蔚为大观，一旦告成，"诚为中美二国空前之文献"。

按照预定计划，这三百余首献诗"已在某名书家手写中"，"拟照《四库全书·集部》款式"，"于明春可以寄呈罗斯福总统"。也即是说，这一部由国内某位知名书法家誊写出来的"献诗集"，预计1942年春可呈献于罗斯福案前。

◎在桂林印出即被焚毁的一部奇书

极为吊诡的是，《中山日报》刊发《罗斯福总统欣然接受中国诗人献诗》这篇报道的这一天，即1941年12月8日这一天，日军偷袭美国海空军基地珍珠港，制造了轰动世界的珍珠港事件，宣告了太平洋战争的爆发。

曾经对日军发动太平洋战争有所预测的陈孝威，早在前一年德意日三国同盟缔结之后，曾撰文呼吁美国"以物资援助我中国"，"用以加强远东反侵略阵营"，此文为1940年10月7日的《天文台》之"社论"，罗斯福也曾看到过。仅仅一年之后，一直奉行孤立主义外交和防务政策，一度对日妥协，没有参战意愿的美国政府，终于被动地卷入了战争，终于成为中国抗战的盟友。

另外，战火蔓延之迅猛，时局变化之迅速，远远超出了"预言家"的预估。太平洋战争爆发之后不久，日军很快攻占香港，令陈孝威一度进展十分顺利的征诗、献诗以及抄录、印书、赠书一系列计划，转瞬间化为泡影。在紧急撤离之时，陈宅中所有诗文原件、来往信函、通电、抄件及藏书，皆散佚无存。其中，大部分应当已经在战火中焚毁。

1942年5月，已经从香港迁居广西桂林的陈孝威，偶然寻获一些在香港散佚的"焚余"。其中包括美驻港领事萨福德等人的英文函电，这让陈氏大喜过望，重新燃起了印书的希望。陈氏将这些偶然寻获的"焚余"，精心整理并译为中文，统一粘贴装订。一番感慨唏嘘之后，又在粘有这些函电的

陈孝威在桂林，为寻到的香港散佚资料题诗

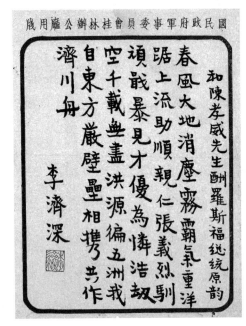

李济深在桂林撰并书《和陈孝威先生酬罗斯福总统原韵》诗一首

纸页边上题诗纪念：

珍重罗公数纸书，晴窗检点守焚余。

久要言在宁河汉，左券东京一夕墟。

1943年3月，陈氏决意重新启动印书计划。一方面，陆续向各地旧友征求副本及相关资料，力图恢复那些或散佚或焚毁的诗文原貌；同时，又陆续征集到新的诗文稿件，拟将其增入新的书稿之中。另一方面，决定抓紧时间，要将已找回的诗文汇集尽快印制成书，让此书成为向国内外宣传中国抗战的最有国际影响力的文化读物。

就这样，一部名为《太平洋鼓吹集》的奇书应运而生——1943年9月30日在桂林首印两千册。令人遗憾与痛惜的是，此书还未来得及运出印厂，又遇日军袭击，陈氏遂紧急运出约一百本，辗转逃往重庆。据陈氏后来在台湾忆述称："曾有二十本由美驻桂林总领事馆致白宫、国务院、国会图书馆等。"

此后，迭经散佚，陈氏随身仅留有两册审校样本。为确保此书不再有亡佚之忧，将一册样本捐献给了在重庆新建的国立罗斯福图书馆，要为国家永久

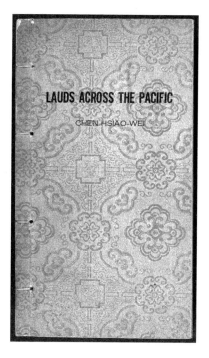

《太平洋鼓吹集》封底　　　　　《太平洋鼓吹集》，陈孝威编印，1965
　　　　　　　　　　　　　　　年台湾修订再版

珍藏这一值得纪念的抗战文献（此样本下落不明）。另一册样本则随身携带，依旧遍请中外名流题词留念，直至太平洋战争彻底结束，直至中国抗战终获胜利。

◎胡适题词与《太平洋鼓吹集》

　　三年后，1946年圣诞节前夕，陈孝威在南京遇到刚开完国民大会的胡适，呈上随身携带的这部奇书，恳请其题词留念。曾任中国驻美全权大使，也同样有过国民外交经历的胡适，在听取了这部奇书历经劫难的传奇经历之后，欣然提笔，郑重其事地用其惯常的叙述史实的平实笔法为之题词：

胡适为陈孝威题词

陈孝威为美国罗斯福总统所作献诗

陈孝威将军在一九四一年作七言律诗，颂赞罗斯佛大总统，杨云史先生作长诗和之。当时海内外和作者二百余家。珍珠港事变后，孝威避难，间关至广西桂林，又续得若干和诗，前后凡得诗三百六十三首，印成六卷，题曰《太平洋鼓吹集》。桂林遭劫后，仅存孤本两册，孝威以其两册之一留赠国立罗斯福图书馆，并嘱适记其原起。

民国三十五年（一九四六）十二月二十二日胡适记

胡适题词中提到的这一册"孤本"，陈孝威此后随身携带，片刻不离左右。在胡适题词近二十年后，陈氏终于将这册"孤本"带至台湾付印。此时，他又已陆续收获了二十年来世界各地名流的题词或函件若干，如英国首相丘吉尔赠送的签名照片及信札、美国驻华大使司徒雷登的题词、蒋介石赠送的签名照片等，将之再度甄选汇辑，使得全书内容更为丰富，蔚为大观。

另据新近发现的一通陈孝威于1948年1月26日，从福州寄至上海，致妻子伍淑仪女士的

英国首相丘吉尔赠送陈孝威之签名照片　　　　　　　陈孝威选票

信札可知，因为在抗战中的卓越表现，陈氏当时已为福建省第一区立法委员候选人。信中附有选票一张，选票"奖赏栏"上明确印有：

抗战期间，从事国际宣传国民外交，著有劳绩。民国三十年八月二日蒙国府主席蒋电奖："力赞抗战，著绩宣传，争国际之同情，褫敌奸之胆魄，理明词快，嘉慰良深"等语。民国三十五年十二月国府颁给胜利勋章。

选票上提到这一通蒋介石的嘉奖电，陈氏亦随携珍藏，与那一部"桂林版"孤本《太平洋鼓吹集》一道携至台湾。1965年4月，《太平洋鼓吹集》在台湾正式出版，蒋介石致陈孝威的嘉奖电亦随书附印，弁于卷首。

虽然当时台湾物资奇缺，大多数出版物均使用质地粗劣、色泽泛黄的熟料纸，此书却选用了难得一见的纯白薄绵纸，足见陈氏的郑重其事和用心良苦。是书装帧极为典雅精美，采用筒子叶线装方式，并附若干珂罗版图片，前后中英文两种文字对照。这样的印装规格与档次，在当时的台湾出版物中，是难得一见的。此书印毕后，曾在中国台湾、中国香港、美国各地华侨同胞中发售。或因当年印数本来无多，或因大多已为家族珍藏，外界少有流通，此书在内地至今仍难得一见。

此书在台湾出版半个多世纪之后，知悉其历史背景与出版历程者也已不多。或许，有些研究者以为，陈孝威原系行伍出身，理应在军事上有所建树，而不应以诗文攀附名人而自抬身价，颇有不务正业之嫌。然而，不可否认的是，陈氏的战事预言与献诗征诗等"文事"，虽非军功，但至少在中国抗战的国际宣传层面，的确起到了正面的、积极的影响力。且《太平洋鼓吹集》及其他相关书刊都堪称中国抗战的国民记忆，其历史价值并不以陈氏本人是否直接参与军事行动，而有高低优劣之分。

须知，那历尽艰险磨难的中国全民族统一抗战史，并不仅只是硝烟弥漫的枪杆子里冒出来的战争史，还应有那些曾经殚精竭虑、呕心沥血的笔杆子参与的国内国际文化交流的存真。如此，理应对此书及此类出版物，理应对如陈氏这样的著者与亲历者，予以更多的珍视。

◎补记：两部"桂林版"原本的发现

《太平洋鼓吹集》（桂林版），按照陈孝威的忆述，只有两部存世，一部捐献至重庆的国立罗斯福图书馆，今已下落不明；另一部随身携带至台湾，当时即为"孤本"，成为后来新版重印的重要底本。殊不知，"桂林版"尚另有两部存世，且都留在中国大陆，现藏于上海图书馆善本部。

据上海作家严伟先生透露，在上海图书馆曾发现两部"桂林版"，且其中一部为陈孝威亲赠美国国会图书馆之物，弥足珍贵。

《太平洋鼓吹集》（桂林版）　　　陈孝威赠书美国国会图书馆之入藏证明书

此"桂林版"（上图登记号为318360）与"台湾版"开本相近，均为小十六开线装，白纸铅印。扉页钤有朱文多字印一方，印文为："登彼富士山兮擒其王，三罪（军）咸服兮我土重光，四海兄弟兮自由无强（疆）"。

正文页版框右下侧，从上到下，钤印三枚，印文分别为"上海图书馆藏""陈孝威""室有罗丘问讯书"。版权页写有"民国三十二年十二月初版"，"发行者，桂林桂西路拔提书店"等内容，并钤有朱文印一方，印文为"会师

《太平洋鼓吹集》（桂林版）之扉页

东京草露布"。封底粘贴有一枚类似藏书票的英文标签，实为美国国会图书馆的入藏证明书。

值得一提的是，"桂林版"封底粘贴的英文证书还曾影印辑入"台湾版"中，作为"桂林版"曾有的重要荣誉加以说明。细观证书上的英文，写有美国国会图书馆1945年8月3日入藏内容，说明此乃陈氏于抗战胜利前夕捐赠的。显然，这正是当年陈氏送至美国驻桂林领事馆，再由其转交至美国国内各大图书馆的

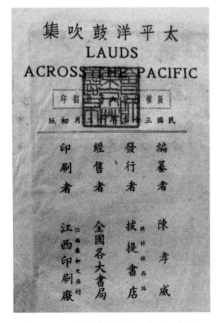

《太平洋鼓吹集》（桂林版）之版权页

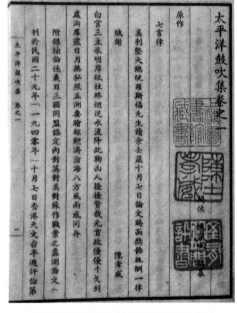

《太平洋鼓吹集》（桂林版）之正文首页

二十本中的一本。

书中钤印也大有讲究，实有特别来历。扉页所钤朱文多字印一方，印文为"登彼富士山兮擒其王，三罪（军）咸服兮我土重光，四海兄弟兮自由无强（疆）"，以及版权页所钤的那一方"会师东京草露布"之印，皆可见证陈孝威与徐悲鸿的一段抗战佳话。

1942年4月24日，陈孝威在桂林国民会堂的一次演讲中表示：

> 在二三年内，日本必败，盟军会师东京已指日可待。这是因为美英中等国的抗日同盟阵线已经形成，而日军在中国战场上消耗军力过多，补给线太长……

这就是著名的"会师东京论"，此论一出，群情激越，人心大为振奋。徐悲鸿闻知此事，欣然命笔，绘制一幅《会师东京图》。据《徐悲鸿年谱》记载，1942年9月24日这一天：

（徐悲鸿）为陈孝威写《会师东京图》，绘五狮集中日本富士山，题曰："三十一年四月，盟军方艰难之际，孝威将军倡会师东京之论，辞旨警辟，论据正确，举国振

陈孝威《会师东京回忆》，上海天文台出版社，1942年6月初版，此为1948年5月第九版

奋，一时歌咏，皆以此为题。越三月，所罗门大战，皆如将军所示，痛饮黄龙，期不远也，特写此象征之图，以奉将军，用当左券。"

正是受陈氏宣传抗战的激情所感召，徐悲鸿当天发意创作了五狮集中于富士山巅的《会师东京图》以赠，画中的"五狮"象征反法西斯联盟的中、苏、美、英、法五国。为了答谢徐悲鸿创作并慨赠《会师东京图》，陈孝威作《会师歌》赞画咏怀诗云：

登彼富士山兮擒其王，三军咸服兮我土重光，四海兄弟兮自由无疆。

正是印文内容。陈氏生前还曾自撰一联："台留燕赵悲歌地；室有罗丘问

徐悲鸿《会师东京图》初稿，题记称"会师东京初稿，此为卅一年徇陈孝威兄意作于桂林，卅六年冬悲鸿居北平补题"

讯书。"以此概括平生志业，为抗战尽一己之力而颇感欣慰。联中所谓"罗丘者"，即美国总统罗斯福与英国首相丘吉尔。"桂林版"扉页与版权页所钤的两枚印章正是取自陈氏所作《会师歌》与联语，印证着当年情怀。

如果说赠送给美国国会图书馆的这一部"桂林版"，陈氏郑重其事，钤有印章多枚；那么，另一部看起来并非海外回流的"桂林版"，情况又是如何呢？

事实上，另一部上海图书馆所藏"桂林版"也是在扉页与版权页上钤有同样的印章；只不过扉页已被撕毁，仅在上一页面背部留下了钤印印油浸润形成的浅淡印痕，仍可以据此印痕判断正是印文为《会师歌》的那一方印章。又据页面残留的上海图书馆登记号054107判定，这部看似普通的"桂林版"，入藏上海图书馆的时间可能远远早于那一部海外回流的"桂林版"。

无论如何，与陈孝威携去台湾的那一部"桂林版"遥相呼应，留在上海的这两部"桂林版"，自有其非同寻常的历史意义与版本价值。如今，重印再版的"台湾版"历经半个世纪的时光，虽流传渐稀，但两岸读者仍各有收藏，尚可一观。有幸藏有此书的读者，若有机会与珍藏于上海图书馆的"桂林版"两相比勘与品读，其间的历史信息与微妙变迁，不免令观者顿生浮云苍狗、恍如隔世之感。

或许，展阅《太平洋鼓吹集》的"桂林版"与"台湾版"两个版本，解读的并不全然是精确的历史细节，更能触动观者内心的，乃是那一缕缕久久萦绕于海峡间的悠悠乡愁。

林语堂：致胡适的"连环信"

◎**热河事变之际，"致中国的主人翁"**

林语堂（1895—1976）与胡适一直保持着一种虽为挚友，更像诤友的关系。二人交谊不错，但通信似乎并不算多；从各自发表的文章来看，对时局的

林语堂

一些看法也并不合拍。长期以来，这就是二人关系给后世读者的印象。

从目前公布出来的二人往来信件来看，几乎全部集中于1933年2月。在这一时段，有人冒用胡适名义，转寄给中国民权保障同盟一封函件，内容为河北第一监狱政治犯遭受严刑迫害，情况十分严重。这封函件令同盟执委会信以为真，迅即在全国转发，并为此向国民党政府提出严重抗议。作为同盟执委会主席的胡适得知此事后，断然否认自己

转发过这一函件，声称函件内容与事实不符；同时还强调称，曾亲自去监狱中探访调查过，绝无对政治犯严刑迫害之事，随即又向当时主持同盟的蔡元培、林语堂提出请求，要求彻查函件来源。胡、林二人此时的通信主要就集中在对于这一事件的辨析与讨论上。

1933年2月18、19日，胡适先后在《世界日报》与《独立评论》上发表《民权的保障》一文，公开指责同盟总会负责人把民权保障作为政治问题，而不是作为法律问题来看待，并明确表示了拥护国民党政府及其治理举措，申明了自己反对利用民权问题反对政府的个人立场。2月21日，又在《字林西报》发表谈话，再次表明反对同盟总会的立场。3月4日，同盟总会开除胡适会籍的启事在京沪两地见诸报端。

就在胡适被开除会籍前后，林语堂用英文写了一封公开信。这封公开信的行文颇为奇特，由六封信组成"连环信"，即一封信附有另一信要求转寄，以此类推。《中国评论周报》第6卷第13期刊载了这封公开信，题为《致中国的主人翁》；1933年4月23日，《世界日报》又将其摘译为中文，再次发表。

"连环信"的第一收信人正是胡适。然后依次附信转寄中华民国国民、中央政府诸部长、"蒋委员长"、张学良将军、汤玉麟。首先写给胡适的信，这样写道：

热河最近的趋势和中国的现状逼迫着我来写这几封信给本国的主人翁。我觉得我有许多要紧的话要说，可是不知道写寄给谁才好。我在物色一个领袖，一个国家的真正首领，但是找不到。所以我不得不写给本国所有的可能的主人翁……根据柏拉图的命义，你，既是一个哲学家，就应当作这个国家的主人翁。虽然我也知道，事实上，你是无所事于像汪精卫或林森那样勤劳治国的。你看得出我是多么失望啊。

多年前，我想总是十年以上吧，你曾说："中国不亡，是上帝瞎了眼。"经过十年的智慧成熟了，我能热诚拥护你的名言了，也许还能修正一下。依我说如果不亡，那是列强的恩典。日本将要夺取中国，如果列强并不介意。中国，算是一个国家，是存在于英、法、美、意、西班牙、葡萄牙的共同特许之下的。

今日的中国这个国家既不是共和国，又不是法西斯蒂国家也不是苏维埃联邦，也不是一个有限或无限的老大帝国。他是一个无限量的无政府国家。这是我现在为什么要写六七封信给六七个国家的"主人翁"而不写给一个人的理由。

在热河的惨失和八日之间破纪录地丧地五万八千方里以后，自然人人都是暴怒的。谁负这损失的责任呢？极度说，是人民啊。你还记得英国的保姆歌："这是杰克建筑的房子"吧。好吧，我的感触也有几行近似那歌的句子。因为——

是人民

让院长汪

让委员长蒋

让副司令张

让热河主席汤

让日本

从热河占领到黑龙江。

在西方，任何政府如果应付热河的局势弄到这样糟糕，在热河退却后二十四小时内就要引咎辞职的。那简直是无颜偷生，简单的原因就是人民忍受不了，然而我们尽其所能做得到的还只是坐在这里谈话。我现在是在爱尔柏路三百三十一号写信……而你是去保定和蒋委员长谈话。我们都是无关大体之极了。这些闲谈

胡适，1933 年签赠毛子水的照片

究竟有何益处？柏拉图的"哲学之王"除了自己上吊还干得什么？

请将附函转致中国民国的国民，假认他们也是这"民国"的"主人翁"。他们有一年年的期间来抗守热河，但是一败涂地了。

林语堂的这一公开信只字未提此时胡适与中国民权保障同盟的紧张关系；也没有明确表示是否支持胡适脱离同盟，抑或支持同盟开除胡适。信中虽然没有明确地指出孰是孰非，可通观全信内容，有一点还是可以肯定的，即林语堂并不认同国民党政府，对胡适支持国民党政府感到失望与遗憾。

◎热河事变之际，胡适与林语堂的"心有灵犀"

信中谈到"热河最近的趋势"，实际上是指热河事变。热河省是1914年2月划出的中华民国行政区划，至1955年7月撤销。热河省位于目前河北省、辽

林语堂与蔡元培、萧伯纳、宋庆龄、鲁迅、史沫特莱、伊罗生合影，摄于 1933 年

宁省和内蒙古自治区交界地带，包括现河北省的承德，内蒙古自治区的赤峰、通辽部分地区，以及辽宁省的朝阳、阜新。由于伪满洲国成立时，《建国宣言》中曾表示热河为满洲一部分，于是乎，日本政府单方面根据所谓《日满议定书》，一直处心积虑，妄图侵占热河。时至 1933 年 1 月，终于爆发榆关大战，张学良从保存实力考虑，暂时退居山海关之内。当时，日军驻守长城外，占领热河，直取北平的态势相当明显；此举正是要以攻击北平之势来要挟中国政府，逼迫中国政府承认伪满洲国。迫于国内舆论压力，这一年 2 月 11 日，南京政府行政院长宋子文赶赴北平，与包括张学良等二十余名将领联名发表"保卫热河"通电。2 月 21 日，热河事变爆发，装备不良，士气低落的东北军在日军猛烈进攻之下节节败退，至 3 月 4 日，承德失守，热河抗战终以中国军队战败而草草收场。热河最终还是被日军侵占，这就是热河事变的全过程。

那么，热河事变期间，胡适又在做什么呢？林语堂信中所提到的"去保定和蒋委员长谈话"，究竟又谈了些什么呢？翻检《胡适日记》，这些"主人翁"们的谈话内容与行动计划可谓一目了然。其实，此时的胡适并没有赞颂国民党政府的意思，愤怒与失望也溢于言表。《胡适日记》1933年3月2日，有这样的记录：

晚上到张学良将军宅吃饭，他说，南凌已失了。他说，人民痛恨汤玉麟的虐政，不肯与军队合作，甚至危害军队。……我忍不住对他说：事实的宣传比什么都更有力。我们说的是空话，人民受的苦痛是事实，我们如何能发生效力？最后是你自己到热河去，把汤玉麟杀了或免职了，人民自然会信任你是要真心救民。

再看《胡适日记》1933年3月13日，又是这样的记录：

……五点见蒋先生，谈了两点钟。他自认实不料日本攻热河能如此神速。他估计日本须用六师团人，故国内与台湾均须动员。"我每日有情报，知道日本没有动员，故料日本所传攻热河不过是虚声吓人而已。不料日本知道汤玉麟、张学良的军队比我们知道清楚的多多！"这真是可怜的供状！误国如此，真不可恕！

从《胡适日记》来看，胡适此时对国民党政府及热河事变的态度，与林语堂相当一致，甚至可以说是"心有灵犀"。胡、林二人都痛恨军阀与中央政府的各自为政，都认为国家长期以来积弱积弊，将无法抵抗侵略。

1932年3月14日，胡适就在日记中写道：

这个国家三十年来完全在国际局面之下苟活，而我们自以为是我们自己有幸存之道！

由此可见，对热河事变与时局的看法，虽然仅就目前已知的史料文献来考察，胡、林二人似乎未曾对此有过密切交流，可从胡适日记与林语堂的"连环信"来看，却如出一辙，二人确实仿佛"心有灵犀"一般。

◎胡适的政治理念与"主人翁"精神

不过，林语堂认为中国文人与政客去谈治国救国，根本上是无用的，"这些闲谈究竟有何益处？柏拉图的'哲学之王'除了自己上吊还干得什么？"应当说，这样的观察颇为深刻，评判也相当犀利。可胡适却是要明知不可为而为之，就是要跳出所谓"学者本分""莫谈国事"的世俗信条，积极致力于评论政治并为国事建言，一直以一位"在野的政治家"身份，尽力做着自以为功不唐捐的参政议政工作。

热河事变发生后，胡适面见张学良、蒋介石等，通过"闲谈"，表达自己的政治主张与建议，又与丁文江、翁文灏等联名通电蒋介石，声称：

热河危急，决非汉卿（即指张学良）所能支持。不战再失一省，对内对外，中央必难逃责。非公即日飞来指挥挽救，政府将无以自解于天下。

随后，甚至还致信张学良，直接劝其引咎辞职，又在自己创办的《独立评论》上发表六千字长文《全国震惊以后》，呼吁国民对时局与国事要时刻警醒。所有这些在文人学者圈子里看来并不高明，过于直白表露意愿，完全不给自己留后路的行为，胡适都全力以赴，未计后果。

林语堂《新中国之诞生》，上海（美商）华盛顿印刷出版公司，1939 年 4 月初版

一方面，胡适痛责国民党政府及其领导人无能，但仍要向政府及其领导人献言献策，缓解危局；另一方面，与上述这些批评与责难当局的"反政府"言行相对应，胡适又突然站出来反对将民权问题政治化，公开为政府辩诬，以致被民权同盟开除，与会中蔡元培、林语堂等旧友就此分道而行。胡适这一系列看似自相矛盾的做派，却反映了其人这一时期的政治理念。

胡适的这一政治理念，是要在现有政府框架内，寻求政治、法律、科学、教育、文化上的全面进步与开明治理，是温和进取，有序推进，以维护国家统一、保障国家稳定为前提的。在这一政治理念之下，需要耐心解决积弱积弊的国内国际各种问题，而不是以彻底推翻、分裂政府为号召——这仍是"多研究些问题，少谈些主义"的基本态度。

或许，可以说这不过是书生意气，这是过于理想化的乌托邦蓝图，但这也正是"国家兴亡，匹夫有责"的文士传统使然。通俗地讲，这就正是"主人翁"精神所在。

当然，在胡适生前，林语堂并不能看到胡适的日记；在写"连环信"时，林语堂也未必知道或能预见到胡适的种种"主人翁"作为。所有这些因交流不畅间接造成的隔阂，都在所难免。在文人学者圈子里，因为误解与隔阂而产生的争论乃至论战都是有可能的，但胡、林二人此刻的误解与隔阂，却并未因这"连环信"的公开发表，产生"一石激起千层浪"的激化效果。事实上，胡适终其一生，并未对林语堂的这一通"连环信"有过任何回应与解释。

◎ "在人格上，适之是淡泊名利的一个人"

胡适的沉默颇令人费解，因为《中国评论周报》与《世界日报》于他而言，都是相当熟悉的两种报刊。林语堂所写的这一"连环信"中、英文两种版本，应当总有一种胡适曾经看到过。

早在1930年，胡适就因在《中国评论周报》上看到一篇批评其英文讲演的文章，迅即给报社寄去一封措辞严厉的抗议信。后来，与潘光旦关于"全盘西化"的论争，也正肇始于此。再者，胡适在《世界日报》上发表的《民权的保障》一文，要比此文在其本人主编的《独立评论》上的发表时间还早一天；胡适的最新动向、言论、讲

匈牙利幽默漫画家赖西鲁所绘林语堂先生像，原载《逸经》第17期，1936年

演、访谈等，也是屡屡见诸该报。以此看来，林语堂的"连环信"，胡适在这两种报刊上，理应会看到过至少一种。

然而，胡适却没有任何文字上的回复公开发表，至少在目前已知的史料文献之中，对此未见任何相关记载。

时至1962年2月24日，胡适在台北"中央研究院"的酒会上，因心脏病猝发逝世。林语堂的悼文里对胡适有这样的评价：

在人格上，适之是淡泊名利的一个人，有孔子最可爱的"温温无所试"可以仕、可以不仕的风度。……胡适之先生的肉身已经脱离尘凡，他留给我们及留给后世的影响是不朽的。

周作人：北伐与"北大消灭"

◎ "北大消灭"前后之乱象

1927年7月29日，周作人（1885—1967）伏案于苦雨斋南窗之下，给在杭州的弟子江绍原（1898—1983）写信。信中谈到了眼下发生的，所谓"北大消灭"的一桩剧变。信中这样写道：

> 安国军现将合并九校，此举我虽未必赞成，觉得这样办也无妨，因我也觉得北大或其他各大之毁坏殊不甚足惜也。唯敝人系国立北大之教员，北大消灭则此资格亦遂消灭，下学年可以不告假而假，比以前可以少几点钟的功课，未如非得。①

从周氏在信中的语气来看，对北大人事、学术现状颇感不满，对"北大

---

① 信件原文征引自《周作人早年佚简笺注》，四川文艺出版社，1992年。

消灭"一事倒安之若素，甚至还觉得未尝不是一次革新的机遇。那么，"北大消灭"究竟是怎么一回事？

原来，奉系军阀张作霖（1875—1928）在1924年第二次直奉战争中，打败直系军阀吴佩孚，遂盘踞北京，所部自号为"安国军"。1927年6月，张氏自称"安国军大元帅"，俨然以国家元首自居。8月，颁布特令，宣布合并"国立九

周作人赠江绍源照片，摄于 1929 年 8 月

校"为京师大学校，以当时的军政府教育总长刘哲（1880—1954）兼任校长，负责合并各校工作。

那时的"国立九校"分别为北京大学、师范大学、女子师范大学、工业大学、农业大学、法政大学、医科大学、女子大学、艺术专科学校。这九所学校当时都由教育部拨款运营，因而谓之"国立"。在"国立九校"之中，北大首当其冲，一旦与其他八校合并——这形式上的合并，即实质上的解散，也就是周作人所说的"北大消灭"。

在此之后近一年时间里，周作人致江绍源的信件中都略有提及"北大消灭"进程及其个人的评判。直到1928年6月4日，张作霖在皇姑屯被日本军方炸死之前，"北大消灭"的进程，对周作人的生活与心态，似乎影响都不算太

大，都不过只是在信末轻描淡写地捎带一句，如"北京一切如旧""北京近尚平安""司空见惯"等。

换句话说，"北大消灭"与否，"北大消灭"之后如何，周作人都没有特别关注。事实上，在京师大学校成立之时，周作人虽不满军阀干涉教育事业，但也只是拒不接受聘书，表明不做"顺民"的态度而已，将自己"关在京大之外"（1928年7月19日致江信中语），从此置身事外，再不与那个已"消灭"的北大有任何瓜葛。

"京大"的存在时间短暂，不到一年工夫便宣告"寿终正寝"。随着北伐革命军的胜利推进，"北大复校"似乎也指日可待。1928年6月20日，周作人致江绍原信中称"北大总算恢复"。然而，这与实际情况不符，此时只是有北大复校委员会争取恢复之举，但并未获得当局同意。当时，国民政府拟改京师大学为"国立中华大学"，原北大并未单独复校。后因北大师生坚决反对，通电抗争，当局复又采纳李石曾（1881—1973）的建议，因北京已改称"北平"，拟改北京大学为"北平大学"。后又确定全国划分为四个大学区：北平、江苏、浙江、广州。以北平、天津、河北、热河为"北平大学区"范围，

周作人致江绍原信札

大学本部总管全局，管理各高校，各校合并统一称为北平大学，下设学院。当局任命北平大学校长为李石曾，副校长为李书华。

无论如何，中华大学也罢，北平大学也罢，"北京大学"这个名号看来始终是要"消灭"的，取而代之的仍是原北大与多所高校的合并，以及合并之后的分割与更名。只是所有这些议案与计划都并未成为事实，因遭到强烈反对，不久就同已然取消的"大学区"规划一样，被迫取消了。

◎闭户读书时期的一篇佚文

再来看此时的周作人，一如北伐之前对"京师大学校"的态度，"北大消灭"与否，在其人眼中，仍无关紧要。在对北大复校工作情况不甚了解的情况下，其人致江绍原的信中，一会儿说"北大总算恢复"（6月20日），一会儿又说"中华大学可以渐渐组织起来"（7月15日）；终于，在7月19日的信中，明确写道：

"中华大学"不知何时成立，虽能否免于欠薪殊不能知……我所等候的只是"中华大学"或者还有"日本文学系"，我仍旧可以去教几点钟书，假如没有则亦罢了，反正过去一年也关在"京大"之外，也仍可以敷衍过日也。

据此看来，周作人此时所关切的只是职业与生计问题，至于"北大消灭"与否，无可无不可，得过且过而已。北伐对其人而言，也无非是换一换旗帜与长官；同理，"北大消灭"也无非就是一所学校换一换名称，他自己也随之换一换工作而已。所有这些，都只是一切如旧，并无什么老北大人的光荣与传统，更无什么文学革命的意义与价值可言。

北伐前后的周作人呈现出对政治局势的观望退缩，对教育事业的失望悲观，表现出其人消极的一面。这一时期，对其人后来的学风乃至心态都有着极其深远的影响。

1928年11月，周作人所撰《闭户读书论》一文，不啻这一时期其人其思的一份宣言书，更预示着其日后处世治学的基本取向：

……或以北伐成功，或以农军起事划分时期，以为从此是另一世界，将大有改变，与以前绝对不同，仿佛是旧人霎时死绝，新人自天落下，自地涌出，或从空桑中跳出来，完全是两种生物的样子：此正是不学之过也。宜趁现在不甚适宜于说话做事的时候，关起门来努力读书，翻开故纸，与活人对照，死书就变成活书，可以得道，可以养生，岂不懿欤？

笔者新近发现周氏佚文《关于北京大学等》一篇，或可为北伐前后，在"北大消灭"事件中，周氏那已日渐冷淡的思想与言行，再做一注脚：

读了刘、吴两位先生关于北京大学改名的文章，我也来关于它一回。

我要说的只是干脆的一句话，反对改称"中华大学"，反对保留北京大学，主张定名北平大学。

反对改称中华大学的理由，与北大复校委员会呈文与刘先生的文章所说相同，不再赘述。主张定名"北平大学"的理由，也与刘先生所说相同，因为明了、老实、大方。

我反对保留"北京大学"名称，因为不值得这样麻烦地去保留它。大家说，北大有光荣的历史，这我也相当地承认。但是，二十几年的经过算不得什么历史。五四与新文化运动，群策群力，也只做了那一点事，那里有多大光荣？平常互相称道，不过是信面上写"勋启"二字之意，表示恭敬，不能十分认真。况且光荣也不是一劳永逸的可以享受的东西。不称北京大学，只要努力，也会得到光荣。即使称为北京大学，假如因循苟且下去，光荣也会不见。所以我想还不如爽快地把过去丢开，大家合在一起（我不赞成吴先生的九校分立的主张），重新来过。北大也要独立，师大也要独立，什么大也都要独立。无论各有其非独立不可的理由，我总不以为然，觉得这还是部落思想之余留。正同近来各同乡会风起云涌，各欢迎其同乡要人，各追悼其同乡烈士一样。我还听说北洋大学有什么议案或条陈，预备有了微积分来规定南北教员的人数。这虽是特别古怪的笑话，但其实也是同样的余风，不过特别扩大罢了。总之，北大等之复校我以为是极正当的，因为我们不承认张作霖、刘哲的京大。复校之后再合组为一个大学，也是对的。因为我很赞成八校合并，虽然不幸这个意思与章士钊相像，国府议决将京师大学改为中华大学。我觉得这办法很有差误。照理应该说将北京国立各校改为某校才对，难道国府大学院承认张作霖、刘哲的设施的么？

还有，北大复校委员会力主蔡校长回校。在主张保存北京大学者说来，这是极合理的，但我是赞成合组北平大学的，所以对于这个主张觉得可以不必。蔡先生身任党主席大学院长以及什么部长、校长，我们在北平也不能详知，总之公务烦忙，不能分身来平。我们何必要求明知不可能的事，此其一。如请他遥领，则模仿私大办法，更是无聊。华大之由蔡元培而王荫泰而胡汝麟而……

民大之由蔡元培而张学良而李烈钧，刘先生所谓花妙悦目的办法已观止矣。但在私大则可，在国校似大可不必也，此其二。因北大名称问题连类及此，并不是本文，只是属于题目之"等"字中的一件也。

末了附带声明。我进北京大学以来到民国十六年秋间北大灭亡为止，十足十年。关系之深与刘复先生正是一样。所以我之爱北大决不落刘先生之后，但个人意见以为应当这样，便老实地说出来。万一诸位同事诸位同学先生女士不以为然，务乞原谅。如不能原谅，赐以斥责，所不敢辞。

十七年七月十五日。

◎罕见的"反潮流"之作

此文发表于1928年7月16日的北平《世界日报》之上，署名"岂明"。这样公开发表出来的一篇"千字文"，给予读者的感受是行文流畅、意见坚决，是一篇典型的时事评论文章。

令人不解的是，周作人生前自编文集若干种，其中也不乏选入这类时事评论类的文章，诸如《谈龙集》《谈虎集》之类，为什么独独没有将这篇《关于北京大学等》选入？或许，单单从文章体裁与行文风格来看，并不是周氏本人后来所推崇的冲淡小品之类；或许，如此直截了当地评议时政、直抒己见，并不符合其人之后的审美标准与处世之道。诚然，做这样的揣度，还仅仅是从文体与文风的层面去加以揣度，只是就文论文，并没有延展至时代背景与历史语境之中去细加考量。

其实，这篇周氏佚文还有一个重大特征，那就是大张旗鼓地"反潮流"。北伐之后，在"北大复校"的一片喧嚣声浪中，周氏虽也反对改称"中华大学"，但却又突然挺身而出，坚决支持国民政府重组北平大学的议案，还颇为耐心细致地从中梳理出各种政治变更之后相关脉络加以论证；作为"十足十年"的"老北大人"，这当然需要极大的勇气与激情。熟悉周氏生平的读者都知道，这是其人少有的做派。

不过，若站在当时当事各方的立场设想，北伐前一位拒绝"京师大学"聘书的北大教授，北伐后竟不主张"北大复校"，也不赞同更名为"中华大学"，转而公开支持重组北平大学。这样的表态，不但让正在积极争取复校的北大师生难以接受，恐怕即使正在拟行合并各校工作的文教界要人，也会觉得莫名其妙，未必能将这样一位公开发布如此言论的北大教授即刻视作"同志"。

此外，对于呼声很高的"倒李（石曾）拥蔡（元培）"之议，周氏也表示"可以不必"，"何必要求明知不可能的事"。对刘复（即刘半农）提议的"遥领说"，对吴稚晖主张的"九校分立说"，其人也表示不能同意，且提出了反对理由。显然，周氏的态度与意见，在当时根本不可能有"同道"；其人几乎把当事多方各自的意见都加以反对，北伐前后的北大师生、政府当局、教育部要员的种种意见，他都不以为然。换句话说，周氏此时只是希望北京大学尽快"消灭"，有一所可资替代的北平大学尽快诞生。一言以蔽之，其人只是想尽快拥有稳定的职业与生计，可以闭户读书，可以继续"有酒学仙，无酒学佛"（周氏信函所钤闲章印文），别无其他。

◎ "北平大学"开张与关张前后

《关于北京大学等》一文刊发之后，似乎并没有什么社会影响力，既没有特别支持其观点的追随者，也没有强烈反对的论争者。而北大复校的行动依旧向前推进，有愈演愈烈之势。有北大学生撰文发表，公开表示强烈反对合并重组北大：

独有北大，一合并就糟！若内部之整个严密组织，及其校内特有校风与精神，亦因改组或合并而分崩离析，不是活活把北大枪毙！把一个在本国与国际间文化与学术上有相当位置的大学消灭了，我从人类进化上看这牺牲足近于自杀！①

除却一致表示"北大的光荣历史"不容抹煞之外，还有一些人士对大学区组织不彻底、院系设置不合理、课程设置重复等实际问题，逐一提出了批评意见②。

时至1928年11月17日，切盼着北平大学早日开门大吉的周作人，却还在"北大复校"风潮中感受冲击，为此颇感不快。在致江的信中这样写道：

北平大学在筹备开门，唯北大学生尚在反对改组，此辈刘哲时代顺民到此刻忽然扛出"北大光荣"的牌子来要保存整个的北大，未免可笑。

周作人的信写好两天之后，11月29日这一天，北京大学百余学生手持"打倒北平大学"等旗帜，示威游行至北平大学校长办公处，砸碎"北平大学办事

---

① 原文征引自余增浓《为什么我要求北京大学存在》，《大公报》，1928年9月29日。
② 详参《反对北平大学区制的理由》，《大公报》，1928年11月24日。

处"和"北平大学委员会"两块牌匾，并砸坏李石曾住宅门窗。^①次日，周在致江的信中写道：

周作人，原载《国立北京大学毕业同学录》，1936 年印行

> 前日北大"武力护校"，打碎许多东西，学生会又发可笑的电报，自称"重伤多人"，以撒诳为能事，此辈以重打赵家楼自豪，其实乃五四精神之败类，北大前途因此未可乐观。

终于，在半个多月之后，虽然北大复校风潮依旧，"北平大学"好歹还是开张了。周作人在12月18日致江的信中写道：

> 北平大学除旧北大外已开门，女子大学改为文理学院分院……不佞本系与国文系无缘，唯因刘博士（本院国文系主任）发脾气不肯去，凤举又力拉，所以暂去代理，俾得早日上课……

就这样，因为原北大国文系教授刘复不愿出任北平大学文理分院国文系主任之职，周作人遂在半推半就之间，暂得代理此职，终于圆了在北平大学任职之愿。只是北大复校风潮还在继续，其间还曾一度迫使当局妥协，将已并入北

---

① 详参《北大又演风潮一幕》，《大公报》，1928年12月2日。

平大学的北京大学，改称为"国立北平大学北大学院"。

实际上，在北平大学任职期间，周作人也难得安生，并未能安居乐业，时不时看到风吹草动，还得为之左右摇摆，权衡利弊。这样的境况，从在此期间周作人致江绍原一系列的信件里，可窥一斑。

譬如，信中有"总之旧北大生既为刘哲之顺民，本无一文之价值，而现今乃大闹，殊可笑也"（1929年1月5日）；"北大问题闻有解决之说，但于我没有什么关系，只任其自然，北平大学当局既不甚高明，而北大学生亦同样不高明，令人难定高下"（1月13日）；"北大闻将解决，却未知能否顺便进行，即使下学期可以开门，而钱已将用尽，尚未知能否继续下去也"（1月21日）；"北大事似可结束……文学院想当在取消之列，但不知分院（即女大）如何处置，凤公已辞职，不佞之暂代国文系主任亦当以学期为限"（1月30日）；"至于发议论恐无甚用处，我觉得现在各事无可批评，有理说不清，我们只可闭门读书"（2月7日）；"'北大学院'虽无问题，而北（平）大办公处又为师大学生所捣毁，职员鸟兽散，然则该学院能否开门亦尚在未定之天耳"（2月21日）；"闻北大学院不久可以上课，不佞查系'老教授'之一，似乎亦可回去；但不知回来有什么事可干耳"（3月1日）；"仍拟回北大去，其实那边也无聊，不过除北大外别无有设日文系之可能也"（3月14日）；"北大开学才一个月，而经费似就有问题，三月份截至今日未有信息"（4月6日）；"北平大学早已无钱，三月份发了一成，惊弓之鸟大有高飞之意……年来经验日多，世故渐深，颇有进步，对于时事绝不妄评，唯甚有兴趣旁观，只可惜因此遂缺少执笔之兴，即别的文章也不大做耳"（4月19日）。诸如此类冷言冷语，实在是太多太多。

从这些通信中的只言片语来看，当时作为在北平大学任教的北大"老教授"，周作人在校内风潮接连不断冲击之下，一副消极无奈、不堪其扰的疲态，可谓跃然纸上。随之而来的是，无论北平大学的改组如何朝令夕改，无论北京大学复校风潮如何潮起潮落，周作人皆打定主意，绝不涉足其中，一门心思只做旁观者，只是冷眼观望，绝不发一言，再不会发表如《关于北京大学等》那样的时评了。

时至1929年8月6日，国民政府明令恢复国立北京大学，周作人却在致江绍原的信（8月11日）中如此评说：

北平大学发生独立风潮，一时无安定之望。

这一年10月2日，周作人辞去北平大学女子文理学院国文系主任，只兼任燕京大学新文学系主任，并在辅仁大学兼课，总算是暂时撇清了与北平大学、北京大学那斩不断、理还乱的关系，一年多的观望，得出的结论只是彻底放弃，因为这里边虽曾有其人的"老实主张"，但更多的则是"殊觉可笑"。

◎小结：集外文与佚文

1929年5月，周作人自选文集《永日集》由北新书局出版，该集收录了其1921年至1929年4月的创作和译文共计四十篇。在这部集子里，除却《闭户读书论》等专题文章之外，尚有《杂感》一组十六篇，虽然也选入了《干政与干教》《论山东之破坏孔庙》《女革命》等时评性质较强的文章，却唯独没有收录《关于北京大学等》这篇时评文章。

周作人《永日集》，北新书局，1929 年 5 月初版

如此看来，周作人的确是在有意无意地做一个比较坚决的了断，不愿再提及"北大消灭"这一事件。毕竟，闭户读书的生活，在放弃北大教职之后，并不十分艰难，完全可以维持下去。从此以后，北伐及随之而来的"北大消灭"事件，在其人逐渐冷却的后半生岁月里，似乎都将渐行渐远，杳无声息了，《关于北京大学等》也正因此成了一篇少为人知的集外文。即便在其晚年所撰《北大感旧录》中，也未提到这篇文章；此文在周作人生前身后很长一段时间里，终于成了一篇佚文。

刘文典：关于"庄子"的讨价还价

◎一部书稿之价码，差不多值两座四合院

1934年12月，时任清华大学国文系主任的著名学者刘文典，踌躇满志地给商务印书馆写了一封信。在当年商务印书馆148号批核单上，由工作人员大致摘抄这封信的主要内容之后，转呈给经理王云五处理：

商务印书馆148号批核单 来信人：刘文典 收信日期：23年12月18日

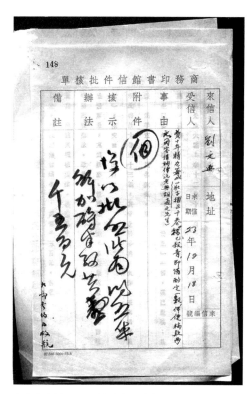

商务印书馆 148 号批核单，来信人：刘文典，收信日期：1934 年 12 月 18 日

刘文典，清华任教时存照，辑自 1932 年《清华大学同学录》

事由：费十年精力，著成《庄子补正》十卷。稿已杀青，即请酌定一数，俾便稿款两交。（内容请询傅沅老与胡适之先生）

王云五阅信后，批复了一行字：

复以拟照《淮南鸿烈集解》加酽金数共壹仟五百元。

应当说，这个稿酬标准在当时是不低的，甚至可以说是超常规的。因为像《庄子补正》这种卷帙浩繁的古籍整理类著作，一般而言，都是出版后根据发行和销售情况，以版税形式支付著者报酬。这类书稿，若以如今的出版方式而言，要么事先有已经申请到的各类赞助基金，要么由著者本人自费印行。即便确有一定市场需求，又符合出版社一定时期出版规划的，一般而言，也是出版后以版税形式支付给编著者，数额一般也很低，几乎都是象征性地给予一点点"资料费"而已。

此时，王云五还是给刘文典开出了相当优厚的条件，一次性给付一千五百圆稿费，这是明显高于同时期同类著述的编著者所得的。那么，王云五为《庄子补正》这部书稿开出的价码，究竟有多优厚呢？在此，不妨与当时的实际物价，作一番参照比较。

首先，这一千五百圆的稿费数额，是按照当时南京政府规定，与银圆一比一等值交换流通的国币数额，并不是十余年后因滥发而剧烈贬值的法币或金圆券的数额。也即是说，这一千五百圆国币的购买力，在当时与银圆的购买力几乎是等值的。

据《鲁迅日记》载，1924年5月，鲁迅在北京阜成门内西三条胡同相中一处四合院（现北京鲁迅博物馆），花八百银圆买了下来。这座四合院有三间南房，三间正房，东西各一间小厢房，正房后面还有一口井，几棵树，一片小花园。不难发现，王云五为刘文典这部书稿开出的价码，若在十年前的北京城里买房的话，差一点就可以买上两座鲁迅那样的四合院了。

◎十三年前一部书稿已值一座四合院

可这样的价码，在当时的刘文典看来，只不过是常规，还谈不上优厚。这又是为何呢？

原来，在学术界声名渐隆的刘文典，早在十三年前，就与商务印书馆有过合作。那一部由胡适亲点进入"国故丛书"的《淮南鸿烈集解》，即出自其手。此书于1923年3月由商务印书馆首次出版，刘氏也因此书，一度声名鹊起。

时年仅三十五岁的这位年青学者，

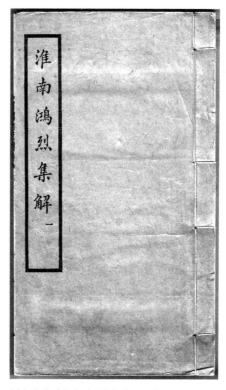

刘文典著《淮南鸿烈集解》，商务印书馆1923年初版

《淮南鸿烈集解》，胡适序

一夜之间，几乎成了新派国学大师的代名词。一向力倡推行白话文，反对文言文写作的胡适，为了给此书撰写一篇合乎学术体例的序言，竟也破例用起了文言文。这一破例之举，无形之中，也为此书做了一次恰到好处的"新文化营销"。一时间，坊间争睹，洛阳纸贵。

事实上，当年因为胡适的举荐和关注，刘文典在《淮南鸿烈集解》出版之前，于1921年12月就拿到了商务印书馆预支的稿费，金额达一千圆。当然，其中还包括《印度思想史》的二百圆稿费，实际上《淮南鸿烈集解》一书的稿费为八百圆。这样的价

《淮南鸿烈集解》，初版本版权页

码，搁到三年之后鲁迅买房那会儿，刚刚好是一座四合院的价格。而且，这预支稿费的待遇，绝非一般著作权人能在商务印书馆享有的待遇，实在是属于出版方对著者的格外青睐与特别重视的破例之举。

至1926年9月时，《淮南鸿烈集解》已经再版了三次。就在刘文典为新著《庄子补正》致信商务印书馆的前一年（1933），此书还新版了一次。在刘氏看来，自己的学术著作是比通俗读物还畅销的抢手货，老东家商务印书馆稳赚不赔。因此，自己"费十年精力著成《庄子补正》十卷"，这次又来找老东家询问价码，当然也希望是比十三年前《淮南鸿烈集解》的价码高出许多，方才合乎情理。

事隔十三年之后，王云五再次开出重酬，几乎以当年稿酬翻倍的价码，希望能拿下刘文典的这部《庄子补正》的出版权。

◎ "希望凑足三千圆之数，以之购车代步"

同年12月24日，王云五郑重其事地亲自给刘文典写了一封信，表达了收购书稿的诚意：

文典先生大鉴：奉十二月十八日惠翰，藉审先生以多年之精力，著有《庄子补正》一书，业已脱稿。具征为学宣劳，莫名钦佩。承示此书计十卷三十三篇，其分量较多于大作《淮南鸿烈集解》，拟交敝馆印行，盛情厚意，尤为欣感。惟酬报一节，敝馆最近收印大部书稿，均照版税法。荷见商，照让与版权办法，谨当勉从台命。照《淮南集》加酬半数，共壹千五百元。倘蒙俯允，当俟全稿奉到后，再行订约奉款。专此驰复，顺颂文祉。王〇〇

商务印书馆 147 号信稿纸，致刘文典，1934
年 12 月 24 日

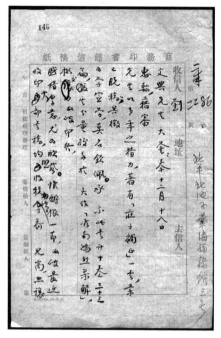

商务印书馆 146 号信稿纸，致刘文典，1934
年 12 月 24 日

但是往往事与愿违，很多交易不是靠单方面的诚意就能达成的。过了一
周，事情突然发生了变化。1934 年岁末，1935 年新年将至之际，刘文典给王
云五写了一封长信：

> 云五先生左右接奉：复示承允，收买拙著《庄子补正》，出资至千五百金
之巨，感幸曷极。弟近六年，因清华研究院、北大均不欠薪，粗足自给。且学
问上著作与市上商品不同，既承先生不弃，惠许多金，弟岂敢斤斤争价。惟近
来门人许维遹（字骏斋，清华教员）所著《吕氏春秋集释》由清华大学评议会
通过，出资两千圆收之。弟忝为许君之师，稿费反少于弟子之著作，相形之

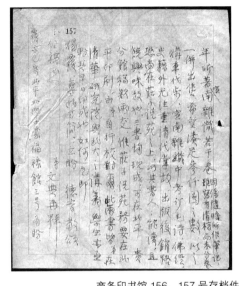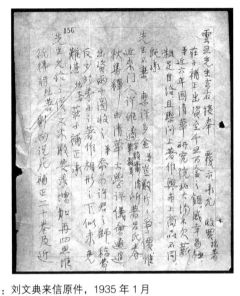

商务印书馆 156、157 号存档件：刘文典来信原件，1935 年 1 月

许维遹著《吕氏春秋集释》，清华大学，1935 年 10 月出版

下，似未免难堪。拙著《庄子补正》承先生允给之价，又未敢要求增加，再四思维，只得将拙著刘向《说苑补正》二十卷及近年所著《宣南杂识》若干卷（因系随时所作笔记，虽写有清稿而未分卷）一并出售，希望凑足三千圆之数，以之购车代步。《宣南杂识》中考订毛诗、佛经、史籍外尤注重清代掌故，出版后销路恐尚在《庄子》《说苑》之上，以其书人人能读，且饶有兴味故也。三书均现成，可在北平贵分馆稿款两交。惟《庄子》《说苑》务要在北平印刷，由弟自行校对尔，此两书皆弟在清华研究院与北大之讲义，学生亦亟盼其早日印成也，如何？乞即赐复。专此寸简，立盼德音。敬颂公祺不一。

弟文典再拜

信中开首提到，"弟近六年，因清华研究院、北大均不欠薪，粗足自给"云云，这句话似乎是在表明，此时的刘文典已绝非当年赊账度日的无名小辈，清华、北大两所高校供职的薪金，令其早已衣食无忧，俨然一副大学者派头了。

接下来的一番话，"且学问上著作与市上商品不同，既承先生不弃，惠许多金，弟岂敢斤斤争价"云云，则自得与自谦之意掺和在一起，有些欲说还休的意味。紧接着，话锋一转，提到了一个关键信息，才转入正题，原来，刘文典的弟子许维遹刚拿到两千圆的稿酬，比商务印书馆许诺给自己的稿酬还要多出五百圆。让刘文典感到不舒服的，并非稿费价码的高低，还有学术地位与著述稿费的匹配。简言之，这是个人身价的问题；说到底，还是一个面子问题。

当然，刘文典也并非就此明言，强索高价；还是给出了一个折中方案，即将《庄子补正》《说苑补正》《宣南杂识》三部书稿一并出售，统共索价三千圆。末了，还特别说明《宣南杂识》一稿的畅销读物特点，言下之意仍是为书稿的销路作保证。

◎ **"意在凑足二千之数，以便购得汽车"**

王云五在接到工作人员的第155号信件批核单之后，于1月3日迅即作了批复：

请仍照原议。至《说苑补正》等拟改为版税耳。

王云五认为，《庄子补正》一书可以破例高额支付稿酬，另外两部则只能照常规的版税支付。一千五百圆收购《庄子补正》的价码，不可能再作更改。王云五随即在1月10正式回信，表达了关于稿酬的一番意见。

叔雅先生大鉴：

奉一月三日惠复，知兹奉芜缄，为尊著《庄子补正》报酬事，已邀青察。并蒙曲予同意，至深感纫。承商将大著《说苑补正》等稿一并让与敝馆印行一节，因负担较

商务印书馆155号批核单，来信人：刘文典，收信日期：1935年1月3日

重，拟议仍照原议，按一千五百元之数。《庄子补正》稿见议，其余拟改为版税办法，如何？仍祈核示为荷。专复，顺颂著祺。

刘文典在收到王云五的回信之后，迅即又于1月17日给出了一个折中方案。这一次的理由不再是为了和弟子争身价高低的面子问题，而是直截了当地表明，就是为了购车：

（1）拙著《庄子补正》一稿，承允以千五百金收购，惟同系教员某君适欲以二千金脱售其购仅数月之汽车，弟拟请以杂著《宣南杂识》一稿相让，意在凑足二千之数，以便购得汽车。如承俯允，可在北平贵馆稿款两清。

（2）如在十日内某君之汽车售脱，则此议即作罢论。但《说苑补正》及《宣南杂识》二稿，仍愿依版税办法，请贵馆印行。

这需要两千圆购一部二手汽车的要求还是让王云五做出了让步。他勉强同意了这个折中方案，在批复中回应道：

请将两稿寄沪，俾就排印情形研究再商议耳。

因为想到刘文典在信中提到的"十日之约"，王云五当天就拟写了回信，以示诚意。

叔雅先生大鉴：顷奉手书，承示以需款应用，除前议将大著《庄子补正》

照壹仟五百圆之数让与外，拟以《宣南杂识》一并相让，凑足二千圆，敬悉。请将两稿寄沪，俾就排印情形究研后，再商何如？专此驰复，敬颂文祉。

刘文典最终没有买到那部二手汽车，"十日之约"没有如愿以偿。可能是没有等到商务印书馆的汇款，也可能是那辆二手汽车早已售出，一时心情郁闷，颇有些懊恼。

据考，刘文典急欲购得的那辆二手

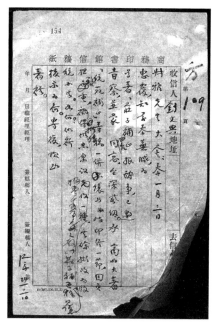

商务印书馆 154 号信稿纸，致刘文典，
1935 年 1 月 10 日

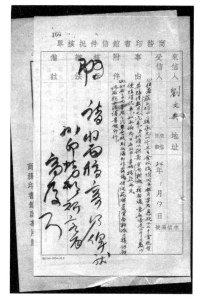

商务印书馆 160 号信件批核单，来信人：
刘文典，收信日期：1935 年 1 月 17 日

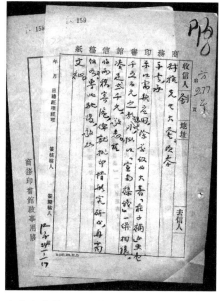

商务印书馆 159 号信稿纸，致刘文典，1935
年 1 月 17 日

汽车，品牌为Citroen，即法国雪铁龙，当时在中国是销售量仅次于福特的外国汽车知名品牌。据说，1920年代，孙中山在广州期间的座驾正是一辆雪铁龙汽车。

◎ "仍愿以《庄子补正》及《宣南杂识》两稿售诸贵馆"

在十日之后的1月28日，商务印书馆收到了又一封刘文典的来信，在这封信件中，其人态度强硬，要求商务印书馆在当年的腊月二十七日之前支付两千圆稿酬，否则将不再寻求合作：

拙作《庄子补正》如蒙兄允给贰千元，可于北平分馆稿银两交，将来由著者自校。请尽于阴历廿七日以前办妥，否则作为罢论。至审查一节，展转邮寄，则旧历年关已过矣。

这一次的来信没有得到王云五的及时回应。直到2月3日，王云五从外地返回上海，才匆匆地给刘文典做了答复：

叔雅先生大鉴：日前弟以事离沪，顷始归来。得读一月廿八日手书，致稽奉复。无任敬悚。承商事，因时间已过，只得遵命作罢。敬祈垂谅。专此驰复，顺颂著祺。

刘文典再一次调整了心态，转变了态度，也迅即予以了回复。这一次来信没有了上一封的强硬态度，转而有了更多的商量余地。在信中可以看到，他仍

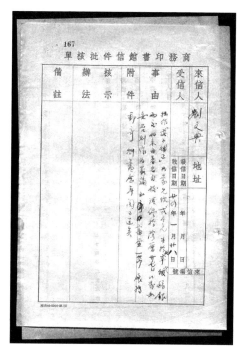

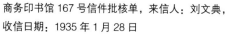

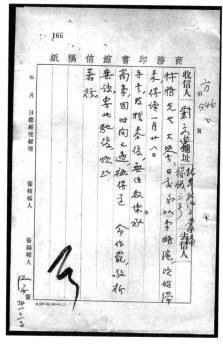

商务印书馆 167 号信件批核单，来信人：刘文典，收信日期：1935 年 1 月 28 日

商务印书馆 166 号信稿纸，致刘文典，1935 年 2 月 3 日

然坚持，《庄子补正》与《宣南杂识》两部书稿要以一次性稿费的方式支付。当然，在价格上作了让步，认为"至少千八九百元"，而且也接受了《说苑校补》的版税支付方式。

（1）仍愿以《庄子补正》及《宣南杂识》两稿售诸贵馆，稿费两书至少千八九百元。如同意，乞即通知平馆款稿两交，并盼立即在平印刷，俾便亲自校对。

（2）《说苑校补》①一书，当照尊意版税办法，希望《庄子补正》印成，即印此书，惟亦须自校。

----

① 即前述《说苑补正》。

面对刘文典的让步，王云五再一次表示了诚意，并对此前没有及时回信表示了歉意，但仍坚持书稿要寄到上海处理：

叔雅先生大鉴：顷奉二月四日大札，复以尊著《庄子补正》酌报为商，感纫无既。前奉来书，弟适以事离沪。垂商事，因时间已过，只得遵荷作罢，决非为一二百元之款。想邀亮鉴，今时间既仍许可，自当仍照前议办理。因敝馆接发书稿，必须经由敝编审部研究排印情形后，方可发交分厂排版，分厂无直接收印稿之权。即祈将稿迅予寄沪，到后当即办理，决不耽搁。专此奉复，祗颂文祺。

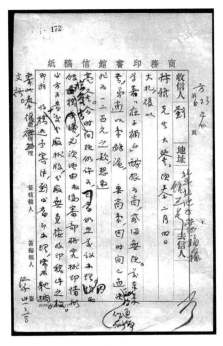

商务印书馆172号信稿纸，致刘文典，1935年2月8日

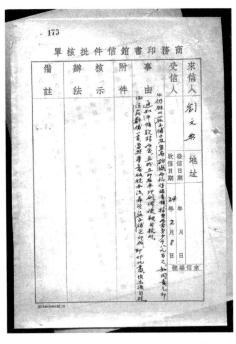

商务印书馆173号信件批核单，来信人：刘文典，收信日期：1935年2月8日

◎ **"夏历正月十六，不幸丧止仅有之一子"**

原以为这一场讨价还价会至此尘埃落定，孰料天有不测风云，人有旦夕祸福，就在这一部凝聚着十年心血的学术名著，即将达成出版协议并付诸印制之际，著者刘文典一生中最重大的打击却悄然而至。刘文典长子刘成章于1935年的正月十六亡故。时年四十六岁的刘文典悲痛欲绝，饱受煎熬，寝食俱废。因为这一场重大的人生变故，在这一年3月14日写给王云五的信件中，对其著述的出版又有了新的筹划：

（1）《庄子补正》一稿，去夏杀青后，续有所得，因心绪不宁，尚未补入。且此稿究用新式或旧式标点亦待商定，故延缓未寄。

（2）《宣南杂识》一稿，因字太潦草，不能径付手民，容倩人钞写再定。

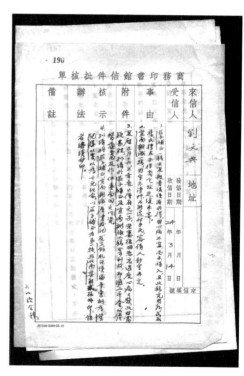

商务印书馆 190 号信件批核单，来信人：刘文典，收信日期：1935 年 3 月 14 日

（3）夏历正月十六，不幸丧亡仅有之一子，老妻复因悲哀过度，心病大发，此时需款甚殷，拟请于《庄子补正》及《宣南杂识》二稿寄到后，即汇二千金，以偿医药费用及作伴妻南回之川资。

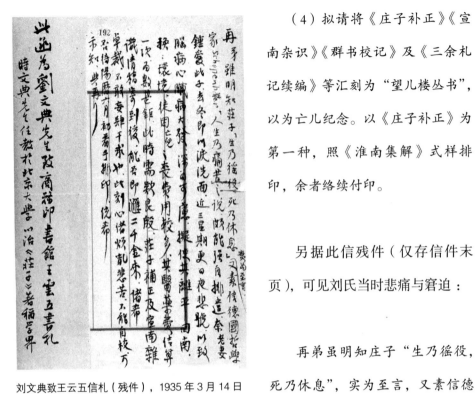

刘文典致王云五信札（残件），1935年3月14日

（4）拟请将《庄子补正》《宣南杂识》《群书校记》及《三余札记续编》等汇刻为"望儿楼丛书"，以为亡儿纪念。以《庄子补正》为第一种，照《淮南集解》式样排印，余者络续付印。

另据此信残件（仅存信件末页），可见刘氏当时悲痛与窘迫：

再弟虽明知庄子"生乃徭役，死乃休息"，实为至言，又素信德国哲学家Schopenhauer（叔本华）"人生乃痛苦"之说，颇能强自排遣，奈老妻钟爱此子，去冬即以泪洗面，近三星期更日夜悲号，以致脑病心脏病大发，深为可虑。拟使其离平回南，换换环境，徒因亡儿之丧，费用较多，其医药费结算一次，为数甚巨，此时需款良殷。《庄子补正》及《宣南杂识》清稿寄到后，能否即汇二千金来，诸希卓裁，不敢妄肆干求也。此刻心绪烦乱悲苦，不能自校，可否待阳历六月初着手排印？统希示知。典再拜。

王云五接到刘文典的这封来信之后，心情也备感沉重。在3月23日拟写回信稿时，删改多处，当时复杂的心情与思虑，可见一斑：

叔雅先生大鉴：奉三月十四日手书，惊悉文郎以笃学致疾，遽遭不治，痛悼实深。执事明达，尚祈勉抑怨怀，无任企祷。承示拟将尊著《庄子补正》《宣南杂识》《群考校记》及《三余札记续编》等汇印，定名为"望儿楼丛书"，以资纪念①一节，查敝馆出版以千计，均用学科为名，俾便读者选购。尊意为文郎纪念，似可仿欧美通例，在里封而致敬言，不必另定以书名目，尊意以为如何？又执事以需款甚殷，嘱于大著《庄子补正》

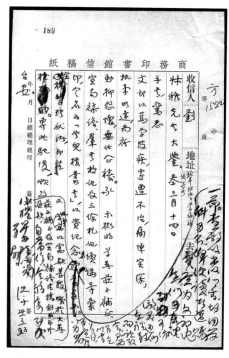

商务印书馆 189 号信稿纸，致刘文典，1935 年 3 月 23 日

及《宣南杂识》清稿到后即行汇款，自当俟全稿寄到后提早办理，以酬尊前。专此驰复，顺颂台安。

　　王云五对刘文典拟将其著作汇编为"望儿楼丛书"的想法表示理解，甚至差一点就照办了。但最终还是从方便读者选购和出版运营的角度出发，不愿以顺水人情方式去"谨当遵办"，徒然增加一些难以预计的商业风险。给刘文典的建议，仍然是将其一系列著作收入商务百科丛书，不再另立名目。也即是说，关于"望儿楼丛书"的建议没有获得认可，但王对刘的承诺仍旧如初。

---

①　此处原有"谨当遵办"四字，后删除。

◎ "岂仅供治《庄子》者之所必读而已哉？"

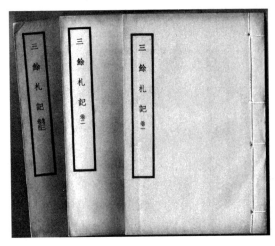

刘文典著《三余札记》

从1934年12月到1935年3月，在这四个月的时间里，围绕着《庄子补正》一书的出版事宜，刘文典与王云五信函往来频繁。从踌躇满志的咨询价码，到为了身价高低、购买二手车、稿酬支付方式等一系列实际问题屡屡磋商，再到爱子的突然病逝，精神饱受打击，刘文典在这四个月间饱经沧桑，也在一行行的信笺上留下痕迹。

《庄子补正》这部耗费十余年精力，方才完稿的一部历代庄子集解的集大成之作，确实曾寄托着刘氏"一著成名"的学术理想。事实上，这一学术理想，早在1928年出版的《三余札记》，即商务印书馆支付稿费三百圆的那一部学术札记著述之中，那一篇题为《庄子琐言》的札记里，就已初露端倪。这部札记，一经出版，颇受学界推重，而且就在

刘文典致胡适信函，1941年1月13日

刘文典致胡适信札，提及逃离北平、转徙云南经过，以及陈寅恪为《庄子补正》撰序一事

1935年又重版了一次。接连出版并再版了《淮南鸿烈集解》《三余札记》的商务印书馆，对这么一部刘氏倾注十年心血写成的《庄子补正》，自然也是格外重视。

1937年"七七"事变爆发前后，《庄子补正》一书的整理与校订工作，可能曾一度中断。时为1938年初，刘文典托英国大使馆友人买到一张船票，乔装难民得以离开北平，转道天津，乘船抵香港、越南海防，辗转两个多月进入云南。这一年5月22日，其人乘坐滇越火车，终于抵达西南联大文学院所在地——云南蒙自。在这里，

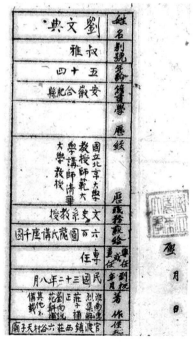

刘文典入职云南大学的登记表

刘文典著《庄子补正》，云南大学印制

这位当时自况为"半个庄子"的中年学者，终于稍得安稳，又可以在故纸堆里讨生活了。

陈寅恪于1939年11月14日为《庄子补正》写了序言，然而此时《庄子补正》仍然没能正式出版。作为云南大学教材之一，"国立云南大学丛书"之一，刘文典的《庄子补正》《说苑补正》两部书稿，终于在1940年前后，得以用石印小字的简陋方式在云南大学内部出版。

在陈寅恪一生中为他人所撰写的十四篇序言中，《庄子补正》的序言似乎颇有点脱离了学术体例，带有一点破例的抒情性质。且看序言的最后一段：

刘文典《庄子补正》，商务印书馆，1947年6月初版

今日治先秦子史之学，而与先生所为大异者，乃以明、清放浪之才人，而谈商、周邃古之朴学，其所著书，几何不为金圣叹胸中独具之古本也，而欲以之留赠后人，焉得不为古人痛哭耶？然则先生此书之刊布，盖将一匡当世之学风，而示人以准则，岂仅供治《庄子》者之所必读而已哉？

时至1947年6月，抗战胜利已近两年，已被清华解聘，不得不留寓昆明继续在云南大学任教的刘文典，其著《庄子补正》一书终于由商务印书馆以铅字线装本的方式正式出版发行。这一部全套五册的线装本，赭红色封面上以黑框宋体字印出书名，内页以大字正文、双行小注的典雅格式出现，这一番传统学术范儿的印装方式或许能给此时的刘氏稍稍有所慰藉。

◎刘文典落选中研院院士，竟因"校勘考据皆甚糟糕"

《庄子补正》一书的正式出版总算了却了自况为"半个庄子"的刘文典的夙愿。这部学术名著，一经问世，虽不能说可令著者"暴得大名"，可仅就在当年学术界的影响力而言，恐怕也并不亚于那一部二十年前由胡适撰序的《淮南鸿烈集解》。

然而，福祸相依，世事无常的老调子，也在《庄子补正》一书上得到了彰显。原本以为有这么一部学术名著公诸海内学界，即便当年因为给蒙自盐商撰文赚取了一点外快而被清华解聘，一向"成大事者，不拘小节"的刘文典，或可再度抓住人生机遇，东山再起，卷土重来。

果然，机遇是来了，而且还是一次相当重大的人生转机。可匪夷所思的是，反倒正是因为这一部《庄子补正》，又令其眼睁睁地与这难得的一次人生

南京中央研究院，原载《科学大众》第4卷
第2期，1948年

重大转机擦肩而过了，甚至还因此受辱蒙羞。

这一切还得从刘文典落选中研院院士这一事件说起。1928年成立的中央研究院（简称中研院），隶属南京国民政府，曾是中华民国的最高学术研究机关，蔡元培为首任院长。1948年4月，首批中研院院士共八十一人，经民主推选产生，其中数理组院士二十八人，生物组院士二十五人，人文组院士二十八人。李四光、竺可桢、陈省身、华罗庚、茅以升、童第周、苏步

中研院第一次院士会议合影，1948年

青、陈寅恪、冯友兰、赵元任、梁思成、郭沫若、胡适、傅斯年……这首批院士名单，可谓群星荟萃，星光灿烂。名单上任意一个名字都是当时中国学术界最为出色的精英人物。时人曾这样评价当时的中研院院士阵容：

生物组接近世界最高水平，数理组与世界顶尖水平不相上下，人文组几乎达到世界一流水平。

在被认为"几乎达到世界一流水平"的人文组中，二十八位院士实际上是从五十五名正式候选人中推选出来的，几乎一半人选落选。在这"另一半"中，刘文典无疑是最为引人注目也最具争议的。

作为人文组"中国文学"分组中的六名正式候选人之一，刘文典与唐兰落选，余嘉锡、胡适、张元济、杨树达入选。原本在这样大师云集的候选人名单中，落选可能有多种因素，遗珠之憾难免；但总体而言，在民主推选的既定程序之下，以公开投票方式选举诞生的首批院士，还是实至名归的。著名考古学家夏鼐，就曾温和地评判过首批院士选举程序的利弊：

中研院的所长和专任研究员，因为"近水楼台"的关系，他们的工作和贡献，院中同人自然比较熟悉。又加以人类到底是感情的动物，朝夕相处的熟人之间多少有点"感情"的关系。所以同等成绩的学者，也许是院内的人比较稍占便宜。

那么，刘文典的落选，是在如夏鼐这样温和评判的氛围里自然而然产生的某种偏差所导致的吗？还是因为当时刘氏远在云南任教，而没有"近水楼台"
的缘故吗？

答案是否定的。实际上，刘文典差一点连正式候选人资格都没有，也即是
说，五十五人的候选名单也差一点没有进入。当时，"半路杀出个程咬金"，一
位名不见经传，时年仅仅三十三岁，还只是中研院史语所助理研究员的王叔
岷，突然拍案而起，发起抨击，大力阻挠刘氏的入选。根本就不是评议员的王
氏突然态度坚决地宣称：

刘文典先生之《淮南子》及《庄子》，校勘考据皆甚糟糕，并云傅先生如
出席，必不推荐为候选人。

王叔岷在这里提到的"傅先生"，即中研院史语所首任所长傅斯年
（1896—1950），其人曾于抗战胜利后出任北大代校长，为当时尚暂寓美国讲学
的胡适归国出任北大校长做好了一系列铺垫工作，已于1947年初夏完成北大
复员相关工作之后，赴美国医治高血压去了。中研院首批院士评选工作开展之
际，其人根本不在国内。那么，王称傅必不推荐刘为候选人，是什么原因令其
如此肯定呢？王叔岷又是何许人也，敢于以非评议员身份来阻挠刘文典成为候
选人呢？

◎傅斯年、王叔岷师徒二人合力，终致刘文典落选

王叔岷（1914—2008），原名邦浚，字叔岷，号慕庐，以字行，四川简阳
人。自幼雅好诗词艺文，风流自赏，才气过人，但当其于1941年考入北大文

科研究所时，所长傅斯年予其
当头棒喝：

　　洗净才子气！下苦功校勘
《庄子》！三年内不许发表文章！

　　此一言当头棒喝，遂定其
终身取向。此后，其人辗转流

王叔岷，早年习琴存照

徙于北平、宜宾、南京、台湾、南洋诸地，周遭环境与个人生涯虽屡有变迁，
却始终心无旁骛，六十载治学，始终倾力于校勘训诂之学。

　　王氏的才性学力本来并不局限于校勘古籍一域。其人早年所作《庄子通
论》，著名学者杨树达就颇为赞赏，许为义理、考据、辞章兼备；以后于先
秦儒、道、法诸家皆有所论，既有论述性的《庄学管窥》，其间可见其古典

考证与辨析功力；更有通贯性
的《先秦道法思想讲稿》，已
入思想史考证与评述领域。不
过，这些著述只是偶尔为之的
学术随笔，并非王氏着意着力
的重点。

　　王氏始终笃守傅氏致力于
校勘学的信条，并不刻意卖弄
才情，而是下大力气、用苦功

傅斯年，1943 年在重庆中央广播电台讲演

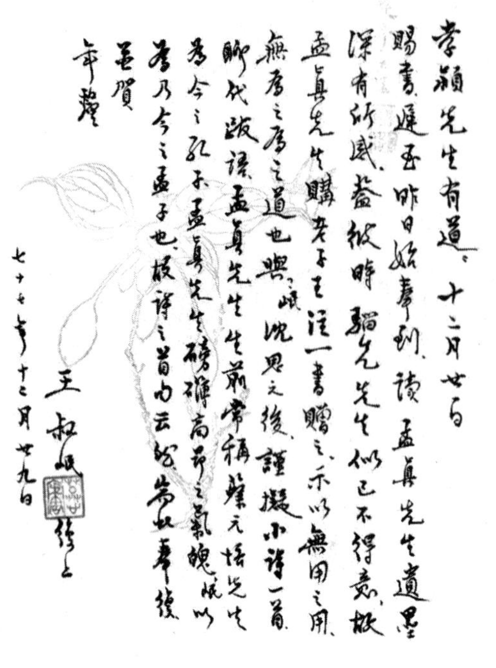
孝穎先生有道：十二月廿日
賜書暨函昨日始奉到，讀孟真先生遺墨
深有所感。蓋彼時騮先先生似已不得意，故
孟真先生購老子王注一書贈之，示以無用之用、
無存之存之道也歟。岷沉思之後，謹擬小詩一首，
聊代跋語。孟真先生生前常稱蔡元培先生
為今之孔子，孟真先生磅礴高昂之氣魄，岷以
為乃今之孟子也，故詩之首句云然。率此奉復，
並賀
年釐
王叔岷 [illegible]上
七十七年十二月廿九日

王叔岷信札，称傅斯年为“今之孟子”

夫，长期持续地专事校勘工作。也正因为如此，对这位肯下苦功的聪慧学子，傅氏也衷心激赏，对其研学生涯也给予了大力支持——即使在抗战南迁的艰难环境下，仍用金条换宋版书给王氏研读，一时传为学林佳话。

显然，傅、王二人的关系相当明确——一位是严师，一位是高徒。之所以王氏能在评议会上，敢于冒天下之大不韪，当场抛出那一句“傅先生如出席，必不推荐为候选人”的断语，其根本原因乃是，经其鉴定，刘文典的学术代表作《淮南鸿烈集解》与《庄子补正》“校勘考据皆甚糟糕”。这一点显然已经是傅、王师徒二人之前就达成的共识。

那么，事实果真如此吗？曾经胡适作序推荐，入选胡适《一个最低限度的国学书目》、梁启超《国学入门书要目及其读法》，鲁迅也购买过的《淮南鸿烈集解》真的有那么糟糕吗？曾经陈寅恪作序推荐，为其所激赞为“一匡当世之学风”的《庄子补正》，这部出自自诩为“半个庄子”的刘文典之手，耗时十年，历经十余年波折方才出版的一代学术名著，真的有那么糟糕吗？一系列的疑问，既然在短期内没法完全解答与准确评判，评议会仍然坚持原定名单，刘文典仍旧赫然在列。

在王叔岷的激烈阻止之下，仍然入选中研院首批院士正式候选人名单里的刘氏大名，令远在美国治病休养的傅斯年得知后大为光火，简直出离愤怒。其人即刻写信，由夏鼐转交中研院总干事萨本栋：

候选人中确有应删除者，如刘文典君，刘君校《庄子》，甚自负，不意历史语言研究所之助理研究员王叔岷君曾加检视发现其无穷错误。更有甚者，彼曾为土司之宾，土司赠以大量烟土，归来后，既吸之，又卖之，于是清华及联大将其解聘，此为当时在昆明人人所知者。今列入候选人名单，如经选出，岂非笑话？学问如彼，行为如此，故斯年敢提议将其自名单除去。

由于傅所长千里迢迢地越洋举报，刘文典在接下来的五轮投票中，五次皆为0票。其人落选，遂成定局。

◎《庄子校释》与《庄子补正》的"对台戏"

近半个世纪之后，时为1993年3月8日，年已八十岁，垂垂老矣的王叔岷，在台湾傅斯年图书馆二楼研究室里，为自己1947年9月初版的《庄子校释》一书的重印本撰序，在序言中有这样一番表述：

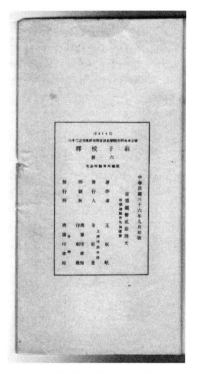

王叔岷著《庄子校释》，版权页

《庄子校释》五卷，为岷手写本……最后

王叔岷著《庄子校释》，商务印书馆，1947年9月初版

附录《评刘文典〈庄子补正〉》一篇则删去，少年气盛，明于人而暗于己，实不应对前辈作苛刻之评，常引以为戒。

原来，当年王氏在评议会上否定刘氏之际，应当已经拿出了评定刘氏学术水准的证据，即《庄子校释》一书中的附录《评刘文典〈庄子补正〉》一文。

由于王氏这部著作为国民党军溃败前夕匆促印制，其时国内时局动荡，物质奇缺，是书印量绝少，保存下来极其不易，如今已颇难觅得。加之王氏晚年对所撰《评刘文典〈庄子补正〉》一文已深表愧悔，重印《庄子校释》时不再附录其后，使得这篇可能是，至少是可资管窥刘文典落选中研院院士的重要原因的文章，绝难重现于世，几成佚文。

幸运的是，笔者终于寻获一部初版《庄子校释》，终可管窥王氏当年的持论依据，及其对刘氏学术水准的判定结论。

《庄子校释》一书由商务印书馆于1947年9月初版，被列为"国立中央研究院历史语言研究所专刊之二十六"；是书为影印手稿本，一部六册。特别有意思的是，这一年6月，同样是由商务印书馆初版了刘文典的《庄子补正》一书，两本书同一年由同一家出版社出版，似乎是著者亦是出版方有意要做成这么一出"对台戏"，有意要促成这么一场学术争鸣。

《评刘文典〈庄子补正〉》一文，作为《庄子校释》的附录，也是全书的压轴之作，几乎占了第六册的一半篇幅，足见王氏批评刘氏用力之深、阐论之详。该文开篇即说明缘由，阐明观点，一针见血地加以了评判：

　　昔年治庄子，闻合肥刘文典先生有旧稿《庄子补正》，于宋椠唐写诸本，

王叔岷《评刘文典〈庄子补正〉》，正文末页

王叔岷《评刘文典〈庄子补正〉》，正文次页

王叔岷《评刘文典〈庄子补正〉》，正文首页

及前人著述可资比勘者，均已收采。说者谓其不止复庄书唐人或魏晋之原有面目，并复先秦之旧。又闻先生亦极自矜工苦，常语人曰："欲与我谈庄子，须庄子复生可也。"其自负既如此，人誉之复如彼，则补正一稿，应有观止之叹。岷复孜孜讨治庄书，不亦泰多事乎？然因积稿甚多，不忍弃置。去岁仲秋，已成校释五卷，凡一千五百六十九条，虽颇惬私意，尚未敢问世，常思得先生旧稿，以资参证。厥后垫江张君怀瑾，自昆明来书，称先生补正，已由云南大学杀青。既而赠岷一册，得之大喜，如获珍宝。但翻检一过，窃有所疑。刘先生之说与岷宿昔所见虽不无暗合，然其武断处实未敢苟同。其于庄子唐钞、宋刊、元明翻刻各本，并未遍加涉猎；征引类书，亦仅《御览》稍备，即其所已收采之各条，又复讹误层出，先生持是以为正，似未能复先秦之旧也。庄书中疑义，先生所未发正者尚多。

从文章开篇一段话来看，王叔岷对刘文典《庄子补正》一书的批评主要集中在两点：一是版本涉猎并没有声称的那么多，二是即使现有的征引古籍也"讹误层出"。可以说，就这两点批评击中了所有质量不高的校勘古籍类著述的要害——更何况《庄子补正》一书的初衷就是要纠正历代校勘庄子类著述的错讹，以期提供一部可以"复先秦之旧"的经典之作。简言之，《庄子补正》一书非但没有达成初衷，反倒更糟糕。

接下来，王氏要"兹谨就其所已标出者，作一概要批评"，对刘氏这部得意之作展开了逐条逐字的摘谬与纠错。最后，王氏得出结论说：

《补正》中引书之疏漏，尤不可胜举。所引而无关校勘或义理者，又不知蔑裁，且多徒事钞录不下断语，貌似谨严。其一下断语，便决然无疑，貌似正塙。故说者多称先生治书精严有法，不知其可商榷之处甚多也，此稿所论，已可窥其大略，非敢有意攻先生之短，治学不得不求真耳。

王氏用了自己著作六册书中的半册书，来指摘《庄子补正》中的种种错讹，末了还仍然总结称："引书之疏漏，尤不可胜举。"

可想而知，刘文典这部著作的漏洞之多，的确是可以用"糟糕"二字来评价。不仅如此，王叔岷还指出了刘文典在撰著过程中的一个"障眼法"——在引用材料时没有下断语的，往往是"不知蔑裁"的结果，但这一手法却会被读者误判为治学"谨严"；而在下断语处，又往往正是其"武断处"，又会给读者造成一定"正确"的假象。总之，无论从征引古籍版本的数量、质量来看，还是从校勘学角度上的取舍裁剪、精审评判来看，王叔岷都从根本上推翻了刘著的学术基础，并对刘文典的学术水准乃至学术品格都大加质疑，几近彻底否定。

特别需要指出的是，《评刘文典〈庄子补正〉》一文的落款日期为"三十四年初夏脱稿于李庄栗峰"。据此可知，此文完稿于1945年初夏，正值中研院因避战火而迁至四川省宜宾市李庄镇的时期。

那么，王氏撰文批评的《庄子补正》就不是1947年6月商务印书馆初版的正式版本，而应当是1939年之后刘氏流寓云南期间所印制的初稿本。诚如王氏在文章开篇所提到的，称其友人"自昆明来书"，"称先生补正，已由云南大学杀青，既而赠岷一册"，这已然说明，王氏批评所据的版本乃是刘文典在云南大学付印的石印初稿本。

限于抗战时期西南后方的客观条件，这个初稿本是当地的土纸石印本，不但印制效果不佳，油墨易污；且多有错讹，编校不精。依常理而言，晚出的正式版本，即由商务印书馆1947年初版的《庄子补正》，应当比这个石印初稿本更胜一筹；王氏针对石印初稿本所批评的部分错讹，在正式版本中理应有所纠正。

遗憾的是，经过仔细比勘，王氏针对石印初稿本所逐一指摘的错讹，在后来交由商务印书馆正式出版的《庄子补正》中依然存在，并没有多大的改动。这样看来，刘著的学术水准确实不可能达到陈寅恪序言中所称的"一匡当世之学风"的高度，即便王氏后来接触到了《庄子补正》的正式版本，再来研读一番，恐怕得出的结论仍如《评刘文典〈庄子补正〉》一文，不会有太大的改易。

◎成也庄子，败也庄子

那么，《庄子补正》一书出现这种有失学术水准的情况，在1939—1947年这整整八年时间里，著者究竟为什么没有对其再作校订，以期精益求精呢？笔者以为，这里边是有一些主客观因素的，否则就有悖人之常情、学者常态了。

前边已经提到过，1937年"七七"事变爆发之后，刘文典的学术生涯一度中止。因为没有来得及随清华、北大等校撤离南下，还曾一度滞留北平。时至1938年，才在朋友帮助下，扮作难民，从已经沦陷于日军铁蹄之下的北平侥幸逃离；几经辗转，历经磨难，南下抵达云南蒙自，在西南联合大学任教。

在此期间，其人经历了丧子之痛、国难之艰、流离之苦，以及就出版《庄子补正》一书的讨价还价之累，早已精神困顿，身心俱疲。更由于染上了鸦片烟瘾，花销增巨；还得同时维持家庭基本生活，确曾需要在教职之外赚取外快，方可勉强维系下去。

据考，1942年春，普洱大盐商张希孟专程派人来昆明，欲请学者为其母撰写墓志铭。来人找到刘文典，允诺提供巨额酬金，另外还付以足量鸦片，可保其数年生活无忧。时任西南联大清华中文系主任的闻一多，听闻此事，非常不满，认为其行为败坏校风，难为师表，将其解聘。诚如傅斯年后来所愤然指出的，"彼曾为土司赠以大量烟土，归来后，既吸之，又卖之，于

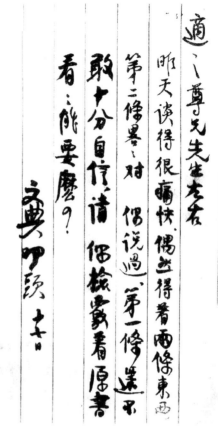

刘文典早年与胡适论学书札

是清华及联大将其解聘，此为当时在昆明人人所知者"。

1943年，被清华大学解聘的刘文典不得不受聘到云南大学任教，直至1958年逝世。无论从学术资源还是治学环境而言，无论是精神状态还是物质条件，留在昆明任教的刘氏已经不具备对其原有学术成果精益求精、更上层楼的基本前提。

不难发现，王叔岷于1945年撰写《评刘文典〈庄子补正〉》一文时，正是刘氏精神潦倒、意志涣散的人生至暗时段，在这一至暗时段中，刘氏的学术生涯也走着下坡路。刚过而立之年且年富力强的王叔岷，此刻正端坐于南迁

仲辉先生久不晤面念念甚深、

暑假期间正值昆明雨季间热难耐心绪

烦躁唯读书可以消夏然此地偏远欲

要之书未能得也故拜托！

兄诸事间暇时代我购罗所需如下：

古佚残编 之

老莊穈要

清人著尔雅概述 莊子续补 即祝

居安

劉文典 七、十五、

刘文典信札，委托友人购置古籍，写于云南昆明任教期间

的中研院办公室里，手捧傅斯年用金条换得的宋版书孜孜以求，雄心勃勃；其人决意指摘的《庄子补正》一书的著者，时年已五十六岁，早已老病缠身，正在西南一隅的黯淡场域里，不无忧愤地嗟叹终日。

公平地讲，王对刘的批评看似只是纯粹学术水准的高下之争，实则是在物质环境、精神状态、时代背景、生活历程等各个方面都不对等的境遇之下，且对之毫无体察与体谅的情境之下产生的。也正因如此，待到王氏八十岁时，重印自著《庄子校释》一书之际，回想过往旧事，禁不住也要自责自己年少时的狂妄苛刻，对之愧悔莫及，一定要删除原本附录于书末的此文了。

刘文典落选中研院，归结其原因，无非是王叔岷攻其学术"软肋"，傅斯年攻其道德"失范"，两项证据确凿，是理所当然的。至于为什么当年极力提携刘氏的胡适，也未能伸出有力的援手，恐怕也是在傅、王二人的"铁证"面前，历来笃守"有几分证据，说几分话"的胡适，终究也未能再助刘氏一臂之力了。

◎楔子：刘文典函催商务印书馆速寄《庄子补正》样书

《庄子补正》一书在云南本地印制的土纸石印本，与后来由上海商务印书馆正式出版的白纸铅印本，这两个版本之间在内容上并无十分明显的差异，除却上述诸种主客观、内外在因素之外，还有一个重要原因，即商务印书馆与刘文典往还磋商出版事宜多次之后，在此事搁置八九年之后，终于付诸出版之际，印书所采用的底本仍是"七七"事变之前刘氏交寄的旧稿。简言之，在这八九年间，商务印书馆方面始终没有让著者本人来参与校订《庄子补正》一书，只在著者屡相催迫之下，方才在抗战胜利之后，勉强出版了此书。

这样的情形并非笔者妄自揣度，实乃因新近发现的两通刘文典于1948年初致商务印书馆的信札，道出了事情的原委与脉络。信文如下：

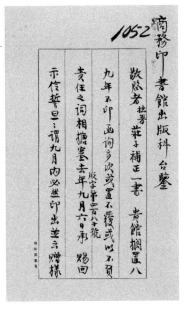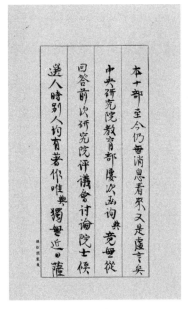

刘文典致商务印书馆信札出版科，通信时间为 1948 年 1 月

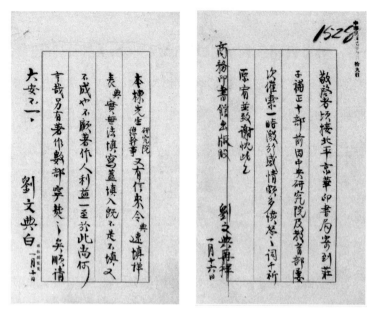

刘文典致商务印书馆信札出版科，通信时间为 1948 年 1 月

（一）

商务印书馆出版科台鉴：

敬启者，拙著《庄子补正》一书，贵馆搁置八九年不印，函询多次或置不复，或以不负责任之词相搪塞。去年九月六日（版字第四百八十号），承赐回示，信誓旦旦谓九月内必然印出，并云赠样本十部。至今仍无消息。看来又是虚言矣。中央研究院教育部屡次函询，典竟无从回答，前次研究院评议会讨论院士候选人时，别人均有著作，唯典独无。近日，萨本栋先生（研究院总干事）又有信来，令典速填详表，典实无法填写。盖填入既不是，不填又不成也。不顾著作人利益，一至于此，尚何言哉！另有著作数部，宁焚之矣。顺请大安不一。

刘文典白　一月七日

（二）

敬启者：顷接北平京华印书局寄到《庄子补正》十部，前因中央研究院及教育部屡次催索，一时流于感情，颇多愤怒之词，千祈原宥，并致谢忱。此致

商务印书馆出版股

刘文典再拜

一月十六日

两通信札落款虽未署年份，但因为这两通信札原属收存于商务印书馆内部的底档，均于笺纸右上端盖有确切收件时间，一为“中华民国卅七年壹月拾四日”，一为“中华民国卅七年壹月拾九日”。据此可知，这两通信札分别写于1948年1月7日与1月16日。

也即是说，时至1948年1月初，刘文典仍然没有看到《庄子补正》一书的正式出版物。虽然在1947年9月6日，刘曾收到商务印书馆方面的答复，称当月月内“必然印出”（是书版权页上所署出版时间为，1947年6月），可直到四个多月之后，1948年1月16日，刘才收到商务印书馆寄来的样书。

在这四个多月的等待之中，因为参评首届中研院院士需要提交个人著作及填报表格等，一直没有看到《庄子补正》一书正式出版物的刘文典，不禁焦虑不已，在这时间紧迫，心急火燎之际，对“搁置八九年不印”，此时又以“虚言”答复的商务印书馆，不免有所怨言。于是乎，就有了1948年1月7日那一通，言辞颇为犀利，情绪几近失控。

好在约十天之后，刘文典终于收到了商务印书馆寄来的样书十部，此事方才算告一段落。至于为何样书寄送周期长达四个多月，商务印书馆于1948年1

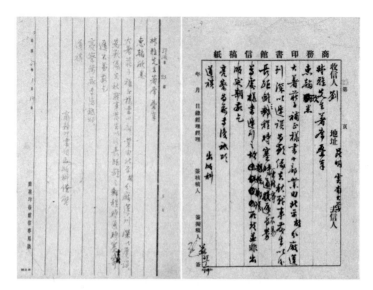

商务印书馆出版科复信底稿之存档件

月19日收到刘氏第二通致信之后，也迅即复信，对此做出了解释：

　　叔雅先生著席：叠奉惠翰，欣悉大著《庄子补正》样书十部，业由北平敝

分厂运到，深以迟误为歉。缘去秋战事丛生，以后长距离之邮程时通时塞，书

籍寄递不易，敬乞亮察为荷，专复祇颂道祺。

商务印书馆出版科谨启

◎题外："庄子"恩仇录

　　其实，学术论争本是常事，对某种学术观点与方法，乃至某项学术成果的

全面否定，这样的所谓"学案"，在民国时期也并不少见。然而，在"刘文典

落选中研院院士"这一事件中，所表现出来的种种极端现象，却是极其罕见

的，也是颇有些令人费解的。王叔岷的大胆出击，傅斯年的激烈反对；一个从

学术水准层面，一个从道德修养层面，师徒二人合力提交负面材料，公开一唱一和；可谓配合默契，必欲置刘无还手之力方才罢休。那么，这三人之间究竟有什么恩怨情仇，又何至于此呢？

《刘文典年谱》著者、学者章玉政先生对此给出了一个因果链式的推测，即刘文典弟子王玉哲（1913—2005），曾撰文批评过傅斯年的庄子研究文章，可能就此结下宿怨。此一时，彼一时，傅在评选中研院院士一事上全力反击刘，很可能就掺杂着一些宿怨，带有强烈的主观色彩了。

早在1938年春，王玉哲还是西南联大文法学院历史系二年级的学生时，选修了刘文典的“庄子”课程，并在学习期间完成了一篇重要论文——《评傅斯

《中央研究院公布院士候选人名单》，原载北平《时事新报》，1947 年 11 月 16 日

年先生〈谁是《齐物论》之作者〉〉。该文对傅氏认为"《庄子·齐物论》是慎到而非庄子的作品"提出了批评与反证，当时即大获刘文典赞赏。这篇文章迅即在联大师生间传阅，冯友兰、闻一多、顾颉刚等人均对此文表示赞赏，原本支持傅氏观点的顾颉刚转而支持王氏观点，并希望推荐至《逸经》杂志公开发表。

但王氏出于尊重师长的考虑，将此文主动提交给了傅斯年，希望傅氏能对此有所回应与辨析之后，再付诸发表，以示学术研讨之公义。然而，傅斯年看到此文之后，非常气愤，不但没有回应，反倒表示出对王氏颇为不满的情绪。后来，当王玉哲于1940年报考北大文科研究所之时，时任代理所长的傅斯年（所长胡适尚在美国）予以一票否决：

这类学生我们不能录取，他的城市气味太浓，不安心刻苦读书，专写批驳别人的文章。

后来，在其他教师的支持与坚持下，傅斯年才不得不作出让步，将王玉哲暂定为备取生，并且放言要到四川招生，如果没有更好人选，王玉哲才可以转为正式生（王叔岷1941年考入研究所，正是傅斯年从四川招入的）。几个月后，王玉哲终于勉强"转正"。入研究所后，王的导师是唐兰。耐人寻味的是，唐兰也与刘文典一样，曾列入五十五人正式候选人名单，后来也落选了。

如此看来，傅斯年之所以激烈反对刘文典入选中研院，恐怕并非什么突然涌上心头的道德正义感使然，也并非什么为人师表的师德要求使然，而是更带有一些意气用事，必欲置论敌于死地而后快的报复心理。这也很容易让人联想起，1919年还是北大学生的傅斯年，在其主编的《新潮》杂志创刊号上，大张旗鼓地攻击其师马叙伦的那篇"爆料"文章——《马叙伦著〈庄子札记〉》。时年二十三岁的傅氏，认定马氏抄袭了胡适在《中国哲学史大纲》中的观点，举证、辨析、评判得头头是道，一时引来多方瞩目，令马叙伦也不得不长篇累牍地在《北京大学日刊》上予以辩白。这一学生举报老师抄袭，老师不得不登报回应的事件，在北大校史上，恐怕是空前绝后的一大事件。

若说批判驳斥、揭发披露之类，人称"傅大炮"的傅所长才是先行者，孰料二十年后，轮到自己被二十五岁的学生王玉哲批驳一通时，自然是忒不乐意、恶气难消的。作为学界前辈，校内权威，压制学生后辈，自然有失体面，但即便如此，傅所长否决王玉哲入学的意见也非常明确——你曾经批驳过我，我就是不愿录取你。其人直来直去如此，也就不存在什么体面不体面，风度不风度的问题了。

"刘文典落选中研院院士"这一事件及其所反映出来的民国学风、文风、世风，都已经成为一段距今近八十年的久远历史。但这一段历史的意义与价值恐怕并不是史实与史料的简单叠加、互证、辨析与判定可予充分呈现的，并不是傅斯年所谓的"历史学即是史料学"这么简单的一个推导模式可予完整表达的。其中值得反思与追问的，自然有很多，但其中最为核心的问题，恐怕还是那个世人久已面对，思量已久，却又始终无法完全解决的难题，即我们是否真的有所谓雅量，能够不因人废言，还能够不因言废人？

附一：1947年中研院人文组院士正式候选人分组名单（五十五人）

哲学：吴敬恒、陈垣、金岳霖、汤用彤、冯友兰、陈康

中国文学：余嘉锡、胡适、张元济、杨树达、刘文典、唐兰

史学：陈寅恪、傅斯年、顾颉刚、徐炳昶、徐中舒、陈受颐、李剑农、柳诒徵、蒋廷黻

语言学：赵元任、李方桂、罗常培、王力

考古学及艺术史：郭沫若、李济、董作宾、梁思成、梁思永、徐鸿宝

法律学：王宠惠、王世杰、燕树棠、郭云观、李浩培、吴经熊

政治学：周鲠生、萧公权、钱端升、张奚若、张忠绂

经济学：马寅初、刘大钧、何廉、杨端六、陈总（即陈岱孙）、方显廷、巫宝三、杨西孟

社会学：陈达、陶孟和、潘光旦、凌纯声、吴景超

附二：1948年中研院人文组院士分组名单（二十八人）

哲学：吴敬恒、金岳霖、汤用彤、冯友兰

中国文学：余嘉锡、胡适、张元济、杨树达

史学：柳诒徵、陈垣、陈寅恪、傅斯年、顾颉刚

语言学：李方桂、赵元任

考古学及艺术史：李济、梁思永、郭沫若、董作宾、梁思成、王世杰

法律学：王宠惠

政治学：周鲠生、钱端升、萧公权

经济学：马寅初

社会学：陈达、陶孟和